吴真文 著

罚 金 新 论

湖南师范大学出版社　·长沙·

图书在版编目（CIP）数据

罚金新论/吴真文著. —长沙：湖南师范大学出版社，2023.6
ISBN 978-7-5648-4942-9

Ⅰ.①罚… Ⅱ.①吴… Ⅲ.①罚金—研究—中国 Ⅳ.①D924.124

中国国家版本馆CIP数据核字（2023）第086634号

罚金新论
FAJINXINLUN

吴真文 著

◇责任编辑：孙雪姣
◇责任校对：胡晓军 谢兰梅
◇出版发行：湖南师范大学出版社
　　　　　　地址/长沙市岳麓区　邮编/410081
　　　　　　电话/0731-88873071　88873070　传真/0731-88872636
　　　　　　网址/https：//press.hunnu.edu.cn
◇经销：新华书店
◇印刷：长沙雅佳印刷有限公司
◇开本：710 mm×1000 mm　1/16
◇印张：14.25
◇字数：220千字
◇版次：2023年6月第1版
◇印次：2023年6月第1次印刷
◇书号：ISBN 978-7-5648-4942-9
◇定价：58.00元

凡购本书，如有缺页、倒页、脱页，由本社发行部调换。

序

　　罚金刑是我国刑法规定的财产刑之一，也是一种刑罚的附加刑。该刑罚在我国 1979 年《刑法》中首先作出规定，1997 年《刑法》修订时再次明确了其地位，并扩大了其适用范围，1997 年《刑法》修订后，我国又出台了 11 个《刑法修正案》，进一步扩大了适用范围。迄今，罚金刑已经成为我国司法实践中适用最广泛的刑种之一。二十多年来，罚金刑在抑制犯罪分子贪财动机、增加国库收入、顺应刑罚轻缓化国际潮流和发挥刑罚的经济性等方面显现出了独特的优势。

　　但是，和罚金刑广泛适用形成鲜明对比的是，罚金刑在判后的执行问题一直困扰着司法实务界，空判、代缴等问题非常严重，这不仅损害司法的公信力，还削弱了法律的权威性。在西方国家和我国香港澳门地区，针对罚金刑执行难的问题，早就在立法、司法和刑罚执行实践中构建和采用了一系列制度，如罚金刑易科制度、罚金刑缓刑制度和罚金减免制度等，为我们提供了参照和范式。

　　笔者从事刑法学习、教学和研究三十余载，目睹了我国罚金刑立法从少至多、适用从无到有再到广泛适用的全过程，也深知罚金刑执行难的尴尬与无奈，因此，在心里一直期盼在理论研究上突破现有刑法关于罚金刑的规定，尝试开阔视野，寻找一些新的方法，为破解我国罚金刑执行难寻求新的突破点。近年来，和自己的研究生章书吉、李琳、刘卓、徐宁和王楷等共同探讨，并撰写了系列论文，结集《罚金新论》一书。

在书中，笔者着重从罚金刑立法、司法和执行三个维度进行论述。

从立法的角度看。根据我国《刑法》第69条第3款规定精神和《最高人民法院关于适用财产刑若干问题的规定》的有关规定，罚金刑并罚所采用的是并科原则。但并科原则的单独适用不能适应当前世界刑罚轻缓化的趋势，不符合我国"宽严相济"的刑事政策，在一定程度上违背了我国刑法中罪刑相适应原则，与罚金并罚原则应有的价值相左，且在立法上就预设了罚金刑执行难的可能性。因此，应该在立法上确立限制加重原则为主的并罚体系，补全罚金并罚的"漏罪""新罪"问题。

从司法的角度看。人民法院在对犯罪人判处罚金刑时，应该对各种量刑情节全面考量，为罚金刑的顺利执行奠定基础。因此，笔者认为有必要通过对罚金刑量刑情节的内涵以及存在的问题进行分析，对外国罚金刑量刑情节进行借鉴，提出完善我国罚金刑量刑情节的措施。例如，我国应将犯罪人的经济状况作为罚金刑裁量原则予以明确，在司法解释中阐释犯罪情节具体包含的内容；再如，法院在罚金刑裁量时，还应该充分考虑地区发展不平衡的因素等。

从刑罚执行的角度看。应该构建多种制度以确保罚金刑最终得以顺利执行。虽然制度构建应归属于立法范畴，但制度落脚于执行，且从罚金刑的现实困境考量，其法律难点正是执行难，故为了纾解罚金刑执行难的困扰，本书将制度构建置于执行的框架下进行探究。

一是构建罚金刑易科制度。一方面，从宏观层面提出构建罚金刑易科制度应坚持的原则，并结合我国单处与并处的情况，建议区分不同情况易科为不同处罚；另一方面，从设立前置程序、确定换算方法、强化易科执行以及完善法律救济四个方面为罚金刑易科制度在我国的构建设置相应配套衔接措施。

二是构建罚金刑缓刑制度。有关罚金刑缓刑制度的构建，我国刑法理论上褒贬不一，存在肯定说与否定说两种论争。笔者在界定罚金刑缓刑制度概念的基础之上，对两种论争进行评析，得出肯定说的结论。我国现阶段已经具备构建罚金刑缓刑制度的理论及实践基础，罚金刑缓刑制度是符合当前我国法治建设的实际需要的。首先，刑法及司法解释关于罚金的立法规定、法官对罚金的司法适用情况及罚金的实际执行现状，均反映出现行罚金执行制度存在诸多缺陷，表明构建我国罚金刑缓刑制度确有必要。其次，通过对现代刑事政策的基本原则、罚金刑缓刑制度的利弊分析、我国主刑缓刑制度及域外罚金刑缓刑制度的立法例等四个方面进行分析论证，可以得出构建我国罚金刑缓刑制度是可行的，具有现实可操作性，为该制度建立寻求支撑。最后，笔者在此基础上提出构建我国罚金刑缓刑制度的基本思路，具体包括剖析罚金刑缓刑制度适用的范围及条件，制定与其相配套的科学考察机制，明确其撤销及结束的具体程序等，力求实现罚金刑罚立法规定与司法适用的有机衔接。

三是构建未成年犯罪人罚金刑减免制度。我国目前已经确立了罚金刑减免的一般制度，尚无专门适用于未成年犯罪人罚金刑减免制度。笔者认为，一方面，从立法、司法和执行的角度来看，构建未成年犯罪人罚金刑减免制度对未成年犯罪人适用罚金刑非常必要；从立法角度来看，其能够有效回应我国未成年犯罪人优先保护的理念，克服现有刑法规定的缺陷，消解其模糊性；从司法角度来看，能够应对司法实践中未成年犯罪人罚金刑适用率较高、未成年犯罪人罚金刑空判概率较高的问题。从执行角度来看，能够为执行中未成年犯罪人罚金缴纳主体偏移、易造成"金作赎刑"不良影响以及未成年犯罪人再次实施犯罪的可能性较大的问题提供解决方案。另一方面，构建未成年犯罪人罚金刑减免制度同样具有可行性，构建这一制度与宽严相济的刑事政策相符，契合刑罚的目的，体现未成年人特殊保护的原则，并且在我国主刑的减刑制度和域外关于未成年犯罪人罚金刑的立法例中都能够为未成年犯罪人罚金刑减免制度寻找到制度参考。未成年犯罪人罚金刑减免制度的构建，主要从未成年犯罪人罚金刑减免制度的适用条件、适用程序、监督及补充措施三个方面进行。适用条件包括未成年犯罪人罚金减免制度的形式条件、实质条件和限度条件；适用程序则包括判决前的程序以及罚金执行中的程序，内容主要有启动程序、考察程序、审理程序；监督措施包括立法监督和检察监督，补充措施是作为未成年犯罪人在减轻罚金后仍无法缴纳且不符合免除条件时设置的补充措施，包括未成年犯罪人罚金刑易科和未成年犯罪人罚金刑缓刑。

罚金刑作为我国司法实践中适用较为广泛的刑种，很有理论探讨的价值。笔者所以不揣浅陋，提出一些不太成熟的见解和建议，是希望引起法律界同道对这一问题的重视，投入更多的研究力量，以推动我国罚金刑的进一步完善，使罚金刑执行难的问题得到全面缓解与解决。鉴于笔者的学识水平有限，书稿中的不足之处尚请各位方家批评指正。

是为序。

吴真文

目　录

第一章　我国罚金刑并罚原则的完善　001
第一节　罚金刑并罚原则概述　001
一、罚金刑并罚原则的概念　001
二、罚金刑并罚原则应有的价值　003
三、罚金刑并罚原则的种类　005
第二节　罚金刑并罚原则的适用现状及问题　008
一、适用前提规定得比较简单　008
二、司法适用率占比较低　010
三、执行难度加大　014
第三节　罚金刑并罚原则存在问题的原因　016
一、并科原则的设置在立法上不理性　017
二、并罚原则考虑现实情况不够　019
三、并罚原则执行的配套措施不完善　021
第四节　罚金刑并罚原则的完善路径　022
一、在立法上确立限制加重为主的并罚体系　022
二、司法实践中充分考虑实际情况　025
三、完善罚金刑并罚原则执行的配套措施　027

第二章　我国罚金刑量刑情节研究　　040

第一节　罚金刑量刑情节概述　　040

一、罚金刑的地位　　040

二、量刑情节概述　　044

三、罚金刑量刑情节概述　　046

第二节　我国罚金刑量刑情节立法及适用现状之考察　　050

一、罚金刑量刑情节的立法现状分析　　051

二、罚金刑量刑情节的适用现状分析　　052

第三节　我国罚金刑量刑情节的完善　　058

一、域外罚金刑量刑情节之借鉴　　058

二、我国罚金刑量刑情节之完善　　064

第三章　我国罚金刑易科制度的构建　　074

第一节　罚金刑易科制度概述　　074

一、罚金刑易科制度的概念　　074

二、罚金刑易科制度的特征　　077

三、中西方语境下罚金刑易科制度的历史沿革　　078

第二节　构建罚金刑易科制度的必要性与可行性　　082

一、构建罚金刑易科制度的必要性　　082

二、构建罚金刑易科制度的可行性　　089

第三节　构建我国罚金刑易科制度　　097

一、罚金刑易科制度框架设计　　098

二、完善相关配套衔接措施　　101

第四章 我国罚金刑缓刑制度的构建 112

第一节 罚金刑缓刑制度的概述 112
一、罚金刑缓刑制度的概念解读 112
二、罚金刑缓刑制度的理论论争及评析 114

第二节 构建罚金刑缓刑制度的必要性分析 119
一、立法现状预示了制度构建的必要性 119
二、司法现状昭示了制度构建的必要性 121
三、执行现状确证了制度构建的必要性 124

第三节 构建罚金刑缓刑制度的可行性分析 127
一、罚金刑缓刑制度符合现代刑事政策的基本原则 127
二、构建罚金刑缓刑制度利大于弊 130
三、主刑缓刑制度为罚金刑缓刑制度的构建提供了样本 133
四、域外罚金刑缓刑制度的立法例提供了参照 135

第四节 构建我国罚金刑缓刑制度的基本思路 136
一、明确罚金刑缓刑的适用条件 136
二、建立罚金刑缓刑制度的考察机制 144
三、构建罚金刑缓刑制度的撤销及终结程序 149

第五章 我国未成年犯罪人罚金减免制度的构建 152

第一节 未成年犯罪人罚金减免制度概述 152
一、未成年犯罪人适用罚金刑的论争与评析 152
二、未成年犯罪人罚金减免制度的概念 158
三、未成年犯罪人罚金减免制度的特征 160

第二节 未成年犯罪人罚金减免制度构建的必要性 161
一、现有的法律规定对制度构建必要性的昭示 162

二、司法现状对制度构建必要性的需求　　166
　　三、罚金执行现状对制度构建必要性的需求　　169
第三节　未成年犯罪人罚金减免制度构建的可行性　　171
　　一、符合现代刑事政策的基本理念　　171
　　二、契合我国刑罚的目的　　175
　　三、体现刑罚对未成年人特殊保护的原则　　177
　　四、我国主刑的减刑制度提供了制度指引　　180
　　五、域外未成年犯罪人罚金刑立法例提供了参考　　183
第四节　未成年犯罪人罚金减免制度的构建思路　　188
　　一、明确未成年犯罪人罚金减免制度的适用条件　　188
　　二、构建未成年犯罪人罚金减免制度的程序　　194
　　三、未成年犯罪人罚金减免制度的监督　　200
　　四、未成年犯罪人罚金减免制度的补充措施　　201

参考文献　　213

第一章 我国罚金刑并罚原则的完善

第一节 罚金刑并罚原则概述

罚金刑是一种较为古老的刑罚,源远流长,同时在现代刑罚体系中具有重要的地位和影响。我们要对罚金刑的相关问题进行进一步研究,必须首先了解其基本范畴,明确相关意义,所以要探讨罚金刑并罚原则的完善措施,需要从罚金刑、数罪并罚原则、罚金刑并罚原则等元问题开始,并探讨罚金刑并罚原则的适用种类。

一、罚金刑并罚原则的概念

罚金刑并罚原则的概念以罚金刑的概念为基础,要对罚金刑并罚原则下定义,就必须从罚金的概念出发。

(一) 罚金刑的界定

中外法学界对罚金刑的界定众说纷纭,最具有代表性的有以下几种:日本著名刑法学学者木村龟二认为:"罚金刑是剥夺犯罪人一定数额金钱的财产性刑罚。"我国台湾学者林山田为代表认为:"罚金乃判令犯人缴纳一定数额金钱的刑罚。"[1] 我国大陆学者对于罚金刑的定性也存在不同的看

---

[1] 林山田. 刑罚学 [M]. 台北:台湾商务印书馆,1983:277.

法。著名刑法学学者张明楷认为："罚金刑应定性为以法院为主体，判处犯罪人缴纳一定数额金钱的刑罚。"而陈兴良教授认为："罚金刑的缴纳具有强制性，强制犯罪人向国家缴纳全部或一定数额的罚金。"刑法学学者邵维国认为："罚金刑的缴纳主体不应仅仅限制为个人，还包括单位，单位犯罪也需缴纳一定数额的罚金。"

上述观点中，笔者比较赞同邵维国教授的观点，因为笔者认为此种观点比较全面、准确地概括了罚金刑的特点。第一，适用的对象较为全面，不仅包括个人，还包括单位；第二，罚金缴纳的主体较为明确，只能是犯罪人，既包括犯罪的自然人，也包括犯罪的单位；第三，执行的主体较为具体，罚金的缴纳对象是国家，法院是执行罚金刑的主体。

（二）罚金刑并罚原则的界定

在理解了罚金刑的概念后，再来梳理数罪并罚原则的概念。数罪并罚在世界范围内的称谓各不相同，如在大陆法系国家中，数罪并罚被称为实际的数罪、实质的犯罪竞合、并合罪等；在我国刑法中被称为数罪并罚。关于数罪并罚的定义，我国学者也存在着较大的分歧，主要有以下几种观点：

著名刑法学者马克昌教授认为：在我国的数罪并罚体系中，数罪并罚制度主要是指犯罪人犯下数个犯罪，法院对犯罪人所犯数罪，按照法定的原则和方法，分别定罪处罚。韩玉胜教授则主张：数罪并罚制度就是指人民法院对判决宣告前一人所犯数罪，或者判决宣告后，刑罚执行完毕前发现漏罪或又犯新罪的，对其数罪、漏罪、新罪数罪并罚。韩玉胜教授的这种主张，明确了刑罚裁量的主体和对象，并且还指出了并罚的适用范围、步骤和原则。故笔者较为赞同韩玉胜教授关于数罪并罚的定义。

从罚金刑和数罪并罚原则的界定中，不难推出罚金刑并罚原则的内涵。本书认为，罚金刑并罚原则，是指人民法院对一人所犯数罪分别定罪量刑，在此基础上对其中判处的数个罚金刑，根据法定的原则和方法，决定应执行的罚金总额。

二、罚金刑并罚原则应有的价值

在我国，罚金刑属于附加刑的一种，刑罚的目的是一般预防和特殊预防，功能是追求惩治犯罪和保障人权的双重积极作用，它和自由刑有着相同的功能和作用。和单个犯罪的刑罚适用不同，数个犯罪被判处罚金刑时，如果对并罚原则取舍恰当，则能彰显刑罚应有的价值，不仅能顺应适用我国"宽严相济"的刑事政策，还能顺应刑罚轻缓化的世界潮流。

（一）符合罪刑相适应原则

罪刑相适应原则内在地要求刑罚正义性与刑罚个别化相统一。[①] 罪刑相适应原则不仅仅是立法层面配置法定刑的指导原则，也是指导刑事司法实际的根本原则。罪刑相适应原则要求对犯罪人适用的刑罚轻重要与所犯之罪的客观危害性相适应，对犯罪分子判处的刑罚还要根据人身危险性的大小，且要依照法定刑定罪处罚。

罪刑相适应原则就是要求罚当其罪，所犯的罪行和判处的刑罚相匹配。单个犯罪判处的罚金刑和数个犯罪判处的罚金刑也应当符合罪刑相适应原则的要求，且要与罪行相适应，也要与承担的罚金刑罚处罚相适应。当前，我国对数个罚金刑并罚仅仅采用并科原则，未规定罚金刑并罚后的上限，难免会违背罪刑相适应原则的立法初衷，造成罪刑不相适应情形的出现。

虽然罚金刑并罚原则是数罪并罚原则的一种形态，但是也应当符合罪刑相适应原则。犯罪人被判处数个罚金刑，刑罚的轻重应当与犯罪的性质、犯罪的情节、犯罪人的人身危险性相适应，体现刑罚的正义。罪刑相适应的特点是：在定罪阶段，要对犯罪进行定性，并同时考虑到犯罪人的人身危险性和犯罪情节；在量刑阶段，犯罪情节是主要关注的对象，同时兼顾犯罪性质和人身危险性。罚金刑并罚原则也是刑罚体系的分支，对犯一罪科处一个罚金刑，对所犯数罪处数个罚金刑，进行数罪并罚，正是罪刑相适应原则的内在要求。

---

① 周光权. 刑法总论 [M]. 2版. 北京：中国人民大学出版社，2011：41-42.

(二) 顺应刑罚轻缓化的世界潮流

适用监禁刑之弊端显著,一方面犯罪人在监狱内服刑容易造成"交叉感染",另一方面犯罪分子在监狱服刑,很难回归社会,使得恢复性司法的理念难以实现。刑罚轻缓化最初起源于废除死刑运动当中,是重刑主义转向轻刑主义的标志之一。意大利著名法学家切萨雷·贝卡里亚(Cesare Beccaria)是死刑废除运动的积极倡导者,极力主张废除死刑,揭开了刑罚轻缓化的序幕。自此以后,废除死刑的思潮得到了广泛支持,且这种思潮日益深入人心。在19世纪末20世纪初,刑罚轻缓化的思潮在世界各国立法司法中具体运用,罚金刑等非监禁刑得到广泛适用。

自西方启蒙运动开始,大部分西方国家进行了一系列以刑罚轻缓化为中心的刑罚改革,在这一改革中,刑罚轻缓化的内涵和意义不断深化。从刑罚轻缓化的进程来看,西方刑罚轻缓化运动从大范围地降低刑罚种类的严厉性和残酷性,过渡到把握刑罚的适当性,再到两极化刑事政策的形成。罚金刑并罚原则无论如何设定,均应控制在一定范围内,尤其是不能超过犯罪分子的全部财产,以适应刑罚轻缓化的趋势。

数个罚金刑采用数罪并罚原则如果选择运用得当,就能契合当前刑罚轻缓化的世界潮流;如果运用不当,则可能与刑罚轻缓化的方向背道而驰。目前我国对于主刑的数罪并罚采用的主要原则是限制加重,兼采吸收原则和并科原则,但是作为附加刑的罚金刑在并罚时如果依旧坚持并科原则,无疑是与刑罚轻缓化相背离的,因此完善现有的罚金并罚原则能够顺应刑罚轻缓化的潮流。

(三) 契合我国宽严相济刑事政策价值取向

宽严相济的刑事政策主要是指,对于犯罪情节轻微的情形,或具有减免刑罚的情形,应当降低处罚力度;而对于惯犯、累犯等犯罪分子,屡教不改的,应当严格处罚、从重处罚。罚金刑作为刑罚体系的重要组成部分,应当与我国当前施行的宽严相济的政策相契合。

宽严相济的刑事政策就是要针对不同的犯罪情形,区分对待,宽严分明,有理有据,宽严适度;宽严相济刑事政策并不是法外开恩,也不是绝对加重刑罚,而是严格地依照刑事法律,对犯罪分子实施刑罚。宽严相济政策一方面要求我国刑罚向轻缓化、人道化迈进,另一方面也要求刑事司法的公正文明。罚金刑主要是通过剥夺人的金钱会让人产生一定的痛苦,有时候可能是剧烈的痛苦。因此罚金刑不仅能够趋利避害,避免自由刑的缺陷,还具有多方面优势,更符合宽严相济的刑事政策。

罚金刑并罚原则针对的是数个罚金刑数罪并罚,着重体现的是宽严相济刑事政策"宽"的一面。并科原则的适用,对数个罚金刑绝对相加,执行总和数额,并未符合宽严相济的精神。一方面罚金刑并罚采用并科原则,过于严苛,未适应"宽"的理论要求;另一方面,并科原则的适用不利于重刑主义向轻刑主义的转变。相反,如果数个罚金刑数罪并罚采取限制加重原则,并规定并罚的上限,不得超过犯罪分子的财产总和,使得犯罪人能更好地回归社会,正是宽严相济刑事政策"宽"的体现。罚金刑并罚采用限制加重原则,能够使罚金刑本身的优势得到发挥,尽量避免其固有的弊端,处罚方式更为科学、人道,防止出现罚金刑并罚的罚金超出犯罪人全部财产的情况。试想,犯罪人出狱后,还背负巨额的罚金,不仅不能更好地回归社会,而且恢复性司法将沦为空谈。

三、罚金刑并罚原则的种类

对于罚金刑并罚原则,如前所述,不仅在学界存在不同的主张,而且在各国(地区)立法中也采用了不同的模式。

(一) 罚金刑并罚原则的理论分类

对于罚金刑并罚,学界大致有四种观点:其一,吸收主义,高额罚金吸收低额罚金,执行较高的罚金刑,低额罚金不再执行。其二,并科主义,即对于数个罚金刑绝对相加,合并执行。其三,限制加重主义,对于数个罚金刑,在数个罚金刑中,在最高额罚金刑以上、总额罚金以下进行裁量。例如,犯罪人丙因犯生产、销售伪劣产品罪被判处罚金10000元,妨害清算罪罚金30000元,对于丙的罚金数额就应当在30000元以上,40000元以下这个区间进行处罚。其四,综合主义,对吸收主义、并科主义和限制加重主义的综合运用，即以一种原则为主，兼采其他原则。在我国刑罚体系中，自由刑就是综合主义运用的典型，主要采用限制加重主义，兼采吸收主义和并科主义。

（二）罚金刑并罚原则的立法分类

1. 罚金刑并罚的一般原则

梳理世界各国（地区）的立法，对于数罪并罚所采用的一般原则，大致有如下几种：

（1）吸收原则

吸收原则是指一人犯数罪，对所犯数罪重罪吸收轻罪的原则。即对所犯数罪中，对于重罪予以处罚，轻罪被重罪吸收，不予处罚。

吸收原则主要分为重罪吸收轻罪、重刑吸收轻刑和同时执行数个刑罚三种。首先，重罪吸收轻罪，也即刑法理论常说的"从一重罪论处"，主要是指对于判处的数个法定刑中，仅对重罪予以处罚，轻罪被重罪吸收，不予处罚。其次，重刑吸收轻刑，即对数罪分别定罪量刑，对于数罪中的宣告刑，选取最重的罪进行处罚，轻罪所判处的刑罚被吸收，不予处罚。最后，同时执行数个刑罚，将数罪在相同时间、相同地点予以同时执行，这是典型的英美法系国家的做法。

在罚金刑并罚当中，犯罪分子被判处数个罚金刑情形时，吸收原则的运用主要体现在高额罚金刑对低额罚金刑的吸收，较低的罚金不予处罚。

（2）并科原则

并科原则主要是指对一人所犯数罪绝对相加，合并执行刑罚的原则。当前，世界范围内单纯适用并科原则的国家并不多见，大陆法系国家即是如此。并科原则主要注重刑罚的威慑功能，是报应刑思想的典型代表。虽然并科原则在主刑的数罪并罚中适用得当在一定程度上可以发挥刑罚的威慑效应，但是在罚金并罚当中适用并科原则则显得过于严苛，有悖于现代人道主义精神和公平正义思想。

英美法系国家对于数个刑罚采用的是并科原则，在英国刑法中，所判处的数个刑罚采用连续计算的方式进行并罚，也即并科原则的适用。两者之间并没有实质的分别，都是对数个刑罚的简单相加，适用总和刑罚。

(3) 限制加重原则

限制加重原则主要是指对数罪判处刑罚后，在数罪中所判最高刑期以上、总和刑期以下，酌情选择适当的刑罚处罚的原则。以德日为代表的大陆法系国家，对于罚金刑并罚适用原则的定论是一致的，都是采用限制加重原则。国外刑法学界对于罚金刑并罚的研究成果主要体现在各自国家的刑法规定中，他们的研究均已形成了成熟的法律制度，关于这一点，从德日刑法的相关规定中可以窥见一二。《德国刑法典》第 54 条第 2 项对罚金刑并罚规定了上限，即日额罚金不得超过 720 单位。对于罚金刑并罚，采取限制加重原则，受到了总和刑和法定最高刑的双重限制。再如《日本刑法典》第 48 条规定："二个以上之罚金，于就各罪所定罚金之合算额以下而处断。"① 第 49 条规定："并合罪中，其重之罪虽无没收，而于他罪有没收时，得附加之。"② 这就明确指出了对判处数个罚金时，采取限制加重原则。

综上，德日刑法的主流对于罚金刑并罚，也是主张限制加重说。当然，德日刑法对于罚金刑并罚采用限制加重原则也有差异，一方面德国实行的是总和刑期与总则规定最高刑期的双重限制，而另一方面日本只有总和刑一种限制。

(4) 综合原则

综合原则是上述几种原则的综合运用，根据具体情况采取不同原则。世界各国的历史传统、法律渊源、社会文化各不相同，数罪并罚的原则也不尽相同。我国香港地区对于数罪并罚原则主要是以吸收原则为主，辅之以并科原则。而我国台湾地区对于数罪并罚，主张的是综合原则，既有吸收主义、限制加重原则的采用，也有并科原则的适用。

2. 我国罚金刑并罚的原则

在当前立法和司法实践中，我国（不含港澳台地区）并没有采取限制加重原则，仅仅采取的是并科原则。我国刑法第 69 条规定，种类相同的

---

① 任彦君. 数罪并罚论 [M]. 北京：中国检察出版社，2010：132.
② 任彦君. 数罪并罚论 [M]. 北京：中国检察出版社，2010：132.

附加刑，合并执行。相同的附加刑，显然包括了罚金与罚金的并罚，合并执行并未明确规定适用何种原则。为了增强其可操作性，最高人民法院于 2000 年作出了《最高人民法院关于适用财产刑若干问题的规定》的司法解释，也明确指出罚金刑并罚采用的是并科原则。该条款的规定就是并科原则的运用，即罚金数额的绝对相加。

第二节　罚金刑并罚原则的适用现状及问题

当前，数罪并罚原则在自由刑中得到了广泛的适用，无论是从立法、司法、执行方面，都得到了有效的实施。可是作为财产刑的罚金刑并罚适用的过程并不顺畅，存在诸多问题：其一，作为罚金刑并罚原则适用前提的立法规定过于简单；其二，尽管在司法中罚金刑得到广泛适用，但是罚金刑并罚的适用率却较低；其三，在执行中同罚金刑执行一样，并罚以后执行的难度更大，犯罪分子判而不缴，罚金刑并罚执行流于形式。

一、适用前提规定得比较简单

立法是司法的前提和基础，没有完备的立法，司法适用的过程中往往会面临重重困难。当前，我国关于罚金刑并罚的规定主要有《刑法》第 69 条和 2000 年 11 月 15 日最高法发布的《最高人民法院关于适用财产刑若干问题的规定》（以下简称《规定》）。《刑法》第 69 条并未明确规定对于罚金刑并罚问题适用何种原则，只是简单地规定了"附加刑种类相同的，合并执行"。虽然《规定》中明确规定"对所犯数罪分别判处罚金的，罚金数额相加，执行总和数额"，但最高人民法院这个司法解释既过于简单也不能和《刑法》相提并论。《刑法》和司法解释作为司法适用的前提，在立法规定上存在着缺陷。

首先，《刑法》规定过于简单。相较于我国刑罚体系中主刑并罚的规定，《刑法》对罚金刑并罚的规定过于简单，且规定于数罪并罚的一般情形之中，并未就罚金刑的并罚问题作出专门的条款规定。我国主刑的并罚形成了一个较为完整的体系，以限制加重原则为主，兼采吸收原则和并科原则。在数罪并罚的过程中，遵循了量刑情节分别适用规则、数罪独立评价的规则。根据我国《刑法》第 69 条的规定，数罪中判处数个有期徒刑的，采取限制加重原则：总和刑期不超过 35 年的，最高刑期不超过 20 年；总和刑期超过 35 年的，最高刑期不超过 25 年。该条款设置限制加重原则，对最高刑期设定了上限，既给予了法官自由裁量的空间，也体现了人权思想和刑罚轻缓化。死刑吸收无期徒刑，无期徒刑吸收有期徒刑都是吸收原则在主刑适用中的具体体现。对于判处主刑又判处附加刑的，或者存在判处有期徒刑和管制、拘役和管制的并罚则采用了并科原则。且对于判决宣告后发现漏罪的并罚和判决宣告后又犯新罪的并罚做出了明确规定。反观附加刑中对于数个罚金刑并罚的规定，仅仅原则规定了并科原则，且仅规定了判决时已经发现的数罪采用并科原则，而对于判决宣告后发现漏罪的罚金并罚和判决宣告后又犯新罪的罚金并罚并未做出明确规定。

其次，司法解释简单且效力大打折扣。《规定》也只是简单地规定了"对所犯数罪分别判处罚金的，罚金数额相加，执行总和数额"，当判处数个罚金时，对于数个罚金的数额简单相加，执行总和数额。一方面，与主刑的规定相比，不成体系，对于罚金的数额没有设置上限和下限，未给予法官自由裁量的空间。另一方面，司法解释是最高司法机关在适用法律的具体过程中，对于遇到的法律问题所作出的解释，在效力上无法与《刑法》的规定相提并论，在适用时效力难免会大打折扣。

最后，和域外相关罚金并罚规定相比差距明显。如上所述，我国立法和司法解释对罚金并罚问题规定过于简单，可操作性不强。反观域外法治发达国家，他们在刑法中对罚金并罚则规定得比较详尽，具有较强的可操作性。日本对罚金刑并罚作出了详尽规定，如《日本刑法》第 48 条："罚金刑与他之刑并科之，但第四十六条第一项件，不在此限。二个以上之罚金，于就各罪所定罚金之合算额以下而处断。"第 49 条："并合罪中，其重之罪虽无没收，而于他罪有没收时，得附加之。"对并合罪中两个以上的罪处以罚金时，采用加重单一刑主义。"罚金、没收者，原则并科之，拘留、科料亦然。"① 日本刑法大多借鉴于德国，与德国有很多的相似之处，在罚金刑并罚方面，都主张采用限制加重原则，集中体现了刑罚轻缓化和刑罚谦抑性原则。德国刑法第53条和54条中对于罚金刑并罚采用的原则和上限作出了较为明确的规定，对于罚金刑与罚金刑的并罚采取的是限制加重原则，对于数个罚金刑的并罚，规定了上限应当在总和刑期以下，且日额金不得超过720单位，给予了法官自由裁量的空间。同时，也规定了罚金刑易科自由刑，也是易科制度的集中体现，为解决罚金并罚后执行难的问题提供了解决方案。

二、司法适用率占比较低

如前文所述，一方面，自1997年《刑法》修订以来，我国罚金刑在刑法条文中所占的比例得到了空前的提高，单个犯罪罚金刑的适用范围有了明显的拓展，罚金刑的司法认同度进一步提升，罚金刑在惩治刑事犯罪，尤其是贪利性犯罪方面的优势得到了初步显现。相对来说，罚金刑并罚适用的案件范围比较集中，而且涉及罚金并罚的情形少之又少，司法适用率占比较低。

（一）单罪罚金刑适用率进一步提高

罚金刑是对犯罪人处以一定金钱刑罚的刑罚方法，是刑罚体系的重要组成部分。在第二次世界大战结束之后，罚金刑在西方国家得到了广泛适用。且在大多数国家罚金刑适用率逐年提升，在判处的刑罚中，罚金刑占据了60%以上，在少部分国家甚至高达96%。例如：罚金刑在日本占判刑总数的94.93%，在英格兰和威尔士占判刑总数的79.33%，在德国占判刑总数的79.31%，在奥地利占判刑总数的70.61%。② 由此可见，罚金刑在西方国家有超高的适用率，适用范围广泛，还有的国家直接将罚金刑规定为主刑。与西方国家超高的罚金刑适用率相比，我国1979年《刑法》规

---

① 牧野英一. 日本刑法通义[M]. 陈承泽，译. 北京：中国政法大学出版社，2003：70.
② 吴宗宪，陈志海，叶旦声，等. 非监禁刑研究[M]. 北京：中国人民公安大学出版社，2003：269.

定的罚金刑微乎其微，仅对 23 个罪名规定了罚金刑，罚金刑的占比更是明显低于西方国家。

1979 年《刑法》是新中国第一部颁布规定有罚金刑的刑法，仅规定了 23 个罪名可以适用罚金。为顺应罚金刑适用率提升的世界潮流，我国 1997 年《刑法》和此后的刑法修正案对罚金刑做了扩大规定。截至目前，我国现行刑法中，规定有罚金刑的罪名多达 235 个，占全部 456 个罪名的 51.5%，超过一半的罪名。① 自 1997 年《刑法》颁布以来，我国罚金刑的适用率虽不及西方国家，但适用范围得到拓展，适用率得到显著提升。下表以 C 市 F 区法院 2014—2018 年罚金刑案件占总的刑事案件比例为例：

表 1-1　2014—2018 年 C 市 F 区法院适用罚金刑案件数据表

年份	刑事案件总数	判处罚金刑案件总数	罚金刑案件占比
2014	684	578	84.5%
2015	673	594	88.2%
2016	678	596	87.9%
2017	885	791	89.3%
2018	1329	1195	89.9%
总计	4219	3754	88.9%

根据上述表格可以看出，C 市 F 区法院刑事案件中，罚金刑案件占比较高，其他法院的情况也大抵相似，基本上都达到了 80% 以上，说明罚金刑适用率达到了较高的水平。由此可见，罚金刑在我国司法审判中逐渐受到重视，并占有一席之地。

（二）罚金刑并罚的适用率相对较低

在我国，自 1997 年《刑法》颁布以来，罚金刑适用率节节攀升，罚金刑并罚的适用率却大相径庭。笔者在中国裁判文书网中，检索"罚金刑"一词，共出现 94774 篇文书，而检索"罚金刑并罚"一词，共有文书 64 篇，其中判决书 36 篇，裁定书 29 篇，罚金刑并罚案件占罚金刑案件不到 0.07%。与罚金刑的适用率相比较，罚金刑并罚的适用率微乎其微，且

---

① 叶睿. 罚金刑的适用与反思 [D]. 成都：西南财经大学，2012.

大多集中在漏罪、新罪的罚金刑并罚。

由于我国罚金刑并罚体系在立法规定上的不完善，在司法实践中，法官对于罚金刑并罚案件的漏罪、新罪问题并没有统一的裁量标准，导致了"同案不同判"的情形，以至于对于罚金刑的"漏罪""新罪"问题产生了较大的争议。部分司法裁判者认为应当并罚，另一部分则认为不应当并罚。如此一来，罚金刑并罚案件在司法适用中，就不如单个罚金刑适用范围那么宽泛。自由刑既然就"漏罪""新罪"问题可以数罪并罚，同属于刑罚体系、作为附加刑的罚金刑为何不可以数罪并罚？

（三）罚金刑并罚的适用范围较为集中

在罚金刑并罚案件中，哪些案件可以适用罚金刑并罚，主要集中于哪类案件，这都是本书所要探讨的。在立法中，主要是根据犯罪人的人身危险性、社会危害程度和刑罚价值取向来制定罚金刑并罚的适用范围。罚金刑所剥夺的是犯罪人的财产性权益，主要集中在下列两类犯罪：第一，各种各样的轻罪。与主刑相比较而言，罚金刑相对较为轻缓，所剥夺的权益仅为金钱，根据报应和预防的理论，较为轻缓的犯罪判处罚金刑是最合适的选择。第二，贪利型犯罪和财产犯罪。一方面，从报应的层面分析，犯罪人谋取不正当利益，判处罚金，剥夺其经济权益，是判处罚金刑并罚的必然结果；另一方面，从预防的角度来分析，犯罪人的犯罪动机为获取财产，剥夺其财产权，使其丧失进一步犯罪的资本，从而有效地预防犯罪的发生。

罚金刑中主要是以贪利型犯罪为主，罚金刑并罚亦是如此。罚金刑并罚范围以贪利型为主，有长处也有弊端。首先，谈谈罚金刑并罚以处罚贪利型犯罪为主的优点。罚金刑并罚以处罚贪利型犯罪为主，可以充分发挥罚金刑的报应性与预防性的刑罚功能。罚金刑的这种特征，一方面是刑罚与犯罪等量报应的体现，另一方面也是刑罚价值在犯罪案件中的具体体现。在罚金刑并罚中，对贪利型犯罪人判处罚金，是对其贪图他人财产权益的报应，也可以在一定程度上对犯罪人再次犯罪起到抑制作用。为此，笔者在中国裁判文书网对64件罚金刑并罚案件进行梳理，得出下表（表1-2）。

表1-2　罚金刑并罚案件中贪利型案件统计表

罪名	案件数	占罚金刑并罚案件百分比	犯罪类别	案件数	占罚金刑并罚案件百分比
抢劫罪	5	7.81%	贪利型犯罪	54	84.37%
盗窃罪	43	67.18%			
合同诈骗罪	2	3.13%			
走私、贩卖、运输、制造毒品罪	1	1.56%			
开设赌场罪	1	1.56%			
敲诈勒索罪	2	3.13%			
容留他人吸毒罪	5	7.81%	非贪利型犯罪	10	15.63%
寻衅滋事罪	2	3.13%			
危险驾驶罪	1	1.56%			
故意毁坏财物罪	2	3.13%			
合计	64	100%	合计	64	100%

据上表可知，罚金刑并罚案件主要集中在盗窃犯罪当中，占了67.18%，其余犯罪百分比相对较小。抢劫罪和容留他人吸毒罪的比例相同，都是7.81%，危险驾驶罪，走私、贩卖、运输、制造毒品罪，开设赌场罪占比都是1.56%；合同诈骗罪、寻衅滋事罪、敲诈勒索罪、故意毁坏财物罪都是占比3.13%。其中，贪利型犯罪占比高达84.37%，非贪利型犯罪只有较少的15.63%。据统计数据可以看出，罚金刑并罚案件主要集中处罚贪利型犯罪。

以贪利型犯罪为主的罚金刑并罚存在一定的弊端。第一，罚金刑并罚的适用范围大大缩小。罚金刑并罚的报应和预防犯罪的功能，不仅在贪利型犯罪中得到集中体现，也影响了其他类型的犯罪。相较于生命刑和自由刑对生命、自由的剥夺，罚金刑是对金钱和物质权益的剥夺，刑罚轻缓得多，较为适宜于轻罪。此外，轻罪的犯罪人的人身危险性相对较小，从预防的角度而言，对轻罪判处罚金刑，能有效地预防犯罪人再次犯罪和潜在的犯罪人犯罪。从世界各国的刑罚来看,罚金刑适用于轻罪已成为普遍适用的原则。当前,罚金刑并罚主要集中于贪利型犯罪,对非贪利型犯罪中的轻罪则很少适用,未能广泛地顺应刑罚轻缓化的潮流。第二,难以发挥刑罚谦抑性的功能。刑罚谦抑性的功能主要是减小重刑的适用力度,加大罚金刑等轻刑的适用,符合轻刑主义思想,用罚金刑取代自由刑。我国的罚金刑以处罚贪利型犯罪为主,会导致罚金刑与自由刑并科适用的状况,影响罚金刑的独立适用,很难实现刑罚的轻缓化和轻刑化。第三,难以做到罪刑相适应。法定刑需要与犯罪相适应,要与不同的人身危害性和危害性的犯罪相适应,以符合罪刑法定原则的基本要求。罪刑法定原则要求法官针对不同的犯罪人科处不同的刑罚,做到罪刑相适应,法定刑有多个刑种,刑种有相对确定的范围,与犯罪相适应。从世界范围内的刑罚体系来看,刑罚轻缓化是世界的主流,罚金刑的规定一般都是自由刑与罚金刑的选科,或者是罚金刑替代自由刑。像我国以处罚贪利型犯罪为主,并处罚金的情况较少,这不利于刑罚的经济性,也不利于犯罪人的再社会化,并使得法官自由裁量的空间缩小,单处罚金就足以实现罚金刑的报应和预防功能。

三、执行难度加大

本来罚金刑并罚的司法适用率就很低,如果执行不到位,则更加有损司法的权威性,冲击法律的严肃性,在执行问题上,罚金刑执行难一直是我国罚金刑执行的一个难题。罚金刑并罚执行问题是数个罚金刑采用并科原则后,执行并罚后的罚金,当前罚金刑执行本来就面临着尴尬的局面,并罚后的罚金刑执行更是难上加难。

(一)罚金刑并罚"空判"现象严重

首先,"空判"现象十分严重。"空判"是指人民法院对犯罪人做出了有效判决,判处一定的罚金,但在执行过程中罚金却得不到执行的情形。在我国当前的刑事审判当中,大多数生效的罚金刑并罚虽有有效的判决,但罚金刑并罚执行难,罚金刑并罚执行案件长期积压,使得罚金刑执行问题变得十分严重,罚金刑并罚后执行难问题更加突出。在罚金刑并罚适用范围司法适用率较低的情况下,并罚后罚金刑的执结率成为突出问题,直接导致罚金刑的判决流于形式,罚金刑的权威受到严重挑战。刑事古典学派的学者中,有学者就极力主张,刑罚应当具有确定性,具有执行力,当犯罪人实施犯罪后,刑罚的严厉性和残酷性是一方面,更重要的是刑罚得到有效实施,这样刑罚才具有威慑力。如果并罚后的罚金刑难以执行,确定性无从谈起,法律的严肃性和权威性受到践踏,刑罚的处罚和预防功能难以得到实现。

罚金刑是刑罚体系中的重要部分,与其他刑种相比较,刑罚的内容有所不同。罚金刑并罚是以判处犯罪人数个罚金合并执行的刑罚方法,执行是罚金刑的最后环节,也是罚金刑最为重要的一个环节,并罚后罚金刑得到有效执行,是刑罚处罚和预防功能实现的必然要求,也是确保法律权威性的重要前提。在刑事司法环节中,罚金刑并罚的公正判决并不能有效地弥补罚金执行难的缺失,在一个刑事案件中,无论审判环节判决是多么的公正和有说服力,执行阶段未得到有效执行,"空判"现象依然存在,也难以有效地威慑犯罪分子,损害法律的尊严和刑罚的公正。

(二)"先缴后判"现象严重

当前,在我国罚金刑司法实践当中,"先缴后判"的现象极其严重,这是罚金刑并罚执行问题之二。一方面,在司法实践当中,可能被判处罚金刑的被告人在判决宣告以前为获取较为轻缓的刑罚而积极地缴纳罚金,法院为了解决罚金刑并罚执行难的困境,僭越司法程序,同意当事人在判决宣告以前缴纳罚金,减轻刑罚。另一方面,某些司法人员,包括检察机关,为了认罪认罚制度的执行和量刑建议的提出,甚至在移送法院审判以前,就督促或者强制被告人或其近亲属提前缴纳罚金,并以此作为获取较轻刑罚的交换筹码。司法人员的这些作为,使被告人或其近亲属错误地认为,预先缴纳罚金,就可以获取较轻的刑罚,导致在司法实践当中,"先缴后判"的现象十分严重,使罚金刑并罚的审判流于形式,有损法律的权威。为了解我国法院审判中罚金刑实际情况,我们针对 X 法院 2009 年至 2011 年罚金刑执行情况进行调查,得出下表(表 1-3)。

表1-3　2009年至2011年X市法院罚金刑执行情况统计表

年度	判处案件总数	总人数	已缴纳罚金案件数	已缴纳罚金案件人数	未缴纳罚金案件数	未缴纳罚金案件人数	执结率
2009	540	841	174	257	366	584	32.2%
2010	709	1232	173	274	536	958	24.4%
2011	674	1157	146	238	528	899	21.7%
合计	1923	3230	493	769	1430	2441	25.6%

表1-3显示X市2009年至2011年判处的罚金刑案件数与执结率成反比关系。该院2009年判处罚金刑案件数为540件，案件执行数为174件，执结率为32.2%，2010年执结率为24.4%，2011年执结率为21.7%。可见罚金刑案件数量较大，执结率却呈现出较低的水平，使得许多刑事判决中罚金刑的判决成为一纸空文，严重影响了法院刑事裁判的严肃性与权威性。罚金刑执结率如此之低，数个罚金刑并罚加大了罚金的数额，其执行更是难上加难。

"先缴后判"确实能够在一定程度上缓解罚金刑并罚执行困难的局面，但在判决结果出来以前，就执行并罚的罚金刑，违背了法定程序，缺乏相关的法律依据，损害程序公正，既违反了刑事诉讼的基本程序，也违背了程序正当的原则。在法院判决宣告以前缴纳罚金，也相当于变相承认了，未经法院宣判，即承认被告人有罪。程序正当原则要求司法人员，在进行审判的过程中，必须严格地遵循正当的司法程序，不得为了解决罚金刑并罚执行难的问题，违背司法程序，损害程序公正。

第三节　罚金刑并罚原则存在问题的原因

罚金刑并罚原则既要适应世界刑罚轻缓化的要求，也要和我国刑法罪责刑相适应原则相匹配。目前，我国罚金刑并罚采用并科原则，在立法、司法和执行中存在诸多问题。究其原因，首先，笔者认为是立法所采用的原则不够理性和全面;其次,在司法实践中,没有充分考虑实际情况,诸如地区经济差异、犯罪人人身差异等;最后,在执行中,对罚金刑并罚执行没有设置完善的配套措施,使罚金刑判决成了"空判",法律尊严受损。

一、并科原则的设置在立法上不理性

理性,主要是指所阐述的活动目标、偏好命题和价值取向的基础性、恰当性、合理性或规范性。刑事立法活动始终受到理性与非理性的挑战,立法上的合理性,不仅要科学立法、民主立法、全面立法,还要最终实现公平正义,保障人权。当前在罚金刑并罚的立法上采用并科原则,既使得罚金刑并罚的总额未设置上限而过于严苛,体现了立法的不科学性,又未规定"漏罪""新罪"问题,体现了立法的不全面性。

(一)单独设置并科原则的不科学性

我国在刑事立法中,对数个罚金刑的并罚单独采取并科原则,未设置合理的上限,立法上的设置缺乏科学性。并科原则深深地植根于社会的报应观和朴素的正义观。人类社会从古至今,是正义和报应的发展史,正义一直是道德的标杆,是崇高的社会理想,是法治社会的理想追求。正义是法律的基础和根本所在,它丰富着法律的内涵与外延,在法律中彰显价值。在人类社会的初期,为了生存和延续,报应思想根深蒂固,归责原则以报应主义为基础,控制着犯罪人的定罪量刑。确实,社会的发展需要刑罚和正义的支撑,需要对犯罪做出适格的报应,从这个角度来讲,并科原则存在具有一定的合理性,但并不意味着并科原则不存在弊端。随着社会的发展和人权思想的进一步传播,并科原则的适用发生了一定的变化,例如在自由刑的适用上,不再单独适用并科原则,而是对吸收原则、限制加重原则的综合适用。在死刑和无期徒刑的适用当中,由于人类生命极限的制约,采用并科原则,会出现刑罚无法完全执行完毕的情形,并科原则的适用就未起到惩罚犯罪的作用,有损法律的权威。

对于罚金刑并科原则,我国刑法学界同样存在着不同观点,褒贬并存。主要有以下观点:第一,并科原则往往会造成罚金刑总额过高,可能超过犯罪人的财产总额,不利于惩罚犯罪和犯罪预防;第二,并科原则应当体现"有罪必罚"的精神,对犯罪人所犯数罪应当从重处罚,贯彻宽严相济的刑罚精神;第三,并科原则是报应刑思想的产物,机械地实行"一罪一罚""数罪数罚",表面上公正,实际上有刑罚过苛之嫌;① 第四,还有部分学者认为,基于并科原则的平等性、有效性和公正性,应适当扩展其内容。基于上述专家学者的观点,我们认为,在罚金刑并罚中,单纯地适用并科原则过于严苛,将数个罚金刑简单相加,未充分考虑犯罪人的经济状况,可能导致刑罚难以执行的局面。我国虽然未明确规定罚金刑并罚适用并科原则,但从刑法条文和司法解释的字里行间不难看出,罚金刑并罚适用并科原则,同种罚金刑执行总和罚金就是最好的例证。根据我国现行刑法关于罚金刑并罚的规定,对数个罚金刑采用并科原则进行处罚,就很可能出现巨额罚金的情形。再者,我国罚金刑并罚亦没有上限限制,就有可能出现罚金超过犯罪人财产的情形。我国的罚金刑"随时追缴"制度,使犯罪人回归社会后仍承担着巨大的经济压力,这并罚的罚金刑有可能比没收财产刑还要严重。综上,笔者认为,罚金刑并罚单采并科原则,不设置罚金刑上限过于严苛,不利于犯罪人的改造。

(二)并罚原则设置的不全面性

当前,我国刑事立法对于罚金刑并罚只是简单地规定了判决宣告以前所犯数罪的情形,对此简单相加,而对于"漏罪""新罪"情形并没有明确的规定。主刑和附加刑同属于我国的刑罚体系,罚金刑作为附加刑的一种,同样存在着"新罪""漏罪"情形,在司法实践中遇到此类问题该如何解决,立法上并没有具体规定。我国主刑的规定较罚金刑相比,更为全面完善,不仅对判决宣告以前的并罚原则作了较为细致的规定,而且规定了"漏罪""新罪"问题。例如,《刑法》第69条明确规定了"判决宣告前一人所犯数罪"以限制加重原则为主,兼采并科原则和吸收原则;《刑法》第70条对于"判决宣告以后发现漏罪"规定采取"先并后减"的计算方法;而《刑法》第71条则对"判决宣告以后又犯新罪"规定采取的是"先减后并"的计算方法,对于既有"漏罪"又有"新罪"的情形,

---

① 张红梅. 论数罪并罚制度的立法完善 [D]. 长春:吉林大学, 2007.

先计算"漏罪",再计算"新罪"。立法是司法的前提和基础,罚金刑并罚原则设置的不全面性,导致司法实践真空地带的形成,在一定程度上形成了"无法可依"的尴尬局面。

二、并罚原则考虑现实情况不够

公正,主要是指公平平等。在法律范畴中,司法公正主要包括实体公正和程序公正两个方面,二者缺一不可。司法公正既是法律自身的要求,同时也是依法治国的体现。法官等司法人员,在审理案件的过程中,既要追求形式的公正,更要追求实质的公正。不同地区的经济发展是有差异的,不同的受刑人对同样的刑罚的感受也是不同的,罚金是重要且常用的财产刑,在具体的案件裁判过程中法官除了考虑"同案同罚"的问题,更要兼顾地区经济发展差异性和刑罚的个别化问题,唯其如此,才能确保罚金刑并罚的判决作出以后顺利地执行,维护法律的严肃性。而目前我国司法实践中对这个问题的考虑往往存在不足。

(一)对地区经济发展不平衡缺乏考虑

改革开放几十年来,我国经济水平得到直线提升,综合国力得到了长足发展,但是东中西部地区的经济发展仍具有较大差异。根据国家统计局统计的数据,1978 年东部生产总值为 1514 亿元,中部为 750 亿元,西部为 726 亿元;2017 年东部生产总值为 449681 亿元,中部为 179412 亿元,西部为 170955 亿元。① 从上述数据可以看出,我国经济总体呈高速发展的趋势,但同时,我们可以看出东部、中部、西部的经济发展并不均衡,东部经济发展遥遥领先于中、西部地区,我国东部部分城市已达到中等发达国家的水平。罚金刑不同于自由刑,自由刑处罚人身自由,生命权具有平等性、公平性。而在我国,经济发展水平差异较大,对同样案件实行相同的罚金刑,对于富者可能是九牛一毛,穷者倾其所有可能也难及一二,实质上有违法律面前人人平等的原则。

刑罚裁量既要注重犯罪人主体因素,也要注重客观因素。在经济悬殊

---

① 引自 2018 年 9 月 13 日国家统计局发布的《区域发展战略成效显著、发展格局呈现新面貌——改革开放四十年经济社会发展成就系列报告之十六》。

的东、中、西地区实施同样的罚金刑标准,有违刑罚的实质公正。例如在北京地区与西藏地区,对同样的盗窃罪都判处罚金5万元,刑罚效果可能大相径庭,难以契合罪刑相适应原则。罚金刑相对于身体刑而言,具有一定的特殊性。身体、自由,人皆有之,且没有较大的差异性,金钱则不然,不同地区的经济具有较大的差异,尤其是我国东西部地区。因此,在罚金刑并罚的案件中,不能单纯以身体刑的标准来衡量,更要着重考虑我国的地区经济差异,判处合理的罚金刑,符合罪刑相适应原则。

(二) 对犯罪人的人身差异性未予考量

1. 犯罪人人身的差异性

我国刑事立法对特殊人员的量刑作了明确的规定,在刑事裁量的过程中,对主刑适用了减轻、从轻、免除刑罚的规定,但对于属于附加刑的罚金刑并罚并没有适用相关规定。罚金刑是附加刑的一种,与主刑同属于刑罚体系,刑法的一般原则也应对其适用,不能区别适用。因此,可以说,在罚金刑并罚案件中,裁判者对犯罪人的人身特殊性未予考量,对减少罚金的情形未予考量。

犯罪人人身的差异性,主要体现在年龄和身体状况的差异性,主要集中在特殊人员如何定罪量刑的问题,例如未成年人、老年人、又聋又哑的人、盲人等等。我国在刑法中对于特殊人员的刑事责任能力问题做了具体的规定,但在罚金刑并罚案件的适用中,未充分考虑犯罪人的差异性。一方面针对已满十四周岁未满十八周岁的人和已满七十五周岁的人故意犯罪,应当从轻或减轻处罚,另一方面,又聋又哑的人或盲人犯罪,可以从轻、减轻或免除处罚。

2. 犯罪人经济状况的差异性

就是在同一地区的同等犯罪人中,尤其表现在罚金刑并罚的案件中,犯罪人本身具有较大的差异性,主要集中在犯罪人经济状况的差异性。罚金刑不同于自由刑和生命刑,自由和生命人皆有之,金钱则不然,富者腰缠万贯,贫者一贫如洗。如果完全依犯罪情节裁量罚金并罚的总额,同样的犯罪,情节基本相同,同一数额的罚金对富者无足轻重,刑罚的威慑力无从发挥;对于穷者却要倾家荡产,不仅罚金不能执行,还可能导致许多社会问题。① 在刑法中，刑罚的主要目的是惩治犯罪，实现一般预防与特殊预防，能够达到改造犯罪人、教育犯罪人、维护社会安定的作用。在罚金刑并罚的案件中，如果不考虑犯罪人经济状况，同样的罚金刑对于富者如同九牛一毛，而对于穷者则不堪重负，不痛不痒的罚金刑并罚对于富者就不能达到刑罚的目的，并不能惩罚犯罪，改造犯罪人。

三、并罚原则执行的配套措施不完善

罚金刑已经成为世界范围内大部分国家刑罚体系中重要组成部分，有着举足轻重的作用。单个的罚金刑本身就存在着执行难的问题，并缺乏相应的配套措施，数个罚金刑并罚，数额大大增加，更需要完善罚金刑执行的配套措施。构建科学合理高效的刑罚体系配置，已成为世界各国的共识，在法治发达国家，为了打破罚金刑并罚执行难的瓶颈，大部分国家采用了罚金刑易科制度，另外构建了罚金刑缓刑制度，大大缓解了罚金刑执行难的尴尬局面。

一方面，我国未配备完整的罚金刑易科制度。在我国，在罚金刑并罚执行的过程中，除了采用前文中所论及的"先缴后判"的于法无据的方式外，并没有借鉴域外罚金刑并罚相关的配套措施，如罚金刑易科制度。与此同时，并罚后的罚金刑执行难也是当前我国刑罚中相当棘手的问题，犯罪人由于多方面的原因，迟迟不能缴足罚金，刑罚目的难以实现，最后罚金刑未得到完全执行，都以不了了之收场。因此，在我国罚金刑得不到执行的局面没有得到丝毫缓解，罚金刑执行难的问题越来越严重，我国的刑事司法部门和刑法学界都强烈呼吁构建罚金刑易科制度，罚金刑易科制度的构建刻不容缓。

另一方面，我国对罚金刑缓刑制度也没有明确的规定。但对于罚金刑和主刑缓刑制度都具有明确的规定，在构建罚金刑缓刑制度时，可借鉴两者在刑罚体系中的规定。罚金刑缓刑制度集合了罚金刑制度和主刑缓刑制度的优势，能有效促进犯罪人的再社会化和刑罚的个别化，解决世界难题——罚金刑执行难，有利于我国法治社会的建设和巩固。

---

① 廖东明，宋华. 关于完善罚金刑的构想[J]. 法学评论，1996（3）：59–63.

第四节　罚金刑并罚原则的完善路径

针对当前我国罚金刑并罚原则存在的相关问题，笔者认为应该在立法、司法和执行三个层面进行完善。首先，在立法上不单采并科原则，应当确立限制加重为主的并罚体系，兼采并科原则和吸收原则，同时对发现"漏罪"和又犯"新罪"的情形如何并罚作出明文规定，罚金刑并罚的区间设置既要做到刑罚轻缓化，又要遵循罪责刑相适应原则；其次，在司法实践中，要结合地区经济差异性和犯罪人人身差异性等因素，确保刑罚的实质正义和严肃性；最后，我国应当建立罚金刑易科和罚金刑缓刑等配套制度，保障并罚的罚金刑得以顺利执行。

一、在立法上确立限制加重为主的并罚体系

立法是司法的前提和基础，要使罚金刑并罚在司法实践中得以规范、顺利地适用，就必须在立法上完善我国的罚金刑并罚原则。参照我国对主刑数罪并罚的相关规定，构建我国的罚金刑并罚原则，首先，应当在立法上确立以限制加重原则为主的并罚原则；其次，兼采吸收原则和并科原则；最后，明确规定罚金刑并罚的"漏罪""新罪"问题。

（一）确立以限制加重为主的并罚原则

一方面，针对罚金刑并罚现存的问题，笔者主张我国在立法上应当确立以限制加重为主的并罚原则。关于罚金刑适用并科原则过于严苛的问题，高铭暄教授早就主张适用限制加重原则合并处罚，认为这样才趋于合理且较为可行。但是对于附加刑的最高程度或最高限度怎么确定则并没有提出明确的观点。针对该争论，学界存在着不同的争议：部分学者主张，罚金刑并罚后，对于数罪并罚后的总和罚金刑略作减轻，即限制并科的主张；罚金刑并罚中，对最高罚金刑设置上限，即限制加重的主张。学者关于限制并科原则和限制加重原则也是有一定争论的，笔者认为，从严格的

数罪并罚角度来说，限制并科原则和限制加重原则还是存在较大的差异，在罚金刑并罚中不能混为一谈。对数个罚金刑并科后，再对总和罚金予以最高额罚金的限制，或者是在最高额罚金刑以上，总额罚金以下判处罚金，都是处于同一处罚范畴，限制加重原则更为合理。严格的限制加重原则，在笔者看来，既要对罚金刑并罚的最高额罚金刑设置下限，也要设置总和罚金的上限。而在限制加重原则当中，既要满足最高限度的限制，还要满足总和刑期的限制。换一种说法就是，在罚金刑与罚金刑并罚当中，并罚的总和罚金不仅不能大于最高限额，更不能大于总和罚金。而并科原则中，仅仅是规定了对总和罚金进行处罚，既没有最高限额的规定，也没有关于总和罚金的规定。适用并科原则，对于犯罪人过于严苛，不利于刑罚一般预防与特殊预防目的的实现。限制加重原则，设定最高额罚金，对总和罚金予以限制，充分考虑犯罪人的经济状况，做到罚当其罪，符合罪责刑相适应原则。同时，适用限制加重原则，在犯罪人财产以下处以罚金，对总和罚金予以限制，有利于犯罪人更好地回归社会，打击潜在的犯罪分子，有利于刑罚一般预防与特殊预防目的的实现，更好地维护刑罚公平公正。

另一方面，在立法上确定并罚后罚金的最高限额。如果限制加重原则适用于罚金刑并罚，首先面临的一个问题就是，罚金刑并罚后的上限是多少，在当前的法律和司法解释中是没有明确规定的。那么，在司法实践中，无论是适用并科原则还是限制加重原则，都有可能出现总和罚金超过犯罪人全部个人财产的问题。根据《最高人民法院关于适用财产刑若干问题的规定》，对罚金刑进行并罚，就有可能出现巨额罚金的情形。其一，犯罪人的人权得不到保障，未考虑犯罪人的财产判处巨额罚金是不合理的；其二，罚金刑与主刑同属于刑罚体系，并罚规则可以参照自由刑的适用。自由刑的数罪并罚明确规定：有期徒刑总和刑期在35年以下的，判处的刑期不得超过20年；总和刑期在35年以上的，判处的刑期不得超过25年。主刑的这一规定，是限制加重原则的集中适用，给罚金刑并罚限制加重原则的确立提供了参照。笔者认为，作为附加刑的罚金刑，也应当明确具体的标准，合理地适用限制加重原则，规定罚金并罚后总和罚金的上限。

因此，笔者认为有必要将罚金刑并罚与没收财产刑置于同一语境下进行理解和适用。无论罚金刑并罚是适用并科原则，或是限制加重原则，或是吸收原则，罚金刑的上限都不能大于犯罪人的总和财产。基于此种理解，方能符合最高人民法院司法解释的规定，符合立法逻辑。笔者认为，人民法院在判处罚金刑并罚时，应当根据犯罪人的人身危险性、违法所得数额、社会危害性、造成损害的大小，并重点考虑犯罪人的支付能力，适用限制加重原则，依法判处罚金。对于分别判处罚金的，应当实行并罚，执行总和罚金。罚金刑与没收财产刑的并罚亦有规定，一人犯数罪被判处罚金刑与没收财产刑的，适用没收财产刑，罚金刑不再适用。《关于适用财产刑若干问题的规定》关于罚金刑与没收财产刑的数罪并罚，也是对限制加重原则的适用，同时也说明了另一问题，即没收财产刑重于罚金刑。因此，在司法实践中，罚金刑并罚后，出现总和罚金超过犯罪人财产的情形，是不符合刑法逻辑的，不符合立法目的。笔者认为，罚金刑并罚虽然要求累积计算，但应当有合理的限制。一方面，罚金刑的并罚应明确规定考虑犯罪人总和财产，并在司法实践中依法适用。对犯罪分子的缴纳能力进行考察，同时对犯罪分子个人财产总额进行评估，给犯罪人及其家人留足必要的生活费用。另一方面，罚金刑并罚的总额罚金只能小于犯罪人的财产，绝不能大于等于犯罪人个人的全部财产。

（二）兼采并科原则和吸收原则

在罚金刑并罚案件中，单独采用限制加重原则并不能彻底解决司法实践中遇到的所有问题。我们对于并科原则也不能完全地摒弃，如针对较小数额的罚金刑并罚可以采用并科原则。另外，在罚金刑并罚案件中，有的情形适用吸收原则也具有一定的独特优势，笔者认为，在判处的数个罚金中，罚金数额较为悬殊，可以采用吸收原则，大额罚金吸收小额罚金，小额罚金不予处罚。

当然，在司法实践当中，案件的错综复杂使得各种原则不可能准确地适用，不管运用何种原则，目的都是同一的，都是为了更好地惩治犯罪、预防犯罪。最为重要的环节还是法官的裁量，我们能做的就是为法官提供一个具体的框架、一个较为宏观的视角，使得法官能在这个体系内，结合具体个案，进行自由裁量。而这个框架正如上文所述，笔者主张对罚金刑并罚以适用限制加重原则为主，兼采并科原则和吸收原则，数个罚金刑并罚，数刑中最高的罚金刑为下限，总和刑为上限，且这个上限不能大于等于犯罪人的总和财产，法官可在这个框架内，对数个罚金刑的并罚进行自由裁量。

（三）规定罚金刑并罚的"漏罪""新罪"问题

当前，我国《刑法》第69条和最高法的司法解释对于罚金刑的并罚规定较为简略，相对于主刑的数罪并罚来说，罚金刑的并罚规定可谓一笔带过。罚金刑的并罚规定了绝对并科的原则，但对于"漏罪""新罪"的并罚，刑法条文并没有明确的规定，以至于在司法实践当中没有审判的标准，造成"同案不同判"现象发生。为此，要规范罚金刑并罚的标准，首先在立法上应当有审判的标准。关于"漏罪""新罪"的数罪并罚，我国刑法对于主刑有着明确的规定，罚金刑作为附加刑之一，笔者认为可以借鉴主刑数罪并罚的规定。对于罚金刑"漏罪"的并罚采用"先并后减"，在《刑法》第70条有这样的描述："判决宣告以后，罚金刑执行完毕以前，发现犯罪分子还有遗漏的罚金没有宣判的，应当对新发现的罚金进行判决，把前后两个罚金依照限制加重原则为主的刑罚体系进行处罚。已经执行的罚金，应当计算在新判决决定的罚金以内。"

《刑法》第71条是对于主刑判决宣告以后又犯"新罪"的规定，笔者认为可以这样描述：判决宣告以后，罚金刑执行完毕以前，犯罪分子又被判处罚金的，应当对新判的罚金刑作出判决，把前罪没有执行的罚金与后罪判处的罚金依照限制加重原则为主的刑罚体系进行处罚。对于罚金判决以后，在执行的过程中又犯新罪，需要判处罚金刑的，则参照"先减后并"原则进行处罚。

二、司法实践中充分考虑实际情况

司法实务和学界对于单处罚金刑的判决本就有倾向性的认识，认为必须充分考虑我国东中西部地区的经济差异，综合考虑犯罪分子的经济状况以及所犯罪的严重程度，来决定罚金的数额；罚金刑的并罚更是如此，因为罚金刑的并罚还涉及并罚原则的问题，更要考虑犯罪人的自身情况、经济情况和犯罪动机等问题。

（一）均衡地区差异，实现司法公正

地区间经济的差异，是罚金刑适用中遇到的一大难题，在经济悬殊的不同地区，适用相同的罚金刑，形式上坚持了法律面前人人平等的原则，但是在实质上与该原则相背离。罚金刑不同于自由刑，被判处罚金者有穷有富，同样的罚金刑可能使穷者倾家荡产，而对富者来说无关痛痒，也就起不到罚金刑的作用。判处罚金刑的目的是预防犯罪、惩治犯罪，罚金刑对富者无关痛痒，也就达不到刑罚的目的，使得法律得不到应有的尊重，失去法律的尊严。如我国东西部经济发展悬殊，以上海和西藏地区为例。2018年，上海市国内生产总值（GDP）为32679.87万元，人均GDP为134982元，居民消费价格指数为101.6%，人口总数为2424万人。2018年西藏地区国内生产总值（GDP）为1447.63万元，人均GDP为43397.16元，居民消费价格指数101.7%，人口总数为344万人。西藏地区的经济总量在2018年不到上海地区的零头，人均GDP不足上海地区的三分之一。[①] 试问在经济如此悬殊的两地，适用同样的罚金刑，能得到公正的审判吗？

笔者认为，罚金刑并罚案件，针对东中西经济悬殊的实情，应当在判决时吸纳有关因素，以均衡经济差异带来的不公平性。应当考量以下几个因素：首先，并罚后的罚金应当考量当地的GDP情况；其次，还要考量当地的人均GDP情况；最后，罚金刑并罚的审判、执行，应当充分考虑犯罪分子的经济状况，考虑犯罪分子的家庭情况。刑罚的惩罚性是对犯罪人一定权益的限制和剥夺，给犯罪人造成痛苦，来惩罚犯罪。罚金刑并罚案件也应当如此，综合考虑上述因素，剥夺犯罪人的一定财产，使得犯罪人在失去部分财产后，产生精神上的痛苦。针对我国东中西部经济的悬殊，同样的并罚罚金，对于不同地区的犯罪人形成的惩戒是不一样的，刑罚的目的可能就无法实现。因此，罚金刑并罚案件应当综合考虑经济因素，给犯

---

① 国家统计局. 中国统计年鉴2019［M］. 北京：中国统计出版社，2019.

罪人带来适当的惩罚程度,判处合理的并罚罚金。

(二) 充分考虑犯罪人的实际情况

在司法实践中,罚金刑并罚还应当充分考虑犯罪人的实际情况,例如应当考虑特殊人员的实际情况、犯罪人的经济财产状况、犯罪人的犯罪动机,结合上述情形,司法机关更能作出公正、有效的判决。

一方面,罚金刑并罚应当考虑特殊人员的实际情况。笔者认为,罚金刑并罚案件也应当符合罪刑法定原则,也应当适用刑法总则中关于特殊人员刑事责任能力的规定。对于已满十四周岁不满十八周岁的犯罪人,除八项严重犯罪以外,应当减少其并罚后的罚金;已满七十五周岁的犯罪人故意犯罪的,可以减少并罚后罚金,过失犯罪的,应当减少并罚后的罚金;对于又聋又哑的人或盲人犯罪,可以减少或免除并罚后的罚金。

另一方面,罚金刑的审判、执行,应当充分考虑犯罪分子的经济状况,考虑犯罪分子的家庭情况,作出合理的判决,避免出现罚金刑超过犯罪分子的财产总额的巨额罚金的情形。因为罚金刑的并罚是为了适应刑罚轻缓化的潮流,而不是为了加重刑罚,因此,罚金刑并罚时,并罚的总额不得超过犯罪人的财产总额,并给予犯罪人及其家人基本的生活费用。此举一方面有利于犯罪人更好地回归社会,不至于刑期届满后还要背负巨额罚金;另一方面也符合了刑罚轻缓化的要求。

三、完善罚金刑并罚原则执行的配套措施

完善的罚金刑并罚原则的配套措施,有利于保障罚金刑并罚得以顺利执行,不至于出现"判而不缴""空判"的情形,有损法律的权威。罚金刑易科制度和罚金刑缓刑制度,能够很好地解决我国罚金刑执行难的困境,更好地提高司法效率,避免司法资源的浪费。

(一) 构建罚金刑易科制度

罚金刑的易科制度主要是指罚金刑难以执行或得不到执行时,用自由刑或其他刑罚来代替罚金刑的实施。罚金刑易科制度主要包括罚金刑易科训诫、罚金刑易科自由劳动、罚金刑易科强制劳动、罚金刑易科自由刑等。罚金刑易科制度,能有效地解决罚金刑并罚中罚金刑执行难的问题,

同时提高司法效率。

1. 罚金刑易科自由刑

罚金刑易科自由刑，主要是指在犯罪人缴纳罚金困难的情形下，用自由刑来替代罚金刑的执行。罚金刑易科自由刑制度在西方许多国家都有明确的规定，既是罚金刑变相执行的一种方式，也是罚金刑顺利执行完毕的重要保障。罚金刑易科自由刑并不是一种特别的刑种，也不是一种刑罚，而是为了执行完毕罚金刑的一种制度。因此，应将其定义为罚金刑不能完全执行的替代措施或补救措施。通过转换，财产刑转变为自由刑，使其本身的刑罚目的得以实现。罚金刑易科自由刑能有效地解决罚金刑执行难的问题，同时也存在着一些弊端。一方面，通过罚金刑转换为自由刑违背了刑罚轻缓化的趋势；另一方面，罚金刑易科自由刑，容易让人民群众产生用钱赎罪的心理，不利于社会安定。因此，不能无条件地适用罚金刑易科自由刑制度，应当具有严格的条件限制，尽量克服其弊端。

罚金刑易科自由刑制度的适用应严格遵循以下要求：首先，犯罪人未缴纳或未完全缴纳罚金。法律中明确规定，犯罪人在判决的期限内必须缴纳罚金，未缴纳完毕的，经催缴仍不缴纳，可适用罚金刑易科自由刑制度。其次，犯罪人存在故意不缴纳罚金心态。犯罪人如果是出于过失、地震、滑坡、洪水等一些不可抗拒的事由，导致罚金缴纳的延期，不得适用罚金刑易科自由刑制度。部分学者认为，犯罪人必须要有足够的财产来缴纳罚金，而出于故意心理不缴纳罚金，是罚金刑易科自由刑制度适用因素的一方面；如果因为犯罪人的财产总额不足以缴纳罚金的，则不得适用罚金刑易科自由刑制度。笔者对此种观点是表示反对的，笔者认为，建立罚金刑易科自由刑制度的初衷就是解决罚金刑执行难的问题，保障罚金刑的执行，如果犯罪人存在期限届满不缴纳罚金的事实，也符合其他易科自由刑的要求，可以适用罚金刑易科自由刑制度。在司法实践当中，法院在判决作出时应当充分考虑了犯罪人的财产状况，在执行罚金刑时就没有再次调查犯罪人经济情况的必要，在执行阶段再次查询，会浪费更多的司法资源。《日本刑法典》第 18 条、《意大利刑法典》第 136 条、《瑞士联邦刑法典》第 49 条等都明确规定，如果存在犯罪人有效期届满不缴纳罚金的情况，法院可以裁定将罚金刑易科为自由刑，进行处罚。再次，缴纳方式灵活多变，为了解决罚金刑执行难的问题，可以采取多种形式的罚金缴纳方式，如分期缴纳、延期缴纳、减免缴纳等。采取多种形式的缴纳方式，也是为了顺利地执行罚金刑，将罚金刑的执行限定在一定范围内。最后，罚金刑易科自由刑，必须规定自由刑的最高限度。世界范围内规定了罚金刑易科自由刑制度的国家中，很大一部分国家都对自由刑规定了最高限度，这样避免了易科的自由刑过重，违背立法目的，违背世界刑罚轻缓化的趋势。例如，《德国刑法典》第 40 条规定，罚金刑以日额金为单位科处，最高为 360 单位日额金，法律另有规定的除外，据此，罚金刑易科自由刑的最长期限是 360 日。① 《瑞士联邦刑法典》第 49 条第 3 项规定犯罪人未缴纳罚金可以转处拘役，30 瑞士法郎相当于 1 日拘役，但是转处的刑罚的期限不得超过 3 个月。② 以上几种做法是大部分国家的惯常做法。少部分国家规定了更为严厉的罚金刑易科自由刑制度，以巴西为例，《巴西刑法典》第 38 条规定："当累犯不再缴纳或犯人无力缴纳而抗拒缴纳罚金时，可以用拘役代替罚金。"③ 巴西立法对易科拘役制度做了两方面的限制，一方面要求是"累犯"，另一方面要求是"抗拒缴纳"。

罚金刑易科自由刑制度中，易科的自由刑与刑法本身规定的自由刑在性质上有较大的区别。为了使罚金刑易科后的自由刑能够罚当其罪，部分国家对易科后的自由刑的严厉程度进行了一系列限制，弱化其严厉程度，以区别原来意义的自由刑。为此，对罚金刑易科自由刑剥夺自由程度的限制，主要有以下几种做法：

（1）罚金刑易科拘役刑

罚金刑易科拘役刑最典型的代表是瑞士。《瑞士联邦刑法典》中对易科拘役制度做出了明确规定，被判处罚金刑且未在规定期限内缴纳罚金刑的，也未以劳动替代罚金刑的，法官可以裁定将罚金刑易科为拘役刑。其中，第 39 条规定：最轻的自由刑为拘役刑，最低期限为 1 天，最高期限为

---

① 邵维国. 罚金刑论 [M]. 长春：吉林人民出版社，2004：305.
② 邵维国. 罚金刑论 [M]. 长春：吉林人民出版社，2004：305.
③ 邵维国. 罚金刑论 [M]. 长春：吉林人民出版社，2004：305.

3 个月。法律中明确规定法官可以裁定拘役刑代替监禁刑，适用监禁刑外选处罚金的制度；拘役刑应当在特殊的监狱执行，至少能与其他自由刑犯罪人一起执行；易科自由刑的犯罪人必须参加劳动，可以允许犯罪人挑选合适自己的工作，存在特殊情况，并给予一定的证明，可允许拘役犯在监狱外执行合适的工作。另外，《巴西刑法典》第 38 条也明确规定了罚金刑易科拘役刑制度。此外，《俄罗斯联邦刑法典》第 46 条对此也有相应的规定，罚金刑不仅可以为强制性工作、劳动改造，还可以易科为拘役刑。

（2）罚金刑易科民事拘留

罚金刑易科民事拘留最典型的国家是法国，《法国刑法典》明确规定了罚金刑易科民事拘留制度。在判处日额罚金刑时，判决罚金刑执行的期限届满，罚金刑总额为缴纳款项。未执行款项可易科为民事拘留，民事拘留的天数相当于罚金刑执行天数的一半，民事拘禁在拘留场所执行。我国并没有关于民事拘留的规定，刑事拘留具有较大的可行性。

（3）罚金刑易科普通自由刑

罚金刑易科普通自由刑制度中，德国和意大利的刑法最具有代表性。《德国刑法典》第 43 条中明确规定："未在规定期限内缴纳完毕罚金刑的，可以易科自由刑。1 单位日额的罚金刑相当于 1 单位日额自由刑。易科自由刑的，最低为 1 单位日。"在第 40 条中规定："罚金刑日额罚金最高为 360 单位日额金。"因此罚金刑易科自由刑的刑期最高为 360 日。《意大利刑法典》第 136 条规定："判处罚金刑之人，没有支付能力从而未执行完毕，处以 2 年以下拘留或 3 年以下监禁。"

罚金刑易科自由刑作为罚金刑易科的一种制度，其目的是解决罚金刑执行难的问题，保证罚金刑的顺利实施，其公正性也要受到一定限制，在易科制度中有所体现。首先，罚金刑易科自由刑对于经济状况不同的人具有不平等性，但这种不平等性可以根据犯罪人的财产范围来进行变通，相同罪名，经济状况好的判处较多罚金，经济状况差的判处较少罚金，在执行的过程中还应当考虑延期缴纳、减免执行、分期缴纳等方式，易科自由刑制度是兜底制度，最后适用，并对最高自由刑进行限制。其次，罚金刑易科自由刑是解决罚金刑执行难问题的最后措施。能有效地保证国家刑罚制度的顺利实施，实现刑罚目的，保障社会的公平、公正。再次，罚金刑易科自由刑的不平等性是对缴纳罚金的犯罪人平等适用的。在判处罚金时，考虑犯罪人的财产状况，其财产状况与其判处的罚金不相冲突，正是平等性适用于经济状况差异较大犯罪人的表现。最后，罚金刑易科自由刑制度的关键作用不仅仅在于顺利执行完毕罚金刑，更在于以自由刑为威慑，督促犯罪人自觉缴纳罚金，提高犯罪人的积极主动性。因此，罚金刑易科自由刑制度的目的不是自由刑的转换实施，而是为了变相地执行罚金刑，提高罚金刑的执结率，转换自由刑的制度尽量避免高频率的适用。

2. 罚金刑易科劳役或劳动改造

部分国家（地区）的刑法典明确规定，罚金缴纳期限届满的，故意不缴纳或逃避缴纳的，由罚金刑易科为留置犯罪人在劳役场所服劳役。以日本为例，《日本刑法典》第 18 条明确规定："在规定期限内未缴纳完毕罚金的，应当将犯罪人留置于劳役场所执行劳役，执行劳役的时间为 1 天以上 30 日以下。"实现罚金刑易科劳役制度的国家（地区）除了日本外，还有俄罗斯、韩国、朝鲜、蒙古国，以及我国台湾地区。

这些国家和地区设立罚金刑易科劳役不仅是为了解决罚金刑执行难问题，同时也是为了规避易科自由刑制度产生的不平等性。比如，《蒙古刑法典》第 23 条第 3 款规定：犯罪人未足额缴纳罚金的，可以将罚金刑易科为劳动改造。同时也规定了易科制度中，不得剥夺犯罪人的人身自由。劳动改造或称为劳役，其主要关注的是劳务的服役，并非对犯罪人人身自由的侵害。一般情况下，劳役场所与监狱是不相分开的，对于犯罪人只是分别关押、分别管理；而劳动改造的场所是与监狱场所相分离的。各国（地区）关于劳动改造或劳役的执行方法，各不相同。

（1）在原单位或其他场所从事劳动并从中扣除罚金

《朝鲜刑法典》第 33 条对此做出了明确规定："劳动改造的日期一般为 1 日以上 1 年以下。实施劳动改造的方法主要是指犯罪人在指定的场所或原来工作的单位，犯罪人继续从事一定的劳动，通过从事劳动所获得的报酬抵缴罚金刑，扣除一部分上缴给国家。上交给国家劳动报酬的数额，法院执行时不得超过劳动报酬总额的 25%。"另外，《俄罗斯联邦刑法典》

第 46 条和第 50 条以及《蒙古刑法典》第 21 条对此都有明确的规定。这些国家实施罚金刑易科劳役或劳动改造都没有剥夺犯罪人的人身自由,即使有,也只是短时间的限制。与此同时,在易科劳役或劳动改造中,对于服刑期间的工作待遇和劳动改造的劳动报酬都有明确的规定。

(2) 从事强制性无报酬的公益劳动

《俄罗斯联邦刑法典》第 46 条规定,如果犯罪人具有故意不缴纳罚金,未执行的罚金可以用强迫劳动或拘留代替,还规定了强制性工作。义务工作主要是指罪犯在工作或学习时间以外从事无偿的公益工作。此类工作的类型由当地相关机构决定,一般工作时间为 60 到 240 小时,每天的公益劳动时间不能超过 4 个小时。

(3) 在特别场所从事剥夺自由的无偿劳役

劳役和劳动改造有所区别,劳役和监狱是紧密相连的,执行劳役的场所是设置在监狱里面。例如,《韩国刑法典》第 67 条、第 68 条明确规定,在监狱场所执行的刑罚包括劳役、徒刑和拘留。服劳役的犯罪人与服徒刑的犯罪人应当分别执行、分开关押。我国台湾地区规定,在刑罚执行时,应当将易科犯罪人和徒刑犯人分开执行,不应关押在同一场所是为了把徒刑与劳役区分开来,区分徒刑和劳役的性质和执行方法。但是,目前由于执法机构所在地的限制,除少数监狱外,大多数劳役者与服自由刑的犯罪人一起工作,并且由于监狱设施,服务的局限性,劳动者只能从事简单的工作,不仅欠缺教育作用,而且没有经济价值。判处易科劳役的犯罪人与判处自由刑的犯罪人一起工作,难免会造成"交叉感染",不利于判处罚金刑的犯罪人再改造,增加了其再犯罪的可能性。同时,罚金刑易科劳役制度与罚金刑易科自由刑制度本质上差异不大,都是转换为限制人身自由的刑罚。

罚金刑易科劳役或劳动改造既能达到刑罚目的,同时也能解决罚金刑执行难的问题,具有一定的合理性,可以同时适用。易科为在原工作岗位实施劳动改造,主要是指被判处罚金刑的犯罪人,未在期限届满内足额缴纳罚金,法院可以判决罚金刑易科为劳动改造,利用劳动改造所得的报酬折抵罚金,还应明确规定劳动改造期间具体事项。这些举措既能保证罚金刑的顺利实施,也能实现罚金刑的改造和教育功能。同时,罚金刑易科劳动改造还需要犯罪人具备一定的条件：首先，犯罪人必须拥有固定的工作；其次，被判处罚金的犯罪人故意未在期限届满内足额缴纳罚金；最后，罚金刑必须是单科罚金，不得附加适用。

3. 罚金刑易科自由劳动

罚金刑易科自由劳动主要是指犯罪人未缴纳或未足额缴纳罚金的，用自由劳动来代替罚金刑，自由劳动所得的报酬可以折抵罚金。《瑞士联邦刑法典》第49条规定，执行机关可以允许犯罪人用公益劳动，特别是为国家或社区所做的劳动所获得的报酬折抵罚金。与此同时，执行机关可以根据公益劳动的具体情况，适当延长罚金刑的缴纳期限。

从理论层面来说，罚金刑易科自由劳动制度，一方面可以确保罚金刑的顺利执行，另一方面对犯罪人也具有教育功能。但在司法实践当中，罚金刑易科自由劳动的实施难度较大，操作性不强，可行性差。随着经济和科学技术水平的大幅度提升，人口不断增加，就业竞争越来越激烈，就业机会不多，公益劳动的岗位越来越少，即使有也被国家提供给需要就业的人群，罚金刑易科自由劳动中公益劳动的机会少之又少。因此，罚金刑易科自由劳动，在人口基数大的我国不能实现，在发达国家也很难实现。因为这当中会产生一系列的问题：犯罪人劳动场所问题；接受犯罪人单位的资金开销问题；犯罪人劳动报酬的计算问题；劳动单位与犯罪人非法交易、贿赂等问题。基于我国的基本国情，罚金刑易科自由劳动不适合我国。

4. 罚金刑易科训诫

罚金刑易科训诫制度主要是指，在法定期限内，犯罪人未足额缴纳罚金，并符合易科的一般条件，法院可判决用训诫来替代罚金刑。为此，我国台湾地区曾有相应的规定，犯罪人被判处罚金刑或拘役的，犯罪动机在公益或道德上具有一定的宽恕性，可以易科为训诫。

依此规定，易科训诫的条件有二：第一，须受拘役或罚金之宣告者。既称宣告，自系指宣告刑而言，与所犯罪其最重本刑是拘役或罚金无关，但不包括易科罚金之情形在内，盖易科罚金为易刑后之处分也。[①] 第二，

---

① 翁国梁. 中国刑法总论 [M]. 南京：正中书局，1970：225.

须其犯罪动机在公益上或道义上显可宥恕者，犯罪之恶性非深，社会之影响不大，故得以训诫之。[①]

我国现行法治环境不应该实行该制度，因为我国在罚金刑制度中规定了罚金刑可以免除的条款。在判决后，犯罪人由于遭遇不可抗拒的事由，没有足够的资产缴纳罚金，可以免缴罚金。在犯罪人身体有严重疾病而丧失劳动能力的，并且不宜适用罚金刑易科训诫制度时，应当终止执行。

综上所述，笔者认为，面对我国罚金刑并罚执行难的现状，适用罚金刑易科自由刑的制度是较为合适的，但应对易科的自由刑加以限制，避免出现刑罚过重的情形。与旧法相比较，我国1997年《刑法》加大了对罚金刑的执行力度，规定了分期缴纳、强制缴纳、定期缴纳、减免缴纳、随时追缴等执行罚金刑的制度，这些制度为提高罚金刑的执结率作出了重要贡献。一方面，分期缴纳、减免缴纳、定期缴纳、强制缴纳的实质目的就是提高罚金刑的执结率；另一方面，随时追缴制度是为了罚金刑得到有效的实施，减少"空判"现象的发生，维护法律的尊严与权威。由上述罚金刑的相关制度可得知，我国罚金刑的执行尚有欠缺，缺少激励犯罪人积极缴纳罚金的制度。而罚金刑易科自由刑制度，可以给予未缴纳罚金的犯罪人一定的威慑力，使得犯罪人在法定的期限内积极主动地缴纳罚金，提高罚金刑的执结率，最大限度地保证罚金刑的执行，彰显刑罚的威严，维护法律的公平与正义。应当摒弃"以钱赎罪""对穷人不公平"的传统思维，积极接受罚金刑易科自由刑制度。该制度是罚金刑执行的重要保证，也是最后的手段。另外，罚金刑易科自由刑制度也不是近乎完美，必须对其加以限制，才能在我国具体适用，故应当对其加以完善。

笔者认为，在我国适用罚金刑易科自由刑制度应当做到以下几点：

第一，应当严格地将罚金刑易科自由刑作为最后手段加以适用。实施罚金刑易科自由刑制度应当作为最后手段，在分期缴纳、限制缴纳、强制缴纳、减免缴纳、随时追缴等制度都适用完毕以后，方可适用罚金刑易科自由刑制度。但是，在司法实践当中，同时适用罚金刑易科制度和随时追

[①] 翁国梁. 中国刑法总论［M］. 南京：正中书局，1970：225.

缴制度可能产生分歧,二者取其一,若选择了罚金刑易科自由刑制度,就不得适用随时追缴制度;适用了随时追缴制度,就不得适用罚金刑易科自由刑制度。但是可以规定相容的制度,如在随时追缴实施1年内未能足额缴纳罚金且存在故意心理的,法院可以裁定将罚金刑易科为自由刑。对于有工作和有收入的犯罪人,从中扣除罚金,不足额部分视犯罪人主观心理状态而定,而不能因为未足额缴纳罚金,就一味地适用易科自由刑制度,犯罪人主观上还必须存在故意不缴纳罚金的心理。

第二,应当明确规定罚金刑易科自由刑的幅度、刑期。罚金刑数额转换为一定刑期的自由刑,笔者认为应当按照当地的最低工资水平来确定,同时参考犯罪人平均工资水平来综合考虑,折抵一定的自由刑,使得罚当其罪,不至于使得转换后的自由刑过于严苛,违背了刑罚的教育、预防目的。

第三,应当明确规定罚金刑易科后自由刑的上限,符合罪刑相适应原则,不得加重刑罚。转换后自由刑上限的设置,可以参考轻罪重罪的划分比例,一般都是以3年为分界线。因此,笔者认为,罚金刑作为财产刑之一,转换后的自由刑也不应处罚过重,3年的上限设置是最合适的选择。

第四,对于罚金刑易科自由刑和自由刑划分明确的界限。其一,易科后的自由刑和自由刑应当划分明确的界限,特别是在犯罪人关押问题时,二者的犯罪人不能关押于同一场所,避免犯罪人"交叉感染",影响易科犯罪人的再改造。罚金刑易科自由刑的犯罪人与普通自由刑的犯罪人分别关押,严格执行监狱制度,能有效地防止罚金刑易科自由刑的犯罪人被"交叉感染",有利于刑罚一般预防与特殊预防目的的实现。其二,实行罚金刑易科自由刑的监狱相较于一般自由刑的监狱应当具有较为宽松的管理制度,该监狱应当以引导为主,对犯罪人进行教育实行义务劳动,其中义务劳动能有效弥补罚金刑的难以执行。其三,在罚金刑易科自由刑中,犯罪人有足够的证据证明能在监狱外找到更为合适的工作或拥有更好的就业机会,在缴纳一定的罚金后,可以在监狱外工作,折抵未缴纳的罚金,当未缴纳的罚金及时缴纳后,即可视为罚金刑执行完毕。当然,犯罪人在监狱外工作期间未能足额缴纳每一期的罚金,则丧失出狱工作的机会,继续在监狱里服自由刑。其四,如果犯罪人在服自由刑期间,能够缴足罚金,则视为罚金刑执行完毕，罚金刑或易科后的自由刑都不得执行。在此期间服役的有期徒刑折抵罚金，在总额罚金中予以扣除，犯罪人只能执行扣除后的罚金刑。其五，刑法中不得对易科自由刑的犯罪人予以前科登记，无论是成年人还是未成年人，在5年未重新故意犯罪的，不得认定为累犯，在出狱后，享有与其他公民同等的权利义务，在就业和接受高等教育时不受歧视。

不可否认的是，易科公益劳动也是在我国当前构建罚金刑易科制度的较理想选项，鉴于下面章节中会作专论，故在此不再赘述。

（二）构建罚金刑缓刑制度

1. 罚金刑缓刑制度的设立根据

罚金刑缓刑制度，主要是指在法定期限内，若犯罪人满足一定的法定条件，暂时停止执行罚金刑，如果犯罪人在考验期内表现良好，未再重新犯罪，缓刑考验期结束后，犯罪人所判的罚金刑就不再执行。

（1）我国的设立根据

当前，我国刑法中自由刑设置有缓刑，作为附加刑的罚金刑未设置缓刑，针对罚金刑并罚后执行难，更需要构建罚金刑缓刑制度。关于罚金刑缓刑制度，世界各国存在着较大的分歧，日本、意大利等国家明确规定了可以适用罚金刑缓刑制度，而其他一些国家包括我国在内，对于罚金刑适用缓刑制度是持反对态度的。在我国刑法学界，罚金刑能否适用缓刑制度，各学者之间也都秉持不同的观点。持赞成态度的学者认为，我国应当建立罚金刑缓刑制度，主要有以下几个原因：其一，在自由刑的缓刑制度中，缓刑制度的设立是为了弥补短期自由刑的缺陷，并兼顾着犯罪人认罪悔改、改过自新的作用，该作用同样适用于罚金刑缓刑制度。其二，根据刑罚体系、刑法分则和数罪并罚原则的相关规定，自由刑与罚金刑同属于刑罚体系，我国主刑有缓刑的设置，而作为附加刑的罚金刑并没有缓刑的设置，不能保持刑罚体系的均衡性。其三，应当考虑犯罪人的经济状况，对于经济状况较差的犯罪人，适用缓刑制度，既不限定人身自由，也不会使罚金刑过于严苛，有利于刑罚适用的平衡。其四，可以弥补罚金刑易科制度的缺陷，罚金刑缓刑制度可以适用于过失犯罪的犯罪人和主观恶性较小的犯罪人，给予犯罪人积极改造的机会；而易科制度，不是易科劳动，就是易科自由刑，对于犯罪人的人身和财产具有一定的限制，不太适用于较轻的犯罪。另外，有部分学者针对罚金刑缓刑制度持反对意见。他们认为，一方面，缓刑制度的设立就是为了避免犯罪人和监狱内的犯罪人交叉影响，影响犯罪人的社会再改造，然而罚金刑的立法目的并不是限制犯罪人的人身自由，因而设立罚金刑缓刑制度不符合立法初衷。另一方面，未按时缴纳罚金者和罚金刑缓刑制度并不能混为一谈，前者是有机会追缴剩余的罚金，而罚金刑缓刑制度的设立，只要犯罪人在执行缓刑期间没有再犯罪，就免除了犯罪人的罚金。

（2）构建罚金刑缓刑制度的原因分析

笔者较为赞同在我国当前的法治环境下构建罚金刑缓刑制度，有以下几方面考量因素：

罚金刑缓刑制度的构建，有利于缓解当前罚金刑并罚后执行难的问题。针对无力按期缴纳罚金、犯罪情节轻微的犯罪人适用罚金刑缓刑制度，有利于缓解法院"判而不缴"的尴尬境地。另外，罚金刑缓刑制度的构建，是为了避免自由刑的严厉性，罚金刑易科自由刑的适用对象应该是那些故意不缴纳罚金的犯罪人，针对犯罪情节轻微、过失犯罪的犯罪人适用罚金刑缓刑制度较为合适。缓刑的执行不仅要与犯罪人的犯罪类型紧密相连，还要和犯罪人的人身危险性、认罪态度紧密相关。因而，罚金刑缓刑制度主要适用于轻罪和过失犯罪，也即是说对于犯罪人不实施真正的刑罚，仅仅运用刑罚的道德遣责和威胁已经足以使犯罪人感到恐惧，防止犯罪人再次犯罪。因此，从刑罚目的的一般预防和特殊预防的角度出发，罚金刑适用缓刑制度更为有利。罚金刑缓刑制度的适用，受实证主义思想的影响较为深刻，缓刑制度的设计之初就是针对偶犯，特别是那些初次犯罪的犯罪人。对于初次犯罪的犯罪人，适用缓刑制度，缓刑制度的刑罚威胁可以让犯罪人产生精神上的压力，从而可以预防犯罪人再次犯罪，能够更好地回归社会。此外，经过5年期限，如果犯罪人没有发生任何"附带事件"，似乎也能证明其已不再存在原有的危险状态。[1] 正因为缓刑的理论根

---

[1] 卡斯东·斯特法尼. 法国刑法总论精义 [M]. 罗结珍, 译. 北京：中国政法大学出版社，1998：602.

据有两个，主要的是实证主义的刑罚个别化，其次才是为防止短期自由刑的弊端，所以《法国刑法典》将缓刑分为两类：第一类是普通缓刑，其功能是解决刑罚个别化问题；另一类是附考验的缓刑。

因此，根据上述的两个理论根据，罚金刑虽然与短期自由刑存在着一定的区别，那种认为罚金刑不存在短期自由刑的弊端问题，就不适用缓刑制度的设想是不成立的。在法院判处罚金刑时，不仅会涉及人身危险性的问题，同时也会涉及刑罚个别化的问题，而这两个问题正是缓刑制度能够解决的问题，具有正当性根据。

2. 罚金刑缓刑制度的设立条件

罚金刑缓刑制度的设立区别于自由刑缓刑的设立条件，具有一定的特殊性。一方面，主要表现在以刑罚的个别化为设立根据；另一方面，主要以犯罪人的人身危险性大小为着力点。因此，罚金刑缓刑制度的设立条件主要有三点：第一是具有人身危险性；第二是缓刑的考验期限；第三是撤销缓刑的根据。

（1）人身危险性条件

在罚金刑缓刑制度中，缓刑主要适用于人身危险性小、再犯可能性小的犯罪人。人身危险性较小的定义，主要是指犯罪人的罪行在处以罚金刑的情形中，人身危险性较为轻微的情形。人身危险性的轻微刑主要由以下两方面体现：其一，犯罪的罪行轻微，社会危害性不大。在刑罚体系当中，可以从定罪量刑层面体现出来。在外国立法中，适用罚金刑缓刑制度一般适用的对象也是社会危害性较小的犯罪分子，判处的罚金较少。比如《日本刑法典》第 25 条规定，宣告刑在 50 万元以下罚金的犯罪分子，方可适用缓刑。《意大利刑法典》第 163 条规定，针对单处财产刑或与监禁刑并处罚金刑根据 135 条折抵后总和不超过 2 年的自由刑，方可适用缓刑制度。其二，罚金刑缓刑适用的另一重要条件是在主观上恶性较小的偶犯、初犯、过失犯。在该方面外国有规定，以前犯过其他罪的累犯、惯犯不得适用缓刑制度。比如《日本刑法典》第 125 条规定，之前没有被判处监禁刑以上刑罚或在以前虽然被判处监禁刑以上刑罚，但是自从执行完毕或者免除执行起，5 年内未被判处监禁刑的，可以适用缓刑制度。《意大利刑法典》第164条规定，之前因为重罪被判处监禁刑的，被宣告为重罪的惯犯和职业犯，且在法律上具有社会危险性，不能适用缓刑制度。

（2）缓刑考验期

在我国刑法中，对于自由刑的缓刑考验期一般有以下几种规定：第一种，是判处拘役的缓刑考验期，一般是两个月以上；第二种，被判处3年以下有期徒刑的缓刑考验期，一般是在原判刑罚以上、5年以下。而罚金刑缓刑也应当设置一个考验期，在缓刑期内，犯罪人未再故意犯罪，可以撤销原判罚金刑。日本、意大利对罚金刑缓刑的考验期规定的是5年的期限，我国罚金刑缓刑制度设置缓刑考验期，可以借鉴于此。

（3）撤销缓刑的条件

罚金刑缓刑的撤销条件与自由刑的撤销条件相差无几，在缓刑的考验期间，犯罪人违反相关规定，犯罪人适用的缓刑制度应当被撤销，重新执行罚金刑。以日本刑法为例，日本刑法规定了在缓刑考验期内又被判处罚金刑的，在考验期限内不遵守相关规定，在宣告缓刑之前犯有其他罪行，应当撤销缓刑的适用。

（4）缓刑的结果

缓刑的执行结果主要分为两种：第一，在缓刑考验期内遵守相关规定，则罚金刑消灭，不再执行罚金刑，《意大利刑法典》第167条的规定即是如此；第二，在缓刑考验期内犯罪人未违反相关规定，视为罚金刑未曾发生，例如《法国刑法典》第132—135条、《日本刑法典》第27条都有类似的规定。

综上所述，为解决罚金刑并罚执行难问题，我国规定罚金刑缓刑制度具有一定的可行性，我国应当比照自由刑的缓刑制度来构建罚金刑的缓刑制度，在同一刑罚体系中予以规定，迎合世界刑罚轻缓化的大势。

对于罚金刑缓刑适用的标准，笔者认为可以设定具体的标准，在一定的罚金以下，可以适用罚金刑缓刑制度，以确保该制度不会受到滥用。应当明确罚金刑缓刑制度的适用对象、适用条件，偶犯、初犯、过失犯罪的犯罪分子可以适用罚金刑制度，而较为严重的犯罪、累犯不得适用。另外，应当同自由刑缓刑的设置同步，规定撤销缓刑的条件，如未遵守缓刑期间的规定。

第二章
我国罚金刑量刑情节研究

第一节 罚金刑量刑情节概述

概念是人类在认识过程中,从感性认识上升到理性认识,把所感知的事物的共同本质特点抽象出来并加以概括而形成的一种思维方式。了解某一事物的概念是探究该事物的前提,据此,对罚金刑量刑情节的探讨也应从概念着手。

一、罚金刑的地位

(一)罚金刑的内涵

我国《刑法》总则中涉及罚金的条文共5条,分别为第31条、第34条、第36条、第52条及第53条,上述条文均未明确规定罚金的概念。刑法学界对罚金刑研究较多,对罚金概念亦存在诸多见解,主要有如下表述:木村龟二认为"罚金是以剥夺一定数额的金钱为内容的财产刑"[①];林山田认为"罚金乃判令犯人缴纳一定数额金钱的刑罚"[②];孙力认为"罚金是法院依法强制犯罪人向国家缴纳一定数额金钱的刑罚方法"[③];邵

---

① 木村龟二.刑法学词典[M].上海:上海翻译公司,1991:426.
② 林山田.刑罚学[M].台北:台湾商务印书馆,1983:227.
③ 孙力.罚金刑研究[M].北京:中国人民公安大学出版社,1995:60.

维国认为"罚金刑是法院依法判处犯罪人（包括单位）向国家缴纳其所有的一定数额金钱的刑罚"①；高铭暄、马克昌认为"罚金是指人民法院判处犯罪者向国家缴纳一定数额金钱的刑罚方法"②。

上述学者对罚金刑概念的界定均有其合理之处，但第一种、第二种表述中未明确判处罚金刑的主体及接收犯罪人所缴纳金钱的主体，并且第一种表述中"剥夺一定数额的金钱"已表明了罚金刑属于财产刑，因此不必重复将罚金刑定性为财产刑；第三种表述中"强制"两字有重复之嫌，因为强制性是刑罚所具有的特征之一，并不为罚金刑所独有；第四种表述亦有重复定义之嫌，我国刑法明确规定犯罪主体包括自然人及单位，因此没有必要重复强调缴纳罚金的主体包括单位；第五种表述是比较科学的，但其未表明法院判处罚金刑的依据。

综上，通过对学者观点的借鉴，笔者认为，罚金刑是指人民法院依据犯罪事实和刑事法律规定，判处犯罪人向国家缴纳一定数额金钱的刑罚方法。

（二）罚金刑的地位

罚金刑在刑罚体系中的地位，实质上是立法者及司法者内心所表明的价值判断的外在表现。对于罚金刑的地位理解，有的学者认为是指主刑还是附加刑。③ 也有学者认为是处于主要地位还是次要地位。④ 但是这两种表述并没有本质上的不同，因为，从通常情况看，主刑在刑罚体系中处于主要的地位，而附加刑在刑罚体系中处于次要的地位。

1. 各国罚金刑的地位

（1）立法层面

从刑事立法层面看，世界诸国越来越重视罚金刑。有些国家将罚金刑作为主刑规定在刑法典中，如日本、德国、法国、巴西、瑞士、西班牙等国，《日本刑法典》第9条就直接明确了罚金刑为主刑；有的国家将罚金

---

① 邵维国. 罚金刑论 [M]. 长春：吉林人民出版社，2004：6.
② 高铭暄，马克昌. 刑法学 [M]. 北京：北京大学出版社，2016：240.
③ 马克昌. 刑罚通论 [M]. 武汉：武汉大学出版社，1999：203.
④ 马登明，徐安住. 财产刑研究 [M]. 北京：中国检察出版社，2004：117.

刑作为主刑与附加刑并用，如俄罗斯、蒙古国、越南等国，《俄罗斯联邦刑法典》第45条明确规定了罚金刑不仅可以作为主刑，而且可以作为从刑予以适用；有的国家将罚金刑作为附加刑适用，如捷克斯洛伐克、中国，其中《捷克斯洛伐克共和国刑法典》规定罚金刑作为附加刑只能与主刑同时适用，我国规定罚金刑作为附加刑，但是可以单独适用；有的国家未对罚金刑进行主从刑的区分，如泰国、土耳其、印度等国。

(2) 司法层面

从司法适用层面看，自20世纪以来，各国在司法实践中非常重视罚金刑的适用。德国在20世纪初就很重视罚金刑，德国著名刑法学家弗兰茨·冯·李斯特（Franz Von Liszt）曾说过：罚金刑是帝国立法刑罚体系中的唯一的财产刑主刑。它有时单独适用，有时在自由刑之外作为第二主刑适用，有时与自由刑一起适用。这很形象地概括了当时德国适用罚金刑的情况。1924年颁行的《罚金刑法》，扩大了罚金刑在德国刑罚制度中的适用范围，至2004年，犯罪的罚金刑适用率约为70%。在瑞典，刑罚案件中也有超过70%被判处罚金刑。英美法系国家虽然没有对罚金刑的地位做出明确规定，但是从刑事司法实践来看，这些国家将罚金刑作为主要的刑罚予以适用。美国是世界上适用罚金刑数量非常多的国家之一，《美国量刑指南》中规定法院对个人判处罚金的数额根据犯罪等级确定，并且只有在被告确证其无能力支付罚金时，法院才对其不科以罚金。因此，只要被告具有支付能力，必须对其科处罚金。司法机关依据量刑指南，对轻罪及重罪保持着极高的适用率。英国也是罚金刑适用率特别高的国家之一，据统计，2009年，英国治安法院判处罚金刑的案件比例也高达68%。不论是大陆法系国家还是英美法系国家，自罚金刑产生以来，不断地扩大其适用范围，并且，从20世纪开始直至今日，罚金刑的适用率也一直保持着极高且稳定的状态。

2. 我国罚金刑的地位

(1) 立法层面

从刑事立法层面来看，我国《刑法》已经明确规定罚金为附加刑。当然，对于我国刑事立法的这一选择，在学界存有不同的声音，学者们对罚金刑地位进行了诸多的思考。有学者倾向于将罚金刑从附加刑提升为主刑，他们认为我国当前贪利型犯罪行为过多，罚金刑作为附加刑并不能突出刑罚的严厉性，若作为主刑则能够更好地打击贪利型犯罪。例如侯国云教授、薛瑞麟教授在其著作中阐明了刑法的修改与完善中必须包括罚金刑地位的改变。他们认为罚金刑应当上升为主刑，这样也有利于提高罚金刑的执行率。① 也有学者主张将罚金刑规定为主刑，但可以并科适用。② 亦有学者坚持将罚金刑规定为附加刑，但可以独立适用，从而发挥罚金刑的灵活性。③ 更有学者主张我国可以借鉴俄罗斯的做法，将罚金刑既作为主刑，又作为附加刑，在刑法条款中作出具体规定。④ 笔者赞同第三种观点，这也是现行刑法的规定，将罚金刑作为附加刑，但是在某些罪中可以独立适用，笔者更倾向于在日后的刑法修正案中扩大单独适用罚金刑的罪名，例如贪利型犯罪、轻罪和过失犯罪。这样，能够顺应刑罚轻刑主义、人道主义、文明主义的发展潮流，亦能更好地遏制贪利型犯罪，更能在刑罚出错时及时纠正错误。

（2）司法层面

从司法适用层面看，我国对罚金刑的重视程度越来越高，而且罚金刑在刑事司法实践中的适用范围亦越来越广泛，尤其是在犯罪行为构成破坏社会主义市场经济秩序罪、侵犯财产罪、妨害社会管理秩序罪、侵犯公民人身权利罪等方面。《中华人民共和国刑法修正案》相关条款对40余项罪名增设了罚金刑的适用，这是对刑事司法实践中罚金刑适用率高的回应。在刑事司法实践中，我国诸多地区法院判处的刑事案件中科处罚金刑的比例极高，例如，2006年北京市某区人民法院全年刑事案件中并处罚金适用率为77%，单处罚金适用率为9.67%，合计罚金适用率约为87%；2007年南京市某区人民法院判处刑事案件中，判处罚金人数占被判刑人数的比例将近98%；2010年郑州某区人民法院罚金适用率达80.6%；2016年长

---

① 侯国云，薛瑞麟. 刑法的修改与完善 [M]. 北京：中国政法大学出版社，1989：113.
② 邵维国. 罚金刑论 [M]. 长春：吉林人民出版社，2004：133.
③ 陈兴良. 刑法适用总论（下卷）[M]. 北京：法律出版社，1999：236.
④ 李云修，钟新玲. 关于完善我国罚金刑立法的思考 [M] //杨敦先，赵秉志，王勇. 刑法发展与司法完善. 北京：中国人民公安大学出版社，1989：204.

沙市某区人民法院刑事案件审结 367 件，判处罚金的案件接近 300 件，罚金适用率达 82%。上述数据表明了罚金刑在刑罚中占有重要地位，重视罚金刑的适用是适应司法发展与进步的必然要求。

二、量刑情节概述

（一）量刑情节的界定

对于量刑情节的定义，学界理解也不尽相同，主要有如下表述：第一种观点认为，量刑情节是指人民法院对犯罪人量刑时，据以确定处刑轻重或免除处罚的各种情况。① 第二种观点认为，量刑情节是指犯罪构成事实之外的，对犯罪的社会危害程度和犯罪人的人身危险性具有影响作用的，人民法院在对犯罪人量刑时需要考虑的各种事实。② 第三种观点认为，量刑情节是指在某种行为已经构成犯罪的前提下，法院对犯罪人裁量刑罚时应当考虑的，据以决定量刑轻重或者免除处罚的各种情况。③ 第四种观点认为，量刑情节是对刑罚轻重有影响的因素。④ 第五种观点认为，量刑情节是指定罪情节以外的，能够在一定程度上揭示行为社会危害性和人身危险性，从而影响判刑轻重的唯一根据。⑤

上述观点基本涵盖了我国刑法学界对量刑情节概念的见解，学者各自的侧重点存在不同，均有借鉴的意义。但笔者认为第一种观点值得商榷，因为它并未明确量刑情节的判定标准；第二种观点虽提出了量刑情节与犯罪人之间的联系，但将量刑情节与犯罪构成事实完全区别开来过于绝对，因为在某种情况下，定罪剩余的犯罪构成事实可以转化为量刑情节；第三种观点，未说明量刑情节与定罪情节之间的关系；第四种观点过于简练，不能完整、明确、清晰地界定量刑情节；第五种观点将量刑情节界定为影响判刑轻重的唯一根据过于武断，因为其他的情节，如社会舆论、社会形势也可以影响量刑即刑罚的轻重。

---

① 高铭暄. 中国刑法学 [M]. 北京：中国人民大学出版社，1989：274.
② 高铭暄，马克昌. 刑法学 [M]. 北京：北京大学出版社，2014：254.
③ 张明楷. 刑法学 [M]. 5 版. 北京：法律出版社，2016：553.
④ 邱兴隆，许章润. 刑罚学 [M]. 北京：中国政法大学出版社，1999：254.
⑤ 赵廷光. 量刑标尺论 [M]. 武汉：武汉大学出版社，2015：54.

综合上述学者的观点，量刑情节的本质应该是行为人在构成犯罪的前提下，人民法院对其量刑的依据。量刑情节能直接影响刑罚裁量，但并不是刑罚裁量的唯一根据，并且量刑情节不同于定罪情节。基于以上认识，笔者认为：量刑情节是指定罪情节以外的，对犯罪的社会危害程度和犯罪人的人身危险性具有影响作用的，人民法院对犯罪人裁量刑罚时应当考虑的，据以决定量刑轻重或者免除处罚的各种情况。

（二）量刑情节与相关范畴之关系

量刑情节与犯罪情节、定罪情节既相互联系又相互区别，严格区分其界限有利于正确定罪与量刑，实现刑罚公正。

1. 量刑情节与犯罪情节

学者们对犯罪情节的理解也可谓众说纷纭，莫衷一是，有的学者认为犯罪情节是指犯罪构成要件事实之外的其他能够影响犯罪社会危害程度及犯罪人人身危险大小的各种事实情况。[①] 另外，有的学者认为犯罪情节是指依据刑事法律，被认为体现行为的社会危害性和行为人的人身危险性，影响定罪量刑的各种主客观方面的事实情况。[②] 还有的学者认为犯罪情节是指包含于犯罪的主客观方面之中的，构成某种犯罪和决定量刑轻重的事实情况。[③] 上述三种观点，笔者更倾向于第二种观点，对于犯罪情节，应从广义角度予以定义，依据刑事法律和刑事政策，体现行为社会危害性和行为人人身危险性，能够影响定罪与量刑的情节都称为犯罪情节，犯罪情节包括定罪情节与量刑情节两个部分。

2. 量刑情节与定罪情节

定罪情节是指存在于犯罪实行过程中的，表明行为的社会危害性和行为人的人身危险性及其程度的，定罪时作为区别罪与非罪、重罪与轻罪以及此罪与彼罪标志的一系列主客观事实。[④] 量刑情节与定罪情节可以相互转化，在此罪中的量刑情节在彼罪中可能是定罪情节，如在强迫卖淫罪

[①] 高铭暄，马克昌. 刑法学 [M]. 北京：北京大学出版社，2014：252.
[②] 刘亚丽. 论情节犯 [J]. 江苏公安专科学校学报，2002（1）：82.
[③] 朱宗雄. 论情节对定罪的意义 [J]. 法学评论，1994（5）：75.
[④] 马克昌. 刑罚通论（修订本）[M]. 武汉：武汉大学出版社，1999：329.

中,强迫妇女卖淫是定罪情节;而在拐卖妇女罪中,强迫妇女卖淫是量刑情节。并且,定罪剩余情节亦能转化为量刑情节在量刑时发挥作用,对转化后的量刑情节的再次评价并不违反"禁止重复评价原则",因为对行为人进行定罪量刑的过程事实上存在两个层面,即定罪阶段的定性层面与量刑阶段的衡量其刑事责任程度的定量层面。① 如甲在一年内,连续多次盗窃大量财物,构成盗窃罪,其行为在定罪后,多次盗窃的行为就转化为量刑情节。不过,量刑情节和定罪情节在性质、功能和存在范围上仍存在差别:第一,定罪情节对具体犯罪定性,量刑情节对犯罪行为定量;第二,定罪情节仅限于罪中情节,而量刑情节包括罪前、罪中、罪后情节;第三,定罪情节能够区别罪与非罪、重罪与轻罪以及此罪与彼罪,量刑情节旨在于影响刑罚的轻重。

三、罚金刑量刑情节概述

(一)罚金刑量刑情节界定

我国《刑法》第52条规定,应当根据犯罪情节决定罚金数额。《最高人民法院关于适用财产刑若干问题的规定》第2条规定,人民法院应当根据犯罪情节,如违法所得数额、造成损失的大小等,并综合考虑犯罪人缴纳罚金的能力,依法判处罚金。《法国刑法典》第132条规定,法院考虑犯罪人收入与负担,决定罚金之数额。《瑞士联邦刑法典》第48条规定,法官决定罚金数额时,应主要考虑行为人的经济状况。《俄罗斯联邦刑法典》第18条规定,法院考虑犯罪人所实施的犯罪的严重程度并考虑其家庭的财产状况以及他取得工资和其他收入的可能确定罚金数额。上述相关刑事法律均并未规定罚金刑量刑情节的概念,仅通过法律条文确定判处罚金数额的依据,学界也没有单独对罚金刑量刑情节进行定义。根据上文总结的罚金刑与量刑情节的概念,并结合相关刑事法律条文,笔者认为,罚金刑量刑情节是指定罪情节以外的,对犯罪的社会危害程度和犯罪人的人身危险性有影响的,人民法院对犯罪人裁量罚金刑罚时应当考虑的,据以

---

① 皮勇,王刚,刘胜超.量刑原论[M].武汉:武汉大学出版社,2014:453.

决定罚金数额或者免除罚金刑罚的各种情况。

（二）罚金刑量刑情节之价值分析

罚金刑量刑情节的价值是罚金刑量刑情节作为客体，作用于物质世界以及人类社会的效用。罚金刑是刑罚的一种，刑罚的价值由社会需要、刑罚属性和刑罚功能三部分组合而成。① 因此，罚金刑量刑情节的价值必然体现出满足社会需要、彰显刑罚属性及实现刑罚功能的本质。

1. 凸显刑罚的正义性要求

罚金刑作为一种古老的刑罚，历经数千年，从无足轻重到逐步被重视，至今发展成为一国刑罚体系的主要刑种或者重要刑种。罚金刑不同于自由刑，它以剥夺犯罪人的金钱为内容，由于受刑人贫富差异、不同地区经济发展不均衡等罚金刑量刑情节的影响，可能导致实质上的不公平。因为相同的罪责处以相同的罚金数额，对于富人以及发达地区的大部分犯罪人来说无关痛痒，对于穷人以及欠发达地区的大部分犯罪人来说可能不堪其重。法国学者马克·安塞尔（Marc Ancel）对罚金刑的合理性提出疑问，他认为罚金制度是不公正的不平等的，因为对富人与穷人科处相同的罚金本身就意味着不平等。②

如何解决罚金刑的不公平性问题，最关键是要把握好罚金刑量刑情节的具体运用，司法机关在对犯罪人裁量罚金刑时，不仅应考虑犯罪性质、犯罪情节、危害程度以及犯罪人的其他人身危险性，还需对犯罪人所处地区、财产、收入状况及支付能力等方面进行调查，在刑法分则条文规定的范围内，适当提高或减少罚金刑数额的判处，根据犯罪人的实际情况要求其承担相应的刑事责任。通过对罚金刑量刑情节的贯彻执行，使罚金刑对富人也产生严厉的威慑性，从而对穷人、对富人产生相同预防的效果，凸显刑罚的公平性及正义性要求。

对相同罪责、不同支付能力的犯罪人适用不同数额的罚金刑，并没有违反适用刑法人人平等原则以及罪责刑相适应原则。人人平等与罪责刑相适应在法律上是抽象的概念，不能用具体的刑罚去衡量，应将刑罚的平等

---

① 谢望原. 欧陆刑罚制度与刑罚价值原理 [M]. 北京：中国检察出版社，2004：251.
② 安塞尔. 新刑法理论 [M]. 卢建平，译. 香港：香港天地图书有限公司，1990：88.

性与刑罚目的相结合,在对犯罪人实际情况考量后所判处不同的罚金刑,使不能充分缴纳罚金的犯罪人在回归社会生活后不至于穷困潦倒,对穷人、富人产生相同的刑罚惩罚性及威慑性,这也体现了司法的平等性。

2. 彰显刑罚的人权保障功能

人权,是指在一定的社会历史条件下每个人按其本质和尊严享有或应该享有的基本权利,尊重和保障人权是民主政治的基本价值观,是刑事法治理念的基础性要求。刑罚的发动关乎犯罪人的财产、尊严、自由甚至犯罪人的生命,贯彻人权保障功能不仅能够避免刑罚权的滥用,实现公正审判,保障犯罪人合法权利,也能够保障社会上其他公民的合法权利的实现。若刑罚权滥用或者运用不当,会导致人们成为公共权力的受害者,国家的公正形象也随之受到损害。定罪对于犯罪人至关重要,量刑一直为公民所忽视。但我们不得不承认的是,在当今社会,为实现刑罚的人权保障功能,量刑同定罪一样,对犯罪人极其重要。

随着我国罚金刑条文的增多,适用范围的扩大,司法机关在追究犯罪人刑事责任的同时,对犯罪人的量刑情节必须予以充分考量,以契合刑罚的人权保障功能。如《刑法》第53条第2款规定:犯罪人在遭遇不能抗拒的灾祸等原因缴纳确实有困难时,经人民法院裁定,可以延期缴纳、酌情减少或者免除。再如《刑法》第142条规定:生产、销售劣药罪,规定了并处销售金额百分之五十以上二倍以下罚金,该条款就明确了罚金数额是销售金额的百分之五十以上二倍以下。那么,行为人在实施了生产或销售假药罪的行为后,司法机关应先确定行为人是否构成该罪。在对定罪问题进行全面分析后,面临的就是量刑问题。此后,司法机关必须根据犯罪性质、情节、危害程度以及犯罪人的人身危险性进行自由刑的定量;通过对犯罪人的财产、收入状况及支付能力进行罚金刑的定量,在百分之五十以上二倍以下选择适当的罚金数额,如犯罪人确实面临支付罚金的困难,司法机关应酌情减少罚金数额的判处,甚至可以在销售金额的百分之五十以下科以罚金,避免了不能充分缴纳罚金的犯罪人在回归社会生活后因穷困潦倒而再犯罪。上述一系列程序,可将量刑与定罪置于同等的地位,将量刑情节与定罪情节统筹兼顾,彰显刑罚的人权保障功能。

3. 体现刑罚的个别化原则

所谓刑罚个别化，就是量刑个别化，是指司法机关根据犯罪人人身危险性的大小，设定、宣告和执行相应的刑罚的一项原则。量刑情节是对犯罪人落实刑事政策和实现刑罚个别化的根据。① 因此，法官在判处罚金刑时为了能够实现刑罚个别化，必须根据量刑情节对具体犯罪行为进行区别对待，例如通过对犯罪人犯罪的态度、所采取的手段、持有的动机、产生的后果等综合判断其社会危害性大小及考虑犯罪人的人身危险性有关的情况。《刑法》第383条贪污罪规定："在提起公诉前如实供述自己罪行、真诚悔罪、积极退赃，避免、减少损害结果的发生……可以从轻、减轻或者免除处罚……"根据该条规定，只要犯罪人满足上述要求，如具有悔罪表现、积极退赃等情节，司法机关在对其进行罚金裁量时应当适用上述规则，减少或者免除罚金刑的判罚，体现刑罚个别化原则。

需要注意的是，量刑情节是实现刑罚个别化的唯一合理手段。② 实现刑罚个别化存在其他的方式，例如统治者的命令、法官的素质、社会舆论，但是这些都不是合理的理由，要实现刑罚的个别化，必须建立起一个相对完备的量刑情节体系，这个体系一旦建立起来，对任何复杂的案情都能进行客观、准确和详细的描述。这就是量刑情节的基本作用。③ 因此，在判处罚金刑时应充分利用罚金刑量刑情节实现刑罚个别化，发挥对不同阶层的指引与预防作用。

4. 维护刑罚的权威性

随着我国罚金刑适用范围的扩大，一些法院在刑事犯罪案件中判处罚金刑的比例高达90%，然而，配套制度及措施的不完善使得罚金刑执行难、执结率过低，目前基层法院的罚金刑执结率一般在20%左右，能够达到30%的很少。④ 罚金刑执结率过低挑战了刑罚的权威性，削弱了罚金刑

---

① 高铭暄，马克昌. 刑法学 [M]. 北京：北京大学出版社，2014：279.
② 周金刚. 量刑情节研究 [D]. 南京：南京大学，2011：55
③ 夏勇. 刑罚的裁量与刑法的基本原则 [M] // 刘家琛. 当代刑罚价值研究. 北京：法律出版社，2003：394.
④ 葛磊. 罚金刑执行问题的实证展开 [M] // 陈兴良. 刑事法评论. 北京：中国政法大学出版社，2004：275.

的威慑力及严肃性。究其缘由，罚金刑执结率之所以过低，主要还是在于司法人员没有充分考虑犯罪人量刑情节，没有根据案件及犯罪人的实际情况进行罚金刑的判处，导致负担不起罚金刑的犯罪人甚多，例如陈某高利转贷罪案件中，违法所得10万，判处50万罚金，罚金数额极高，也就产生了执行难的问题。若法官能对陈某实际情况进行调查后再对案件进行罚金量刑，可能就不会判处这么高的罚金。在不同地区相同罚金数额的执结率也不同，相同罚金对于不同人群产生的效果也就不同，上述案例中50万的罚金数额在发达地区相当于普通家庭3至5年收入，但如果在欠发达地区将相当于普通家庭10至20年收入甚至更多。因此，在不考虑其他因素影响的情况下，对于相同罚金数额，发达地区执结率可能高于欠发达地区，这说明法官在司法裁量时必须考虑地域差异等若干罚金刑量刑情节。

另外，《刑法》分则有罚金刑规定的章节中，仅有破坏社会主义市场经济秩序罪这一章节中采用了倍比罚金制和数额罚金制，这为法官裁量罚金刑提供了一定的指引，为罚金刑量刑情节的确定设定了较为明确的准据。但是其他章节采用无限额罚金制，就进一步扩大了法官自由裁量的空间。尽管我国最高人民法院先后对有关犯罪出台了《量刑指导意见》，但也是顾此失彼，不能穷尽所有犯罪，因此，法官在对案件进行罚金刑的判处时，应注重对罚金刑量刑情节的考量，根据犯罪人实际情况进行罚金刑的裁量，这样一来，也有利于罚金刑的执行。罚金刑执结率的提高，能更好地发挥罚金刑的威慑力，维护刑罚的权威性。

第二节　我国罚金刑量刑情节立法及适用现状之考察

《刑法》总则中涉及罚金的条文共5条，分则规定单处或并处罚金刑的罪名达235个，超过一半的罪名配置了罚金刑。随着罚金刑适用范围的扩大，理应对罚金刑数额的确定原则、量刑情节等有更详尽的规定，以增强司法实践中的可操作性。反观我国现有的刑法规定，仍然以采用无限额罚金制为主，对量刑情节也没有进一步明确，使得司法实践者显得无所适从。因此，罚金刑量刑情节所具有的诸多缺陷昭示了我们对其立法及司法现状考察之必要。

一、罚金刑量刑情节的立法现状分析

现行刑法以及十一个刑法修正案均未对罚金刑裁量进行指导性的规定，导致了罚金刑量刑情节的不明确以及量刑基准的不确定，无法给法官在进行罚金刑裁量时提供一个明确的标准，扩大了法官的自由裁量权。

（一）罚金刑量刑情节规定不明确

量刑情节是影响量刑轻重的因素，在量刑过程中具有举足轻重的地位，既是决定宣告刑的依据，又是突破法定刑的根据，同时又界定法官自由裁量度的大小。① 但是，《刑法》及其修正案均未明确规定司法机关应如何适用量刑情节裁量罚金刑，仅于《刑法》第 52 条以及第 61 条抽象地规定了司法机关应当根据犯罪的事实、犯罪的性质、情节和对于社会的危害程度，对犯罪人决定刑罚；在判处罚金时，应当根据犯罪情节决定罚金数额。上述两条款均未阐明犯罪情节的概念、内涵以及司法机关在考量犯罪情节时应注意的诸多因素。况且，《刑法》第 61 条中的"犯罪的事实""情节""对社会的危害程度"等都是概括性的规定。概括性的规定表面上看似比较周全，实质上，这些规定的外延过于模糊，容易导致司法机关在罚金刑裁量时遗漏量刑情节的适用，甚至还会导致司法机关重复适用容易混淆的情节等。

另外，《刑法》规定了大量的从宽、从严情节，犯罪人具有这些情节时，在法定刑的限度内判处刑罚，然而，分则中采用无限额罚金的罪名占绝大多数，无法准确地界定法定刑的限度，以至于司法机关在裁量时显得无所适从，甚至于因无标准可参考而不考量犯罪人所具有的这些量刑情节。

综上所述，司法机关判处罚金刑及确定数额时无明确的法律规定，不

---

① 杨志斌. 中英量刑问题比较研究［M］. 北京：知识产权出版社，2009：111.

能系统地分析各种量刑情节，只能根据以往经验和判例，甚至完全凭主观的判断等来确定一个合适的数额，这将会扩大法官的自由裁量权，不利于司法公正。

（二）罚金刑量刑基准不确定

罚金刑裁量制度中，适用罚金刑的方式有三种情况：无限额罚金制、数额罚金制及倍比罚金制。就是《刑法修正案（九）》实施后，刑法分则中规定的判处罚金的罪名中，适用数额罚金的罪名所占比例约为18.5%，适用倍比罚金所占比例约为10%，适用无限额罚金的罪名占绝大多数，比例为71.5%。截至《刑法修正案（十一）》的颁布实施，无限额罚金的比例还有增加，刑法对于绝大多数罪名适用无限额罚金，未明文规定罚金数额的"上限"与"下限"，如第151条走私武器弹药罪、走私核材料罪、走私假币罪，第164条对非国家工作人员行贿罪，第170条伪造货币罪，第213条假冒注册商标罪，第312条掩饰、隐瞒犯罪所得罪等。另外，虽然刑法分则第三章规定了数额罚金制及倍比罚金制，如第171条出售、购买、运输假币罪："数额较大的……并处二万元以上二十万元以下罚金；数额巨大的……并处五万元以上五十万元以下罚金；数额特别巨大的……并处五万元以上五十万元以下罚金或者没收财产。"第175条高利转贷罪："违法数额较大的……并处违法所得一倍以上五倍以下罚金；数额特别巨大的……并处违法所得一倍以上五倍以下罚金。"但上述条文即使对罚金裁量数额有所限制，罚金刑的裁量幅度仍然过于宽泛、弹性过大，加上罚金刑量刑情节规定得不明确，导致了罚金刑量刑基准在法定刑的范围内无法准确地界定，最终无法使罚金数额的规范化与法定化协调统一。

二、罚金刑量刑情节的适用现状分析

司法实践中，量刑情节规则与制度的不匹配容易导致刑罚裁量失衡。当前，在我国立法及司法现状下，司法机关依据法律法规对犯罪人判决罚金数额时，因司法解释对于罚金刑量刑规定得不完整，容易导致罚金刑量刑不当。

（一）司法解释不完善

当前，涉及罚金刑的司法解释主要是2000年颁行的《最高人民法院关于适用财产刑若干问题的规定》第 1 条:"……人民法院应当根据案件具体情况及犯罪人的财产状况,决定是否适用财产刑。"第 2 条:"人民法院应当根据犯罪情节,如违法所得数额、造成损失的大小等,并综合考虑犯罪人缴纳罚金的能力,依法判处罚金。对未成年人犯罪应当从轻或者减轻判处罚金。"上述两条规定虽然表明了在适用罚金刑时,应考虑犯罪人的财产状况和犯罪情节,但对于何为犯罪情节,犯罪情节所包含的内容是什么,并没有作清晰的界定,仅列举了两种属于犯罪情节的内容:一是违法所得数额,一是造成损失的大小。而影响罚金刑量刑的情节不仅仅包括犯罪情节、定罪情节、量刑情节,还包括其他情节,例如社会舆论、社会形势。另外,2005 年公布的《最高人民法院关于审理未成年人刑事案件具体应用法律若干问题的解释》中第 15 条第 2 款规定:"对未成年犯罪人判处罚金刑时,应当依法从轻或者减轻判处,并根据犯罪情节,综合考虑其缴纳罚金的能力,确定罚金数额。"人民法院是对犯罪人适用罚金刑的决定机关,法院在司法实践中的许多具体做法往往依据于司法解释,上述司法解释也未明确规定犯罪情节或罚金刑量刑情节的内涵,这样的模糊解释必然导致法官裁量罚金刑时缺乏对量刑情节适用的规范,引发自由裁量权扩大,继而引发量刑不当。

(二)犯罪情节把握尺度不一

正因为立法的不明确以及司法的不完善,司法适用中对犯罪情节把握易出现尺度不一的情形。犯罪情节是确定量刑情节的基础,要确定罚金刑量刑情节,其前提是必须对犯罪情节的概念及内涵有统一的把握,因为犯罪情节能够影响定罪与量刑;如若不然,就会导致司法人员对罚金刑裁量时失衡。轰动全国的李清案就是法院在对犯罪情节把握不准的情况下而导致对罚金刑量刑情节无法确定,从而先后作出了截然不同的两种判决。2010 年,被告人李清在郴州销售假冒的"鄂尔多斯"牌、"恒源祥"牌羊毛衫,被鄂尔多斯警方抓捕。警方在店内扣押了吊牌标价共计 43013364 元的假冒羊毛衫,事后,4300 多万的吊牌标价,被鄂尔多斯中院认定为"非法经营数额"。最终,李清被判处有期徒刑 5 年,并处罚金 2151 万元。被告人上诉，2011年12月，内蒙古高院以"事实不清，证据不足"为由，将案件发回鄂尔多斯中级人民法院重新审理。2012年5月中院判决，量刑从5年减到了4年半，自由刑并没有多大的变化，但罚金刑的判决与一审存在天壤之别，即由2151万元变为了199万。

上述案件中，最大的争议点就是"非法经营数额"的确定。最高人民法院、最高人民检察院《关于办理侵犯知识产权刑事案件适用法律若干问题的意见》第12条规定了对于已销售的侵权产品的价值，按照实际销售的价格计算。制造、储存、运输和未销售的侵权产品的价值，按照标价或者已经查清的侵权产品的实际销售平均价格计算。侵权产品没有标价或者无法查清其实际销售价格的，按照被侵权产品的市场中间价格计算。该规定表明了应以被告人李清所销售的假冒羊毛衫的实际销售价格来计算非法经营数额，而不应按照吊牌标价来执行。因为，吊牌标价是商家虚标出来的价格，与商品的实际销售价格相差巨大，能让消费者产生一种实惠的心理暗示，这在中国市场上是普遍现象。

由于一审法院对犯罪情节的把握、理解偏差，导致在确定罚金刑的数额时所依据的量刑情节不准确，而二审法院正因为对犯罪情节的把握、理解准确，对罚金的量刑情节也有相对确定的把握，做到了量刑适当。

（三）对犯罪人的经济承受能力考量不够

应当承认，我国立法机关和司法机关对判处罚金刑时，对于如何考量犯罪人的经济承受能力等量刑情节有原则性的指引，如《刑法》第53条以及《最高人民法院关于适用财产刑若干问题的规定》《最高人民法院关于审理未成年人刑事案件具体应用法律若干问题的解释》等司法解释均有明确，其主旨就是在判处罚金刑时应综合考虑犯罪人缴纳罚金的能力这个情节。但是上述规定及司法解释在实践中却很难执行到位，主要有如下原因：

首先，我国有些司法人员对罚金刑的裁量原则的认识存在一定的偏差。他们认为《刑法》52条只规定了"根据犯罪情节决定罚金数额"的原则，并没有规定以"犯罪人缴纳罚金的能力"为裁量原则。并且，因为司法解释无权对基本法律没有规定的法律问题进行解释，所以司法解释规定对犯罪人判处罚金时要考虑其缴纳罚金的能力,存在越权之嫌。[①] 因此,一些司法人员基于以上原因,在确定罚金刑时,未参酌犯罪人的经济状况。

其次,有些司法人员认为考虑经济状况可能会造成不平等。因为在相同罪责的情况下,以犯罪人的支付能力确定罚金数额,会造成穷人与富人在法律面前的不平等,并且违背罪责刑相适应原则。

最后,司法机关很难准确地衡量每一个犯罪人的经济状况、罚金缴纳的能力。在判处罚金刑时如果要考量犯罪人的经济承受能力,势必要进行大量的调查,在调查过程中会浪费大量的司法资源,不利于司法资源的合理配置。笔者认为,司法机关对犯罪人进行经济状况的调查势必会消耗一定的司法成本,但是,该笔成本与犯罪人不服判决而上诉或者不能执行罚金刑而产生的司法成本相比不值一提,反而不利于司法资源的合理配置。

(四) 未充分考虑地域差异

改革开放以来,我国经济发展取得了令人瞩目的成就,GDP 已位居世界第二位,成为世界第二大经济体。但是,随着经济的高速发展,我国区域经济呈现出不平衡的发展状态。鉴于历史的、地理的和政策的原因,东部及华南部地区发展速度很快,相对于东部及华南地区而言,中部和西部地区增速较慢,相对比较落后。如 2014 年东部人均 GDP 分别是中部、西部的 1.81 倍和 1.85 倍,2016 年西部地区甘肃省及西藏自治区的人均可支配收入只有东部地区上海的 1/4。近几年来,这种差别依然不同程度地存在,因此,人民法院在对犯罪人裁量罚金刑时应充分考虑地域因素,包括审判法院所在地以及被告人所处地域,维护刑罚公正。刑罚通过限制或剥夺犯罪人的权益来维护社会秩序,实现社会的公平正义。而在司法适用过程中,审判人员在进行罚金刑裁量时却往往忽略了地域差异这个至关重要的量刑情节,过分地强调刑罚适用形式上的平等,导致了实质上的不平等,有损司法的公平与公正。

[①] 王德录,王红梅,袁涛. 罚金刑量刑偏差的司法解决 [J]. 山东审判,2010 (2): 68.

蔡某某盗窃一案①与孔某某盗窃一案②的判决就是一起典型的法官未充分考虑地域差异的案例。蔡某某盗窃案中，被告蔡某某盗窃手机3部，共计人民币6000元，案后归还手机及所得赃款，并具有悔罪表现，人民法院依法判处蔡某某犯盗窃罪，并处罚金4000元。孔某某盗窃案中，被告人孔某某盗窃手机2部，共计人民币5300元，事后对被害人作出经济赔偿并具有悔罪表现，人民法院依法判处孔某某犯盗窃罪，并处罚金1500元。上述两个案件中，两被告人均无业、初犯，具有悔罪表现，作案手段相似，盗窃数额相近，唯一区别是被告蔡某某居住于西部地区云南省，被告孔某某居住于东部地区上海市。但云南省文山市法院判处被告蔡某某罚金4000元，上海市浦东新区判处被告孔某某罚金1500元，导致罚金数额悬殊。究其缘由，审判人员未充分考虑地域差异，如果审判人员在裁量罚金时，能充分考虑地域因素，上述案件在判处时，就不会出现在罪责相同、犯罪情节相似的情形下，经济欠发达的西部地区所判处的罚金数额不仅没有比经济发达的东部地区少，反而是东部地区的2倍多的情况。

生命和自由对于每个人都是平等的，然而个人拥有的财产不同，地域的财富也不同，因此，审判人员在对罚金进行裁量时必须要参酌地域差异。如果对相同罪责、不同区域的案件判处罚金时达到完全、绝对的一致，甚至经济欠发达地区的罚金数额高于发达地区，都难以达到实质上的平等，必须将刑罚的平等性与刑罚目的相结合才能达到实质上的平等。

（五）对特殊人群的刑法保护不完善

我国法律体系中没有明确"特殊人群"的相关概念，但制定了相当数量的单行法来保护特殊人群，如《未成年人保护法》《残疾人保障法》《精神卫生法》等。"特殊人群"在不同的情境下有不同的含义，例如从社会学角度看，特殊人群主要是指吸毒人员、刑释解教人员、社区服刑人员以及社区闲散人员；③ 从刑法角度讲，特殊人群是指老年人、未成年人、

---

① 参见云南省文山市人民法院（2016）云2601刑初7号刑事判决书。
② 参见上海市浦东新区人民法院（2016）沪0115刑初853号刑事判决书。
③ 李晓英. 司法行政视野下的特殊人群管理与创新［J］. 当代法学，2012（2）：151.

怀孕的妇女、精神障碍患者、残疾人等特殊群体。① 笔者在本书中所描述的特殊人群仅指刑法意义上的特殊人群。

特殊人群的刑法保护问题，在我国现行刑法的诸多条文中已有体现，如《刑法》第17条、18条、19条、49条、72条等对未成年人、残疾人、精神病人、老年人、怀孕的妇女等特殊犯罪人群均有相关保护性规定，《最高人民法院关于审理未成年人刑事案件具体应用法律若干问题的解释》中第15条第2款也对未成年人作出了保护性的规定。但从这些规定可以看出，所设定的特别保护措施仅仅是对犯罪人所判主刑的从轻、减轻或者免除处罚规定，而对判处罚金刑时如何针对犯罪主体的特殊性这一量刑情节则考虑不够。特殊人群之所以特殊，是因为他们无论从心理上还是从生理上都有别于常人，所以在对特殊人群判处罚金刑时不考虑这一量刑情节可能会陷入两难境地。一方面，如果不判处罚金刑，则违背了刑法面前人人平等原则；另一方面，如果同罪同罚，则可能罚金刑无法执行，即使执行也可能殃及无辜。有鉴于此，立法机关在完善刑法时，应当对特殊犯罪人群制定相对完备的刑法保护措施，司法机关在对特殊犯罪人群裁量罚金时，也必须考虑这个量刑情节，以充分实现刑法的功能和目的，避免刑罚的权威性受损。

冯某盗窃案②中，被告人冯某盗窃被害人任某一部价值2800元苹果手机，案发时冯某为未成年人，该手机已被追缴返还受害人，未造成经济损失，法院判决被告人冯某犯盗窃罪，并处罚金人民币1000元。该案件中，冯某系未成年人，不具有缴纳罚金的能力，对其应该从轻或减轻判处罚金，但审判人员在裁量罚金刑时并未适用上述量刑情节，未考虑到未成年人经济状况的特殊性，致使罚金刑只能由其监护人完成执行，不能体现出刑罚的威慑性，难以实现刑罚的特殊预防目的。

---

① 赵秉志，袁彬. 论特殊群体从宽制度的完善——以《中华人民共和国刑法修正案（八）（草案）》为视角 [J]. 法学杂志，2010（12）：5.
② 参见黑龙江富裕县人民法院（2014）富裕刑初字第181号刑事判决书。

第三节　我国罚金刑量刑情节的完善

我国对罚金刑的重视程度不断提升,但立法及司法实践中却不断涌现新问题,刑法及司法解释对"犯罪情节"的规定不明确,对特殊人群的保护不完善,罚金刑裁量过程中司法机关对犯罪情节的把握程度不同,未充分考量犯罪人的经济状况及地域差异等量刑情节,无法体现出刑罚上的平等性与刑罚目的相结合所达到的实质平等。因此,笔者在上述分析的基础上,通过分析、借鉴西方法制发达国家关于罚金刑量刑情节的具体做法,并结合我国刑法治理现状,提出完善我国罚金刑量刑情节的相关措施。

一、域外罚金刑量刑情节之借鉴

20世纪初,西方法制发达国家开始在立法上重视罚金刑,在刑事司法实践中扩大罚金刑的适用范围,然而随着罚金刑适用范围的扩大,也出现了一系列的问题,例如罚金刑裁量的不公正、执结率低等。曾有日本学者认为:"罚金刑因贫富差异所产生的效果完全不同,会失去刑罚的公平性。罚金刑即使对穷人有刑罚预防作用,也不会对富人产生这种预防效应。"[①]针对这些问题,一些国家在裁量罚金刑时开始着重考量量刑情节,通过调查犯罪人的经济状况或者是分析犯罪人人身情况等,在犯罪人具有相应的量刑情节时适用相应的罚金刑,如犯罪人具有周额罚金量刑情节、日额罚金量刑情节、罚金刑缓刑量刑情节、罚金刑易科量刑情节时分别适用周额罚金制度、日额罚金制度、罚金刑缓刑制度、罚金刑易科制度。这些量刑情节的采用缓和了罚金刑在适用过程中所产生的诸多问题与矛盾,以至于司法机关也更倾向于适用罚金刑来惩罚犯罪人。笔者将对这些量刑情节进行分析,明确这些情节对完善我国罚金刑量刑情节的作用。

---

① 马克昌. 刑罚通论 [M]. 武汉:武汉大学出版社,1999:199.

（一）周额罚金量刑情节

罚金刑在英国刑罚体系中占据重要地位，90%以上的犯罪都可以适用罚金刑。据统计，2009年英国罚金适用率将近68%。①

随着罚金刑适用范围的扩大，罚金刑不公正、执结率低等问题突出，为解决这些问题，英国政府规定法院在裁量罚金刑时考量周额罚金量刑情节，即对犯罪人判处周额罚金时先考量其经济状况。英国《刑事司法法》第18条做了相关规定：法庭在确定罚金的数目之前应该对于犯罪人的支付能力进行调查，考虑包括犯罪人的经济状况以及罪行的严重性在内的诸多量刑情节，并通过考量这些情节，确定罚金缴纳的单位期限以及单位金额。英国《刑事审判法》第164条规定：在对犯罪人准备判处的罚金数额之前，法院必须调查他的经济状况；法院确定的罚金数额必须在能够反映犯罪的严重性。这些条文都规定了判处罚金刑数额时必须考量犯罪人支付能力、经济情况以及犯罪严重性等量刑情节，注重了罚金刑量刑情节在罚金刑裁量过程中所发挥的作用。

另外，英国《刑事审判法》规定了罚金有五个等级，最大值分别为200、500、1000、2500、5000英镑，对定罪的青少年判处罚金的最高限额是1000英镑，对定罪的儿童判处罚金的最高限额是250英镑。刑事法律规定了法院在裁量罚金刑时应考量到犯罪人是未成年人这一特殊量刑情节，对于特殊的犯罪人群，判处罚金刑时适用特殊的数额规定。

法院在判决罚金刑时考量犯罪人的经济状况、人身状况、犯罪行为危害程度等量刑情节确定其所应缴纳的罚金周数以及单位罚金总额，考虑到了贫富差距以及保护未成年人，能够达到相对的公平，以每周为单位时间确保了操作的可行性，充分体现了刑罚的公平性和刑罚个别化思想。

（二）日额罚金量刑情节

日额罚金又称为日付罚金，是按照确定的缴纳罚金的天数与每天应当缴付的罚金数额逐日缴付罚金。② 日额罚金量刑情节也就是在确定缴纳罚金的天数及每日缴纳的罚金数额时所适用的量刑情节。日额罚金量刑情节

---

① 熊谋林.罚金刑应用实证研究[D].成都：西南财经大学，2012：64.
② 马克昌.比较刑法原理：外国刑法学总论[M].武汉：武汉大学出版社，2002：875.

在本质上与周额罚金量刑情节相似，都考虑了犯罪人的经济状况及犯罪危害程度等量刑情节。相对于周额罚金量刑情节，更多的国家倾向于在判处罚金刑时采用日额罚金量刑情节。

《德国刑法典》第 40 条规定了应由法院考虑行为人的人身和经济情况来决定日额金的金额，原则上以行为人每日平均应有或可能有的纯收入为准，并且对行为人的行为、财产及其他计算日金额的基本情况进行评估。《瑞典刑法典》也规定了法院在宣告罚金额时应考虑犯罪人的财产、收入、抚养义务、婚姻状况以及其他与缴纳能力有关的情节。《法国刑法典》第 131 条也规定了法官判处犯罪人每日交付的罚金数额依其收入与负担而定，支付罚金的天数依据犯罪情节确定。

适用日额罚金量刑情节的国家，在确定罚金数额时，坚持了情节的重要性。其一，根据量刑的基本原则，通过对犯罪事实、犯罪人所实施的犯罪行为、犯罪行为对社会产生的负面效果等量刑情节的评价，来决定对犯罪人所适用的罚金日数。罚金日数一般不与犯罪人的经济情况相联系，只有经济状况对行为责任的程度具有关联性时（例如因穷困而盗窃），才允许影响罚金日数。其二，考虑犯罪人的人身和经济情况以及刑罚对犯罪人将来的生活所产生的影响等量刑情节，原则以每日应有或可能有的收入作为罚金刑每日金额，但是罚金数额不能成为犯罪人的沉重负担而影响犯罪人及其家庭的生活。

刑法明确地指导着司法机关在确定罚金日数时要考虑犯罪人所实施的犯罪行为对社会所产生的危害程度这一量刑情节，并且明确地规定了罚金数额不能成为犯罪人的沉重负担而导致犯罪人及其家庭无法进行正常的生活与社交。[①] 这些量刑情节的适用缩小了法官的自由裁量权，促使法官公正、公开地进行裁量刑罚，保障了犯罪人的权利。

（三）罚金刑易科量刑情节

对于大多数的犯罪人来说，其经济状况并不理想，因此他们才意欲通过犯罪获取非法的钱财。也正是由于许多犯罪人本身不具有一定的经济基

---

① 赵秉志. 英美刑法学 [M]. 北京：中国人民大学出版社，2004：221.

础，罚金刑的执结率极低，挑战了刑罚的权威性。要解决这样的问题，必须寻找新的对策，司法机关在裁量罚金刑与执行罚金刑时必须要考虑到犯罪人的经济情况这一量刑情节。一些国家在考量犯罪人经济状况时，已经开始注重对罚金刑易科量刑情节的适用，即司法机关在对犯罪人处以罚金刑时，考虑其收入、支出等经济状况，在犯罪人表明其因贫穷或遭受无法抗拒的灾祸而无缴纳罚金的能力时，可用其他的刑罚方法或者措施来替代罚金刑执行。

《意大利刑法典》第136条规定，科处罚金与罚缓的犯罪人，无支付能力并且无从强制执行的，判处3年以下监禁刑或者2年以下拘留。《俄罗斯联邦刑法典》第47条规定，被判刑人恶意逃避罚金刑处罚的，用劳动改造、强制性工作或者扣押与罚金刑数额相当的财产替代罚金。《朝鲜刑法》第36条规定，对于逃避缴纳罚金刑的犯罪人，用劳动改造的方式替代原执行措施。《巴西刑法典》第38条规定，当累犯不再缴纳或犯人无法缴纳而抗拒缴纳罚金时，可以用拘役代替罚金。

上述刑法规定了适用罚金刑易科的量刑情节主要有：犯罪人恶意逃避处罚；犯罪人无能力支付罚金；犯罪人的犯罪动机可以宽恕；犯罪人是累犯并不再缴纳罚金；犯罪人无能力缴纳罚金并抗拒罚金的缴纳。综合来看，犯罪人是否具有罚金刑易科的量刑情节，主要是对其经济状况、犯罪目的、动机及结果等情节进行分析。

（四）罚金刑缓刑量刑情节

司法机关在裁量罚金刑时，不容忽视的量刑情节包括犯罪人所犯罪行的危害程度以及人身情况。许多国家（地区）为了贯彻执行犯罪人所犯罪行的危害程度及人身情况等罚金刑量刑情节，注重了罚金刑缓刑的量刑情节。

罚金刑缓刑是指对判处罚金刑的犯罪人，在具备法定条件时，对其宣告在一定期间内暂缓罚金刑的执行，如果被宣告罚金刑缓刑者在缓刑期内没有发生法律规定应当撤销缓刑的事由，原判的罚金刑就不再执行。罚金刑缓刑的规定最早出自1891年法国《关于减轻和加重刑罚的法律》，并在其后的100多年里得到了迅猛的发展。例如法国、日本、阿根廷、我国台湾地区等都明确规定了适用罚金刑缓刑的量刑情节。

《法国刑法典》第 132 - 30 条至 132 - 37 条中规定了，能够适用罚金刑缓刑的量刑情节包括以下情况：对于自然人而言，在其实施犯罪行为的前 5 年内，没有因犯重罪或轻罪被判处有期徒刑或者监禁刑；对于法人而言，在其实施犯罪行为的前 5 年内，没有因犯重罪或轻罪判处数额超过 10 万或 40 万法郎的罚金；行为人违反了第五级违警罪。

《日本刑法典》第 25 条规定了适用罚金刑缓刑的量刑情节须同时具备两个条件：第一，行为人必须被宣告科处 50 万元以下罚金的；第二，须具有三种情形（行为人从未被判处过监禁以上刑罚的；行为人以前虽然被判处过监禁刑以上的刑罚，但从执行完毕或者获得免除执行之日起算，5 年内未再被判处监禁以上刑罚；行为人以前虽然被判处过监禁刑以上刑罚但执行缓刑，或者被判处 1 年以上的惩役或监禁的，在具有应当特别斟酌的情节时）之一。我国台湾地区《刑法典》第 74 条也规定了罚金刑缓刑的量刑情节包括：没有因故意犯罪被判处有期徒刑以上刑罚；因故意犯罪被判处有期徒刑以上刑罚的，在刑罚执行完毕或赦免后 5 年以内，未故意犯罪被判处有期徒刑以上刑罚。《阿根廷刑法典》第 26 条规定根据犯罪人是否为初犯以及犯罪人的道德特点、犯罪的性质以及犯罪情节等决定是否具有罚金刑缓刑量刑情节。

（五）域外罚金刑量刑情节对我国的启示

美国学者 H. W. 埃尔曼认为："现代各国法律制度中，从来未曾吸取外国经验或借鉴外国模式者极为少见。"[①] 随着世界联系的不断加强、文化的不断融合，借鉴域外相关规定，对弥补我国罚金刑量刑情节在立法上的欠缺和指导刑事司法实践具有重要的意义。世界法制发达国家以及我国台湾地区对于罚金刑量刑情节的态度，对于我国的刑事立法和司法的启示是十分明显的。

第一，契合各国（地区）的实情，在立法上选择适合本国（地区）体制的罚金刑制度，并构建适用这些制度相应的量刑情节。例如，英国具

---

① H. M. 埃尔曼. 比较法律文化 [M]. 贺卫方，高鸿钧，译. 北京：清华大学出版社，2002：18.

备较严谨的量刑指南，也规定了法院必须对犯罪人的经济状况进行调查，而且，在刑事司法实践中，英国的罚金适用率很高，在这种情况下，英国选择周额罚金制的实施具备立法上的支持，也是对刑事司法实践作出的回应。再如，法国刑法就对法人和自然人适用缓刑的量刑情节，做出了不一样的规定：自然人必须具有在其实施犯罪行为的前5年内没有因犯罪被判处监禁以上刑罚的情节；法人必须具有在其实施犯罪行为的前5年内没有因犯罪判处数额超过10万或40万法郎的罚金的情节。其中，对法人规定的适用缓刑的罚金数额也符合法国的经济发展水平。

第二，刑事立法内容明确，可操作性强。刑事立法是刑事司法的前提，对刑事司法起指引作用，明确的刑事立法规定能够增强刑事司法实践的操作性。首先，许多国家（地区）直接在刑法典中明确了司法机关在裁量罚金刑时所应遵循的原则，贯彻了罚金刑量刑情节的实施，即司法机关不仅需要对犯罪人的犯罪行为进行分析，还必须要考量犯罪人的经济状况等量刑情节。其次，这些国家（地区）也在刑法总则中规定了罚金刑制度，并将犯罪人能适用这些制度的情节明确、具体地规定在立法之中，如《德国刑法典》就明确地规定了，法院适用日额罚金制时必须考虑行为人的人身和经济情况来决定日额金数额，原则上，以行为人每日平均应有或可能有的纯收入为准。

第三，刑事司法实践中，设计了切实可行的执行制度。许多国家（地区）为了维护刑罚的权威性以及提高罚金刑的执结率，构建了相关的罚金刑制度。例如，俄罗斯联邦规定了，在被判刑人具备恶意逃避罚金刑处罚的这一量刑情节时，适用罚金刑易科制度；意大利也规定在犯罪人没有支付罚金能力时，适用罚金刑易科制度；阿根廷规定了在犯罪人为初犯、犯罪情节轻微时，可以适用罚金刑缓刑制度。这些制度的构建实施，不仅提高了罚金刑的执结率，而且将刑罚威慑力展现在公众面前，使公众更容易注意到刑罚的实施，体现了刑罚的个别化原则，维护了刑罚的权威性。

综上，笔者认为，我国可以借鉴相关的量刑情节并构建相应的制度来完善我国的罚金刑量刑情节，如通过适用罚金刑缓刑量刑情节来维护特殊犯罪人群的合法权益、采用周额罚金量刑情节以及罚金刑易科量刑情节体现刑罚个别化，实现刑罚公正。

二、我国罚金刑量刑情节之完善

罚金刑量刑情节的完善既要结合我国现实的政治、经济、社会状况，同时，还要综合考虑人们普遍的文化素质、心理状况以及法律传统、法律意识和普遍认同的道德标准，而不能盲目地脱离我国现实去借鉴域外的罚金刑量刑情节相关制度。① 因此，我国在设立相关制度时，决不能照搬域外国家规定，而应该立足于我国实际情况，吸纳符合我国国情的相关规定。

（一）明确"犯罪情节"之内涵，增强可操作性

《刑法》第 52 条规定根据犯罪情节决定罚金数额，然而，司法实践中却难以操作。犯罪情节内涵的不明确，再加上适用无限额罚金制的罪名占绝大多数，一小部分适用倍比罚金制以及数额罚金制的罪名中，法定刑的跨度也偏大，导致法官在司法裁量时，对罚金刑犯罪情节的把握尺度不一，无法准确地判处刑罚，引发罚金裁量不公正现象。为解决罚金刑量刑不公正现象，亟须完善立法与司法，明确犯罪情节之相关内涵。

1. 立法完善

《法国刑法典》第 132-24 条规定了，法院宣告罚金刑时，考虑犯罪人收入与负担，决定罚金之数额。《瑞士联邦刑法典》第 48 条第 2 项规定，法官决定罚金数额时，应主要考虑行为人的经济状况。《俄罗斯联邦刑法典》第 18 条规定，罚金的数额由法院考虑所实施的犯罪的严重程度并考虑被判刑人及其家庭的财产状况，以及考虑被判刑人取得工资和其他收入的可能性予以确定；第 60 条规定，量刑甚至还应考虑所判处的刑罚对改造被判刑人的影响，以及对其家庭生活条件的影响。英国《刑事审判法》规定，在认定罚金中，量刑官需要同时考虑犯罪行为的严重性和犯罪人的经济状况。这些国家均将犯罪人的经济状况和收入以及对其家庭所产生的影响作为法定量刑情节明确于法条之中，给法官以明确的标准，有效

---

① 曾小滨. 对我国罚金刑规定与适用评析 [J]. 邯郸职业技术学院学报, 2003 (7): 27.

地指导法官进行罚金刑的自由裁量。

刑法是刑事司法实践活动的母法，也是刑事司法解释和司法实践最重要的依据。尽管作为一种上位法，不能过于详细地予以规定，但可以在基本原则的设定、基本制度的安排上，作进一步的明确。基于以上原因，笔者建议我国借鉴西方法制发达国家的做法，将犯罪人的经济状况纳入罚金刑的裁量原则之中，对《刑法》第 52 条作适当的修改：判处罚金，应当根据犯罪情节以及犯罪人的经济状况决定罚金数额。

2. 司法完善

司法解释《最高人民法院关于适用财产刑若干问题的规定》中虽然规定：人民法院应当根据犯罪情节，如违法所得数额、造成损失的大小等，并综合考虑犯罪人缴纳罚金的能力，依法判处罚金。但并未完全明确犯罪情节所包括哪些具体的酌定量刑情节，适用标准不明确，对于法院裁量罚金刑的指导作用非常有限。1974 年《日本刑法典》修正案关于刑罚适用标准的第 2 项规定："适用刑罚时，必须考虑到犯罪人的年龄、性格、经历和环境，犯罪的动机、方法、后果和社会影响，犯罪人在犯罪后的态度和其他情节。"该法条将量刑情节列举出来，使酌定量刑情节法定化并在法条中予以明确，但因我国法律具有稳定性，刑法一旦制定就不能随意增删和修改，并且将酌定量刑情节在立法中予以明确列举也不切实际。刑法的抽象性和稳定性的特点就决定了其需要被解释。在刑法做出原则性的规定以后，在司法实践中遇到的大量具体问题，我国往往通过司法解释的形式将其具体化，为此，笔者建议比照日本修正案的具体做法，由最高人民法院在司法解释中对我国罚金刑的量刑情节做一些量化，建议对犯罪人判处罚金刑时应考量以下情节：其一，犯罪人的犯罪相关情节，如犯罪行为、目的、动机、意图、方式、结果；其二，犯罪人的个人情况，如犯罪人的年龄、平常表现、人生经历、经济状况、家庭情况、受教育程度、犯罪后悔罪态度及所采取的补救措施；其三，犯罪人及法院所处地域情况；其四，对犯罪人处以罚金刑是否能够对社会产生积极的效果等。对这些量刑情节的细化以及犯罪情节的具体化，可以填补刑法的漏洞，为法官裁量罚金刑提供相对的、具有可操作性的裁判规则，避免了法官因对犯罪情节把握尺度不一所造成的罚金刑量刑失衡问题。

（二）正确界定罚金刑量刑情节的功能，做到罚当其罪

确定了罚金刑量刑情节所包含的诸多内容后，就需要对这些量刑情节所具有的功能进行分析并予以界定。罚金刑量刑情节的功能是在量刑过程中，罚金刑量刑情节对罚金刑裁量所发挥的作用。关于量刑情节具有哪些功能，存在不同的表述，有学者认为量刑情节具有在法定刑范围内决定和变更宣告刑的功能。① 也有学者认为量刑情节的功能包括从重、从轻处罚的功能，减轻处罚的功能和免除处罚的功能。② 但是，由于我国对罚金刑并未系统地规定量刑情节，对罚金量刑情节的功能无法予以准确的判定，导致司法机关无法考量各种量刑情节对罚金数额所产生的影响，从而影响了最终所科处的罚金数额。因此，为了更好地发挥量刑情节的作用，确定罚金刑量刑情节的功能又显得至关重要。

首先，明确罚金刑量刑情节从轻、减轻及免除处罚功能的相关情节。具体而言，包括预备犯、未遂犯、中止犯、从犯、胁从犯、初犯、偶犯等，且未对社会造成实质性损害结果的；犯罪人自首或有立功表现的；犯罪人主动缴纳罚金保证金的；犯罪人在罚金刑的执行过程中积极配合的；犯罪人的罪行轻微而确实因不可抗力等因素无法缴纳罚金的。

其次，明确罚金刑量刑情节从重功能的相关情节。对社会造成严重危害结果的、累犯、刑法分则中明确要加重处罚的（例如171条第3款规定：伪造货币并出售或者运输伪造的货币的，依照本法第170条的规定定罪从重处罚），罚金裁量时应该从重处罚。

最后，明确多个罚金刑量刑情节竞合的处理。刑事司法实践中，经常遇到一个犯罪人具有多种不同的罚金刑量刑情节，如存在既为累犯又具有自首的量刑情节，再如从重和从轻处罚逆向情节混合存在等。此时，确定情节竞合时处理规则对于罚金刑的裁量具有重要的指导意义。笔者认为，在考虑所有罚金刑量刑情节的同时，首先需要判断哪些情节具有从轻、减

---

① 陈兴良. 刑事司法研究——情节·判例·解释·裁量 [M]. 北京：中国方正出版社，1996：111.

② 皮勇，王刚，刘胜超. 量刑原论 [M]. 武汉：武汉大学出版社，2014：468.

轻、免除的功能,哪些情节具有从重功能;然后判断哪些情节是影响裁量的主要情节,哪些情节是次要情节;最后根据这些情节的功能,具有相同功能的裁量事由以相加原则整合,具有相反功能的裁量事由以相减原则整合,再计算出所有量刑情节对罚金刑数额的影响并予以综合评价,在罚金刑的法定宣告刑内,计算出应该裁量的罚金数额。

(三)确定周额罚金量刑情节,构建周额罚金制

如前所述,罚金刑司法裁量过程中存在一个严峻问题,那就是法官未充分考量犯罪人的经济情况以及地域经济差异,以致可能出现经济状况不同、处于不同经济发展区域,但罪行以及其他量刑情节相同的犯罪人判处相同罚金的情况,进而导致刑罚的实质不平等。周额罚金制的确定则能够较好地解决这个问题,法官在裁量罚金刑时不仅应考量犯罪情节,也应将经济状况、地域差异等量刑情节统筹考虑,这能很好地解决无限额罚金制罪名适用罚金刑的问题,缩小法官的自由裁量权,更加准确地裁量罚金刑。

1. 确定周额罚金量刑情节

域外国家有的采用日额罚金制,有的采用周额罚金制,确实,这两种罚金制对实现罚金刑裁量公正均起到一定的促进作用,但各有利弊。综合考虑,笔者认为,我国更适合采取周额罚金量刑情节。究其原因,我国人口众多,以周为单位调查犯罪人的经济状况以及缴纳罚金更符合我国实情。首先,每个人的经济状况都不一样,对于犯罪人经济情况的调查又包括很多细节方面,如存款、债务、抚养费、生产经营情况等,况且有些犯罪人并不是每一天都有收入,如果以日为单位来调查其经济状况,那么需要予以更多司法资源才能完成这项工作。其次,以日为单位缴纳罚金,将会导致犯罪人占用更多的司法资源,司法机关每天也会花费大量的人力、物力、财力来收缴罚金。因此,司法机关以周为单位调查犯罪人的经济情况以及收缴罚金将能节省更多的司法资源。

周额罚金量刑情节是对罚金刑量刑情节中经济情节的贯彻,在相同的罪责情形下,需要考量的经济情节包括:犯罪人以及司法机关所处的地域情况;犯罪人的财产、收入、支出、债权债务、生产经营等经济状况;犯

罪人对家庭所需承担的经济义务；犯罪人的将来可获得利益，例如继承。司法机关通过考量以上诸多情节，对犯罪人处以适当的罚金单位期限，并规定为每一单位期限缴纳合适的罚金数额，凸显刑罚的公正性及个别化原则。另外，刑罚的威慑力不是体现于刑罚的严酷性上，而是体现于刑罚的持久性上，因此，周额罚金量刑情节能够对犯罪人产生较好的威慑力，达到教育与惩罚的作用。

对于如何确定犯罪人的经济情况，笔者建议建立刑事被告个人财产状况附卷移送制度，对此，我国很多学者也赞成这种做法。侦查机关在立案之日起，对可能判处罚金刑的犯罪人进行财产状况的调查，包括收入、支出、家庭存款、固定资产、债权与债务等，并将调查的结果随案移送。

2. 构建周额罚金制

为了确保周额罚金量刑情节在司法实践中落实到位，必须要设计相应的制度予以保障，而构建周额罚金制无疑是合理的选择。构建周额罚金制的根本问题就是裁量罚金数额时单位期限与每一单位期限所缴纳罚金数额如何计算的问题。裁量罚金刑时应根据犯罪情节、犯罪人的经济状况以及地域差异，并考虑对其家庭生活所产生的影响等量刑情节，按照两步原则确定。

第一步，对于如何确定罚金刑单位期限需要根据我国主刑来判定。在我国，罚金刑主要是与自由刑并科适用，对于自由刑如何量刑，法律已经进行了比较明确的规定。笔者建议在自由刑与罚金周额之间建立一个比例关系，以自由刑2个月作为1个罚金缴纳的单位期限，如判处自由刑6个月的处以3个单位期限，自由刑每增加2个月就增加1个单位期限，以此类推。根据有期徒刑确定罚金单位期限，简化程序，方便法官予以确定并能减少不公正现象的出现。当然，我们有必要对于罚金刑单科及并科时设立一个上下限，英国周额罚金制的周数为2～50，我国可以参照自由刑设置罚金单位期限最低为3周，最高为60周，数罪并罚时，参考最终自由刑所判刑罚确定单位期限。

第二步，根据犯罪情节、地域因素以及经济状况予以确定一个单位所缴纳的罚金数额。笔者建议根据德国日额罚金中如何确定罚金日额数的方式来确定。《德国刑法典》第40条规定了法院考虑行为人的人身和经济情况来决定日额金的数额。原则上以行为人每日平均应有或可能有的纯收入为准。那么，我们在确定周额罚金数时考虑犯罪人经济情况，原则上也按照犯罪人每周平均应有或可能有的纯收入为准。另外，我国贫富差距较大，各个地区经济发展程度不一，2014年东部人均GDP分别是中部、西部的1.81倍和1.85倍，2016年西部地区甘肃省及西藏自治区的人均可支配收入只有东部地区上海的1/4。因此，司法机关在确定罚金周额数时按照一定的比例区别东部、中部及西部地域差异，笔者建议按照东部∶中部∶西部＝3∶2∶1.5的比例来确定罚金数额，并按照我国的实际情况，确定每一单位期限内缴纳罚金为500元至5000元。

（四）确立罚金刑易科量刑情节，构建罚金刑易科制度

罚金刑的执行过程中，因犯罪人经济状况及自身情况的不同，执行结果往往存在天壤之别，我国目前的罚金刑执结率很低，严重损害了刑罚的权威性。因此，为了使罚金刑得到更好的执行，不仅在刑罚裁量时要注重对罚金刑量刑情节的分析，在刑罚执行阶段也应注重对犯罪人经济状况情节的分析，对于没有支付能力的犯罪人，采用替代措施，确立易科量刑情节，设立罚金刑易科制度，确保罚金刑执行到位。

1. 确立罚金刑易科量刑情节

笔者在本书中分析了域外适用罚金刑易科的量刑情节主要有以下几种情况：犯罪人恶意逃避处罚；犯罪人无能力支付罚金；犯罪人的犯罪动机可以宽恕；犯罪人是累犯并不再缴纳罚金；犯罪人无能力缴纳罚金并抗拒罚金的缴纳。以上基本是对犯罪人经济状况、犯罪目的、动机及结果等情节进行分析，判断其是否具备罚金刑易科的量刑情节。

对于未缴纳罚金的犯罪人应分情况进行具体分析，一般来说，分为主观恶意逃避缴纳与客观确定无能力缴纳的情况，对于不同的情况，应该采取不同的处理措施。《刑法》第53条规定：由于遭遇不能抗拒的灾祸等确实有缴纳困难的，经人民法院裁定，可以延期缴纳、酌情减少或者免除。该条款诠释了对于客观上确定无法缴纳的，适用罚金刑的延期缴纳或予以减免。因此，对于主观上恶意逃避或抗拒罚金缴纳情节时，才符合罚金刑易科量刑情节的适用。在犯罪人具有罚金刑易科量刑情节时，适用罚金刑易科制度，以其他的刑罚方法代替罚金刑的执行，很好地体现了对罚金刑量刑情节的贯彻，对于犯罪人因具有不同的量刑情节而适用不同的罚金刑罚措施，也彰显了刑罚个别化原则。

2. 构建罚金刑易科制度

为了使罚金刑易科量刑情节在确保刑罚的权威性和严肃性中发挥应有的作用，在具体的制度设计上要作出详细的安排，必须设计罚金刑易科制度。许多国家对罚金刑易科制度进行了立法规定，我国罚金刑易科制度的设计在进行域外立法借鉴的同时，也应当立足于我国国情，构建符合我国刑罚体系的罚金刑易科制度。

罚金刑易科制度在司法实践中适用的方式主要有五种：其一，罚金刑易科自由刑；其二，罚金刑易科自由劳动；其三，罚金刑易科公益劳动；其四，罚金刑易科劳役；其五，罚金刑易科训诫。笔者认为借鉴罚金刑易科自由刑或者易科公益劳动比较符合我国国情。罚金刑易科自由劳动、劳役或者训诫，不利于罚金刑刑罚功能和效果的发挥，对犯罪人起不到相应的威慑作用，并且我国已于2013年12月通过了《关于废止有关劳动教养法律规定的决定》，而实行罚金刑易科劳役制度也不符合我国国情。因此，笔者建议我国对于犯罪人具有恶意逃避或者抗拒罚金的缴纳情节的，适用罚金刑易科自由刑制度，有利于刑罚目的的实现。

另外，明确罚金刑易科自由刑在司法实践中的裁量方式以及自由刑期限。而这种裁量必须依赖于罚金刑裁量本身的合理性，那么在罚金刑数额裁量时考虑的量刑情节在易科时也显得至关重要。罚金刑易科自由刑必须依托于确定的比值关系，我国可以将这种比值与被执行人的收入挂钩，考量犯罪人的经济情况。对于罚金刑易科自由刑的期限，笔者认为不宜过长，这样不利于犯罪人的教育与改造，参照上文周额罚金制的规定，期限宜为3~60周，这样既能体现出易科自由刑的严厉性，也符合该制度的本质要求。

（五）确定罚金刑缓刑量刑情节，构建罚金刑缓刑制度

我们在讨论罚金刑并罚原则配套制度设立时也提及罚金刑并罚缓刑制

度构建问题,针对我国刑事立法及司法实践中对于特殊人群关注不够的现状,立法机关和司法机关在立法和裁量时,应当充分考虑刑罚个别化问题,借鉴域外相关做法,在刑法立法时规定罚金刑缓刑的量刑情节,在司法实践中构建具体的罚金刑缓刑制度。

1. 确定罚金刑缓刑量刑情节

《刑法》第17条、第17条之第1款、第18条、第19条规定了未成年人、老年人、精神病人、残疾人犯罪,可以或者应当从轻、减轻或者免除处罚,体现了国家对特殊人群的保护,但是这种保护,仅仅限于在主刑上发挥作用,在裁量罚金刑时,法院并未完全地、充分地考虑对特殊人群的特殊保护。林山田教授认为:犯罪人的经济状况比普通人的平均水平低,因此,罚金刑常常难以执行或不能执行。① 未成年人基本无财产可言,老年人、残疾人、精神病人一般来说经济状况不容乐观,这导致罚金刑进入执行难的状态。在这种情况下,有学者主张我国也可像法国、日本等国家一样确立罚金刑缓刑量刑情节,构建罚金刑缓刑制度。他们认为罚金刑缓刑能够缓解罚金刑所带来的刑罚不公正,同时还避免了对不能缴纳罚金的犯罪人判处罚金刑所造成的不能实际执行的尴尬局面。② 笔者认同上述观点,实行罚金刑缓刑情节不仅能解决刑罚不公及执行不能,最主要的是对犯罪人个人的具体情况具体分析,以刑罚个别化原则为指导思想,确定犯罪人的个别刑事责任。

《刑法》第72条、第74条规定了适用缓刑的量刑情节需具备以下两个方面的条件:其一,犯罪人的犯罪情节较轻、具有悔罪的表现、没有再犯罪的意思表示、对犯罪人宣告缓刑对其所居住的社会没有重大不良的影响;犯罪人被判处拘役或三年以下有期徒刑;犯罪人必须不满十八周岁或已满七十五周岁,或是怀孕的妇女。其二,犯罪人不能为累犯或犯罪集团的首要分子。

在此基础上,笔者建议根据《刑法》第72条第1款、74条对罚金刑缓刑的量刑情节做适当的修改。因为未成年人、老年人、精神病人、残疾

---

① 陈兴良. 刑种通论 [M]. 北京:人民法院出版社,1993:438-444.
② 刘凯. 罚金刑若干问题研究 [D]. 长春:吉林大学,2014:59.

人无论从心理上还是从生理上都有别于常人，一般也不具有缴纳罚金的能力。而对于怀孕的妇女实行自由刑缓刑是贯彻人道主义精神原则，但是罚金刑并不会影响其正常的生存权利，因此，罚金刑缓刑量刑情节不应包括犯罪人已经怀孕这个情节。综上所述，适用罚金刑缓刑的量刑情节包括：其一，犯罪人的犯罪情节较轻、具有悔罪的表现、没有再犯罪的意思表示或者犯罪人为未成年人、已满七十五周岁的老年人、精神病人、残疾人；其二，犯罪人不是累犯或犯罪集团的首要分子。

2. 构建罚金刑缓刑制度

为了保证刑罚人权保障功能以及刑罚权威性的实现，对于犯罪情节较轻的犯罪人和特殊人群，可适用罚金刑缓刑量刑情节。而为了使罚金刑缓刑量刑情节在司法实践中落实到位，罚金刑缓刑制度的设计就显得尤为重要。

首先，《刑法》第72条第1款表明了只有被判处拘役和三年以下有期徒刑主刑的犯罪人才能适用缓刑，并没有体现罚金刑可以适用缓刑，阻碍了罚金刑缓刑的适用，在一定程度上影响了罚金刑裁量与执行的公正性。因此，构建罚金刑缓刑制度的前提是对该条款做适当修改，将罚金刑纳入可以适用缓刑的对象之中。

其次，明确罚金刑缓刑制度的考验期及考验内容。拘役的考验期是原判刑期以上一年以下，不少于两个月；有期徒刑的考验期是原判刑期以上五年以下，不少于一年。罚金刑相对于这些刑罚来说严厉程度较低，笔者建议罚金刑的考验期为六个月至一年，不论是单科还是并科罚金，均适用这一期限，在犯罪人被判处单科罚金时，直接计算缓刑的考验期，在犯罪人被判处自由刑并科罚金时，应待自由刑的考验期过后再计算罚金刑的缓刑考验期。例如甲被判处自由刑并科罚金刑时，自由刑判处缓刑时，待自由刑的缓刑执行完毕以后，再开始计算罚金刑的考验期限，实质上增加的缓刑考验期有利于强化对犯罪人的教育作用。《刑法》第75条设置了缓刑考验内容，但这仅针对自由刑，对于罚金刑缓刑可以增设禁止令，禁止犯罪人在缓刑考验期间内处分、转移财产；也可以设置限制令，限制犯罪人进入高档消费场所或者从事某些特定行业（如股票、债券、期货行业）；

还可以要求犯罪人在考验期内进行公益劳动，弥补其不能交纳罚金的缺憾。这样既体现了罚金刑的特点，也有利于犯罪人的改造。

再次，明确罚金刑缓刑情节的撤销及处理。参照《刑法》第77条，在发现新罪、漏罪或者违反法律法规、监督管理规定、禁止令时撤销罚金刑缓刑，执行原判刑罚。罚金刑缓刑考验期内，未发生上述情形，考验期限届满，视为罚金刑刑罚执行完毕。如果是并科罚金刑时撤销了自由刑的缓刑，罚金刑缓刑必须一并撤销，执行罚金刑罚。

确定罚金刑缓刑量刑情节，构建罚金刑缓刑制度，对特殊人群以及犯罪情节较轻、具有悔罪表现、没有再犯的意思表示等具有量刑情节的犯罪人来说，不仅彰显了刑罚的人道主义精神，维护了特殊人群的合法权益，而且能够对犯罪人产生较长久的威慑效果，体现了刑罚的权威性。

第三章
我国罚金刑易科制度的构建

第一节 罚金刑易科制度概述

在前面两章中,我们在讨论罚金刑并罚原则和优化罚金刑量刑情节时,均提出了构建我国罚金刑易科制度。显然,第一章主要是从罚金刑立法的角度对罚金刑作的阐释,第二章是从人民法院判决的视角所进行的分析。那么,到底刑罚在执行的过程中如何确保执行顺利呢?从本章起,我们将从刑罚执行的角度对罚金刑作进一步的设计,罚金刑易科就是措施之一。

一、罚金刑易科制度的概念

(一)罚金刑易科制度的内涵

首先,应明确罚金的概念。如前所述,罚金是指人民法院在案件的判决中,判处犯罪人向国家缴纳一定数额金钱的一种处罚形式。罚金刑是财产刑的主要组成部分,同时罚金刑在我国刑法中是一种最主要的附加刑。

其次,应明确"易科"的概念。"易"在现代汉语中的含义大致有三种:变易、简易、不易;"科"则主要是指审理狱讼、判刑。所谓"易科",是指因宣告之刑不适于执行时,依法律之规定,易以他种之刑罚。[1]

---

[1] 孙力. 罚金刑研究 [M]. 北京:中国人民公安大学出版社,1995:16.

换句话说，就是法院判决确定的刑罚，因为特殊原因无法执行或不宜执行，用其他刑罚加以替代。但如果从易科的定义方面来说，其表达要义实际上是各种刑罚方式间的转变，并不创设新的刑罚种类。我国目前刑罚的种类主要包括管制、拘役、有期徒刑、无期徒刑、死刑、罚金、剥夺政治权利和没收财产等，因此，易科应在这些刑罚种类之间相互转化，不能超出这些范围。

最后，应界定罚金刑易科的概念。根据相关的界定，本书所谈及的罚金刑易科是指以其他刑罚代替所宣告的罚金刑；易言之，就是在罚金刑被宣告以后，因为种种原因不能执行或者不宜执行，而以其他刑罚或其他措施予以替代。当然，关于罚金刑易科制度的概念，学界并没有完全达成一致，表述不一。从我国现有关于罚金刑易科制度的研究文献可以得出，目前对于罚金刑易科制度的界定具有一定权威性的定义主要包括：吴宗宪等认为罚金刑易科主要是指法院所判决的罚金刑无法得到有效的执行之后，按照法律的规定可以采取其他刑罚方法来替代罚金刑的一种刑罚制度。[①] 邵维国对其界定为：犯罪人拒绝或者是缺乏能力执行法院判决的罚金刑的情况下，法院裁决采取自由刑或其他措施来替代罚金刑的一种制度。[②] 马登民等认为罚金刑易科制度主要是指根据法律的规定，采取其他刑罚方法或措施来替代罚金刑的执行的一种制度；并提出罚金刑易科制度的主要目的在于确保罚金刑的执行，同时能够维护刑法必然性原则。[③] 柯庆贤指出，罚金刑易科是指在充分考虑督导犯罪人的情况之后，由于客观上的原因导致无法按照宣告刑执行时，允许犯罪人在符合条件的情况下进行易科处分。[④]

上述学者所下的定义尽管表述不同，但是可以总结得出，罚金刑易科制度的核心要义是在罚金刑在无法得到有效执行和实施的背景下，采取其他的刑罚处罚方式来替代执行的一种制度。基于此，罚金刑易科制度是指

---

① 吴宗宪，陈志海，叶旦声，等. 非监禁刑研究 [M]. 北京：中国人民公安大学出版社，2003：606.
② 邵维国. 罚金刑论 [M]. 长春：吉林人民出版社，2004：301.
③ 马登民，徐安住. 财产刑研究 [M]. 北京：中国检察出版社，2004：410.
④ 柯庆贤. 刑法专题研究 [M]. 台北：三民书局，1998.

在判决的罚金刑无法得到完全执行或无法执行，且经强制执行后仍无法执行时，法院裁定易科自由刑或其他处罚，用以代替罚金刑或尚有部分未执行的罚金刑的一种替代执行制度。

（二）罚金刑易科制度的外延

在对罚金刑易科制度相关内涵加以明确的基础上，应该对其外延予以明晰。

首先，罚金刑易科制度从属于刑罚易科制度。刑罚易科制度主要是指经确定宣告的刑罚，因特殊事由不能执行，用其他刑罚或处罚措施来替代执行。罚金刑易科和易科罚金刑实际上都属于刑罚易科制度，但这二者是完全不同的，不能够混淆使用。前者是罚金刑向其他处罚类型转换，如转化为短期自由刑；后者则是由其他处罚转化为罚金刑，如将短期自由刑转化为罚金刑。基于此，罚金刑易科是以罚金刑为起点，以其他处罚为终点，而不包括以罚金刑为终点的易科制度。

其次，罚金刑易科不仅仅包括了易科刑罚，而且还包括易科非刑罚措施。有的学者指出，罚金刑易科制度只能用其他刑罚措施来加以替代。对此，笔者认为是不妥当的，如果仅仅局限于用其他刑罚措施来替代罚金刑则太过于死板，没有充分考虑罚金刑难以执行的具体原因。世界各国在易科制度中提出了不同的替代方式和替代形式，现作简单介绍。罚金刑易科自由刑是指当罚金刑的被执行人在无法缴纳罚金的情况下，按照一定的标准和方式将罚金刑易科为徒刑（监禁）；罚金刑易科训诫是指罚金无法缴纳的情况下采用训诫的方式来替代罚金执行的方式；罚金刑易科劳役则主要是指在被宣告为罚金刑的犯罪人无法按照要求缴纳罚金时，将其易科为劳动改造，通过强制的劳动来替代罚金的制度；罚金刑易科公益劳动则主要是指在被宣告为罚金刑的犯罪人无法按照要求缴纳罚金时，将其易科为公益劳动，通过公益劳动来替代罚金的制度。结合我国的国情，笔者认为易科训诫以及劳役是不可取的，在我国宜实行易科自由刑、易科公益劳动两种制度。

综上，罚金刑易科制度不仅仅包括易科为其他刑罚方法，而且还包括易科为非刑罚处罚措施,具体来说,可包括短期自由刑和公益劳动两种。

二、罚金刑易科制度的特征

和刑罚的其他制度相比较,罚金刑的相关制度具有特殊性,罚金刑易科制度和罚金刑的其他制度更呈现出特殊性。

(一)罚金刑易科具有相当性

相当性亦称为等质性。此处我们所探讨的相当性即罚金刑易科制度中所置换的刑罚或其他处罚措施与原罚金刑的惩罚力度是相当的,这也是罪刑相适应原则在易科制度中的体现,即刑罚的轻重必须要充分考虑到犯罪人的人身危险性及犯罪行为的社会危害性。易科制度的法律效果在于替代罚金的处罚执行完毕等同于原来判定的罚金刑已经得到执行。罚金刑易科制度在罪刑相适应原则上具体体现在以下几点:一是罚金刑易科的幅度应与被宣告罚金刑的受刑人的主观的恶性程度以及行为的危害性相适应;二是替换后的刑罚或其他惩罚性措施的轻重程度应与原判处的罚金刑相适应;三是在承担的刑事责任方面,也应符合相当性的要求。置换后的刑罚与原判处罚金刑对被执行人的惩罚应当是等质的,不可过轻或过重。过轻的处罚无法达到对犯罪人的惩罚效果,同时也对罚金执行不能的困境帮助不大;处罚过重可能会侵犯罪犯的人身自由,而且会违背平等原则。

(二)罚金刑易科具有被动性

罚金刑易科制度的实施前提条件为已经被判决为罚金刑的犯罪人在规定的期限内无法缴纳罚金。罚金刑作为财产刑,其执行和实施一方面要有国家的强制规定,即提供完善的保障制度;另一方面罚金刑的执行和实施需要犯罪人的主动配合。任何一个环节受阻,都会迫使司法机关采取强制执行手段,进而实施罚金刑易科。在我国罚金执行难的大背景下,罚金刑易科具有被动性体现在两个方面:一方面,从司法机关的角度来分析,是司法机关迫不得已采用的措施。罚金刑的执行需要国家的强制力保障实施,在罚金执行穷尽所有执行方式仍无法执行到位时,司法机关须确保罚金执行,保障司法公信力不受损。因而,启动罚金刑易科制度是在司法机关的判决陷入"一纸空文"的窘境下所选择的变更,是在所有执行方式都无效的情况下的无奈之举。另一方面，从受刑人的角度来分析，受刑人由于客观上无力缴纳而导致罚金执行程序无法进行，而刑罚是无法逃避的义务，据此，受刑人被迫选择将其所判决的罚金刑更换成其他刑罚或者制裁措施予以替换。

（三）罚金刑易科具有终结性

从本质上来说，罚金刑易科是原判罚金刑无法执行后的一种替代措施，目的在于确保原判罚金刑能够得到执行。因此，适用的过程和执行效果不能够脱离原判罚金刑，必须要以原判罚金刑作为基础来进行衡量。罚金刑易科的终结性主要体现在两个方面：一是易科后的刑罚或者处罚措施执行完结，原判罚金刑即视为执行完毕。例如，在我国罚金刑是一种附加刑，对单处罚金刑的犯罪人来说，通常不需要剥夺其人身自由，因此，对这类犯人如果易科自由刑，就不会出现适用缓刑这一类的问题。二是法院在罚金刑执行完毕后，案件就顺利结案，法院应出具结案通知书。罚金刑易科后的刑罚执行完毕，同样意味着案件结案，不再继续执行、恢复执行。

三、中西方语境下罚金刑易科制度的历史沿革

从古代刑罚体系来看，世界各国均是以肉刑或者自由刑为主的。随着启蒙运动影响的不断深入，刑罚思想有了很大的进步，各国开始更加重视自由刑，构建了以自由刑为主的刑罚体系。自由刑特别是短期自由刑被越来越多的人认为是更人道的刑罚，是能够更好地促进罪犯改造的刑罚措施。直至20世纪，刑法观念进一步转变，刑罚轻缓化得到了学界和实务界的广泛认可。由于法人犯罪、过失犯罪等逐渐增加，罚金刑开始获得了人们的重视，其在刑罚中的地位也日益重要，甚至出现了取代自由刑成为刑罚体系中心的趋势。从各国司法实践来看，罚金刑得到了越来越多的适用，无论是英美法系国家，还是大陆法系国家，他们都非常重视罚金刑在惩罚和教育犯罪分子方面的作用，判决中适用罚金刑的比例越来越高。据统计，英国治安法院刑事判决书中，有90%以上都适用了罚金刑。日本司

法实践中同样经常适用罚金刑，从1964年至1968年，日本刑事判决书中，适用罚金刑的判决书占84.6%；到了1977年，这一比例甚至达到了95.7%。德国司法实践中同样大量适用了罚金刑，占整个刑事犯罪的80%左右。加拿大同样非常重视罚金刑的适用，在1973年刑事犯罪判决中，有92.7%适用了罚金刑。除此之外，匈牙利、瑞典等国的罚金刑适用比例也逐年上升。① 时至今日，罚金刑业已成为各国刑事审判中适用的重要刑罚。随着罚金刑的适用越来越多，暴露出的问题也越来越多，比如罚金刑的执行难问题。基于此，世界各国都在寻求解决办法，易科制度正是在这样的大背景下被提出的。

（一）我国罚金刑易科制度的历史发展

罚金刑易科的最初形态可以追溯到古代时期的赎刑，但是现代严格意义上的罚金刑易科制度则出现于近代社会。实际上，早在1910年的《大清新刑律》中就对其作出了一定的规定和描述，即罚金在审判之后确定，要求在一个月内完成缴纳。一个月内逾期不缴纳者则依据以下的规定进行处断：对于有能力缴纳，但是在一个月内未完成缴纳的予以强制执行；对于无缴纳能力者，按照额度进行换算，折算为监禁，以一元一天的标准进行折算，但是要求监禁的日期不得超过3年。对于缴纳部分罚金的，可以将剩余的进行折算，折算为监禁。②

1928年3月1日公布的《中华民国刑法》中首次采用了易科一词，在确定具体的罚金之后，如果在规定的期限内未完成缴纳的，则易科监禁，按照1到3元的标准折算具体的监禁日。对于因为贫困等问题减免罚金的，则按照减免完之后的罚金进行折算，规定监禁的时间不超过1年。在易科监禁期内完成罚金缴纳的，则按照缴纳的比例以及折算标准进行扣除。③

1950年，最高人民法院在《关于判处罚金不能易科劳役问题的复函》中明确指出，法院在处理海关依法科处罚金而被告不缴纳的案件过程中，

---

① 公培华. 中外罚金刑比较研究 [J]. 东岳论丛, 1996 (5): 57-59.
② 马登民, 徐安住. 财产刑研究 [M]. 北京: 中国检察出版社, 2004: 410.
③ 李姝. 构建罚金刑易科制度初探 [D]. 长春: 吉林财经大学, 2013: 12.

应予以强制执行或者给予适当刑事处分。如无法服劳役,且犯罪人不具备支付罚金能力,应在充分考虑不同情形的条件下考虑减免。①

我国 1979 年《刑法》第一次对罚金制度进行了规定,罚金刑开始成为刑罚中的一种,纳入刑罚制度体系。但是,在罚金刑刚开始被规定的时候,并没有引起司法界的重视,适用得并不多。当时我国刑法典中只有 20 多条涉及了罚金刑,占全部分则条款的比例只有 19.1%。此外,从当时的司法实务方面来看,由于受"以刑代罚"等传统观念影响,法院在具体判决过程中,也十分慎重使用罚金刑。

1997 年,我国对刑法进行了修订,在更多的条文中规定了罚金刑。具体来说,分则共有 350 条,其中有 182 条 375 处涉及了罚金刑,在此后的刑法修订案中,又进一步增加了罚金刑条款。总体来看,涉及罚金刑的条文共 235 个,占分则条文的比例达到了 51.5%,罚金刑的适用范围越来越广。②

罚金刑从 20 世纪起开始被广泛适用,多次的修订使得罚金刑的适用范围不断扩大。例如在《刑法修正案(八)》中明确提出针对黑社会性质组织增减了财产刑的处置方式,通过增设罚金和没收财产等方式进一步加大对其的惩罚力度;对于敲诈勒索罪和寻衅滋事罪也规定了类似的处罚制度;对不支付劳动报酬的犯罪以及非法买卖人体器官等相关的犯罪中,除按照刑法规定进行处罚之外还需要处罚金。再如在《刑法修正案(九)》中针对维护公共安全、恐怖主义惩治力度也增加了财产刑;对于贪污受贿犯罪等也增加了财产刑。在《刑法修正案(十一)》中,针对多种情况规定了罚金刑,例如交通肇事罪,生产、销售劣药罪,欺诈发行股票、债券罪,违规披露、不披露重要信息罪,非国家工作人员受贿罪,非法吸收公众存款罪,操纵证券、期货市场罪,集资诈骗罪,侵犯著作权罪,侵犯商业秘密罪,提供虚假证明文件罪,职务侵占罪,伪造、变造、买卖国家机关公文、证件、印章罪,聚众扰乱公共秩序、交通秩序罪,寻衅滋事罪,

---

① 孙力. 罚金刑研究 [M]. 北京:中国人民公安大学出版社,1995:40.
② 周光权. 刑法历次修正案权威解读 [M]. 北京:中国人民大学出版社,2011:435.

非法采集、供应血液、制作、供应血液制品罪，非法行医罪，非法进行节育手术罪，污染环境罪，非法占用农用地罪，非法采伐、毁坏珍贵树木罪，引诱、教唆、欺骗他人吸毒罪，强迫他人吸毒罪等均增加或修改了罚金刑的适用。

罚金刑适用范围不断扩大，但司法实践中罚金刑的执结率始终很低，因此，学者们提出罚金刑易科制度以解决罚金刑执行难的问题，但一直未上升至立法层面。

（二）西方罚金刑易科制度的历史发展

在西方，罚金刑易科制度的理论研究和实践探索都出现较早。从该制度的渊源来讲，债务奴隶制是罚金刑易科制度最初的表现形式。在债务奴隶制中，如果债务人无法履行对债权人的债务，则转变为债务人的奴隶。此后，古罗马出现了债务监禁制，当债务人无法按照规定履行债务，对其人身自由进行一定的限制即监禁，促使其本人或者家庭成员能够及时完成债务的执行。进入资本主义社会以后，这一制度进一步得到了完善和发展，尤其是在对这些制度研究成熟的基础上，研究成果纷纷得以固化，上升到立法层面，形成了较为完备的刑法制度。如 1810 年法国颁布的《法国刑法典》，对于罚金刑作出了详细的规定，包括罚金刑的地位、适用方式以及具体金额等。不仅如此，还进一步规定罚金刑能够易科为其他刑罚措施。1994 年，法国颁布了新刑法典，其中对于罚金刑同样作出了规定，和原刑法基本一致。20 世纪初，德国对刑法进行了修订，规定罚金可以用自由劳动的方式来替代。德国刑法中对于自由刑替代罚金刑做出了规定，并明确了相应的替代标准，且提出了最低的限制。[①] 如果犯罪分子不能够缴纳罚金，则可以易科徒刑。总体来看，以罚金折服劳役不仅仅只有法国、德国适用，其他资本主义国家也开始相继适用。截至目前，罚金刑易科制度在很多国家的刑法典中都有规定。罚金刑易科制度在西方很多国家都得到了适用，对这些国家罚金刑易科制度的研究，对我国建立罚金刑易科制度具有非常好的借鉴意义。

---

① 德国刑法典 [M]. 徐久生，庄敬华，译. 北京：中国方正出版社，2004：20.

第二节　构建罚金刑易科制度的必要性与可行性

一、构建罚金刑易科制度的必要性

从我国当前的刑事司法实践来看，构建罚金刑易科制度是十分必要的。其一，我国目前对于罚金的缴纳方式和处罚方式等均进行了规定，但罚金刑的执行制度尚未形成完整体系。其二，通过对罚金刑执行现状的分析可以看出，尽管罚金刑的适用率越来越高，但是执行到位率却不高，出现了诸如判而不缴、比例失衡等一系列执行问题，导致法律权威性受损，司法公信力受到挑战。因此，罚金刑易科制度在我国的构建势在必行。

（一）罚金刑立法现状预示着罚金刑易科制度构建确有必要

罚金刑作为轻缓刑罚的一种，其优越性已经被许多国家的立法和司法实践所确证，但和其他刑罚一样，罚金刑也存在自身的缺陷，这些缺陷可能导致罚金刑的功能和价值无法得以完全实现。我国目前关于罚金缴纳方式和处罚方式的立法规定就不自觉地暴露出这样的缺陷或弊端。

1. 我国罚金刑缴纳方式的立法规定

我国现行刑法第 53 条中提到了罚金的缴纳方式，具体包括一次性、分期、强制、减免和随时追缴等不同的缴纳方式。从理论的角度来讲，将以上几种不同的缴纳方式结合在一起能够很好地解决罚金刑执行难的问题，但是这些执行方式在司法实践中操作困难、收效甚微。

分期缴纳在司法实践中作用甚微。一方面，虽然我国法律对缴纳的时间进行了一定的限制，但是随着追缴制度的出现，针对时间的限制规定形同虚设；因此从本质上来讲，我国罚金刑并不存在行刑时效制度。另一方面，在法院宣告罚金刑时，一般采纳一次性缴清或不限制期限的方式；也就是说在司法实践中，分期缴纳不仅操作困难，而且无法解决被执行人因自身原因或恶意逃避缴纳义务而无法执行的困境。

强制缴纳的方式是在被执行人恶意逃避缴纳义务的情况下所采取的一种缴纳方式。但是从实际情况来看，我国相关法律中对个人财产状况的申报和保全还存在缺失，很难全面、客观、真实地掌握个人的财产状况。行为人很可能在侦查、起诉或者之前就已经将个人财产进行变卖或者转移，导致最终缺乏可执行的财产。因此，即便法院判定采取强制执行的措施，在实践方面也很难实现全额执行。

我国在1997年刑法修订中增加了随时追缴的方式，但是随时追缴方式自被提出以来，受到了大量的质疑。首先，这种追缴方式与我国最高法院针对罚金刑的时效规定存在一定的冲突；其次，我国《刑法》第53条对其作了简单的规定，但是对于具体的方式以及执行人的规定不足，导致在实践中无法得到有效的执行和实施；最后，从执行方式的角度来讲，采用这种方式对于犯罪人的生活质量可能产生重大的影响，同时也会对其重返社会产生较大的影响，这种消极影响甚至会超过没收财产刑，这与相关立法的初衷存在一定的冲突。

减免罚金起不到惩罚和预防的作用和功能。从我国司法实践的具体情况来看，罚金的数额大小主要取决于犯罪情节的大小而不是犯罪人的支付能力，而采取减免罚金的方式需要充分考虑犯罪人的支付能力。笔者认为，除非针对特殊的犯罪人，可以考虑这种方式，否则会导致刑罚内部体系存在不协调之处。《刑法修正案（九）》针对减免缴纳的方式提出了延期缴纳的执行方式，行刑时效也不存在于延期缴纳中，且伴随着削弱罚金刑功能的问题，延期缴纳甚至在一定程度上会给予那些恶意转移财产而逃避缴纳的犯罪人一定的机会，加大司法工作者的工作量和工作难度。

以上这些追缴方式，在理论上缺乏充实的理论根据支撑。在实务中，不仅操作困难，而且无法应对罚金执结率低的情形。司法人员不得不采取各种变通的措施和方式，弥补当前罚金执行方式在立法上的缺陷，而罚金刑易科制度是目前最佳的选择之一。

2. 我国罚金处罚方式的立法规定

经统计，世界各国较为普遍的分类方式是将罚金处罚方式分为五种，具体包括单科式、并科式、易科式、复合式和附科式罚金制。① 在我国刑法中，针对罚金刑主要规定了三种方式，分别是选科、并科和复合罚金制。选科罚金制，是指刑法分则条款中，针对特定的犯罪行为，规定了单独适用罚金刑，在条款中罚金刑与其他刑种并列，赋予了法官一定的自由裁量权，法官根据实际案情加以处置。并科罚金制是指在刑法分则条款中，针对特定的犯罪行为，规定了罚金刑附加适用，明确罚金刑与其他主刑两种刑罚并罚。并科罚金制又可以分为两类：第一类是必并科类型，是指法院在具体判决过程中，必须同时适用其他主刑和罚金刑；第二类是得并科类型，指法院在裁判过程中，可以根据实际情况来选择是否要并处罚金刑，法官拥有一定的自由裁量权，灵活性较强。通过对刑法及其修正案的梳理分析可以看出，涉及罚金刑的罪名共有235个，包括必并制、选科制、得并制三种。在三者当中，必并制所占比例是最高的，成为我国罚金刑适用的最重要的方式。必并制实际上相当于是一种绝对确定的法定刑，灵活性较低，缺乏弹性。法官在处理案件过程中，对于这些案件必须要适用罚金刑，其裁量空间只能是在罚金的数额方面，因此难以达到个别化和差别化的目的。这种"一刀切"的做法，实际上剥夺了法官根据个案灵活选择刑罚措施的权力，很容易使犯罪人受到过重的罚金刑负担。罚金刑并罚后会进一步导致执行难度的增加，导致执结率低的问题日益突出。

综上所述，罚金刑并罚的判决从本质上来讲无法有效解决罚金刑执行难的问题。在罚金刑必并制的大势之下，为解决当前罚金刑执行难的问题，需从立法层面入手。有学者提出在立法上构建罚金刑缓刑制度，该制度是通过设立考验期达到最终不再执行原判处的罚金刑的法律效果。而罚金刑缓刑制度无法确保罚金刑的真正执行，且这种制度因为不能让被判处罚金刑的犯罪人得到应有的惩罚，对缓解罚金刑执行难的裨益不很大，所以在实践中尽管可以尝试，但是也必须具备相应的条件才能适用，不能随意适用。另外，由于大部分罚金刑都是与自由刑并行的，对被判处自由刑的犯罪人来说，加之并处罚金，其会产生判刑就不需缴纳罚金的心理。为

---

① 孙力. 罚金刑研究［M］. 北京：中国人民公安大学出版社，1995：98.

避免并罚的罚金形成恶性循环，罚金刑易科制度扮演着至关重要的角色，对于恶意逃避罚金缴纳并且情节严重的，可将罚金刑易科为其他刑罚或者惩罚措施。因此，某种程度上，构建罚金刑易科制度在保障罚金刑有效执行上是罚金刑缓刑制度无法替代的，是能够付诸实施的。制定一项法律在于应用于实践，以解决实践中的问题，这才是法律的根本意义所在。

（二）罚金刑执行现状预示着罚金刑易科制度构建确有必要

执行是罚金刑中的核心环节，也是最后的环节。然而，在司法实践中，罚金刑并罚规定的增加以及现有缴纳方式的缺陷，会进一步导致执行难度的增加，使执结率低的问题日益突出，让罚金的判决大多数流于形式、沦为"空判"。[①] 即法院依法作出判决，但是在实际的执行中由于主观或客观缘由无法得到执行。

1. 罚金刑执行难导致法律权威性受损

法院在判处罚金刑时，不仅仅要考虑犯罪的具体情节，而且还要综合考虑犯罪人的经济能力。罚金刑较生命刑以及自由刑有所不同，其能够得到执行主要是取决于犯罪人的经济能力以及其主观意愿。现阶段，罚金刑大多适用于盗窃、抢劫、诈骗等侵犯财产类犯罪当中，这些犯罪的犯罪人多是无业游民，几乎没有什么财产，对他们判处罚金刑，很难得到执行，大多数时候成为一纸空文。分析重庆市的数据，可知现实执行中的反馈效果不够理想。

重庆市人民法院在 2016 年到 2018 年的 3 年间，犯罪人主动缴纳的罚金分别为 147.32 万元、136.25 万元和 97.56 万元，被移送强制执行的案件数量分别为 262 件、214 件和 133 件。

从案件平均执行天数来看，在 2016 年到 2018 年，重庆市人民法院在各类案件的执行中，平均的执行天数为 58.37 天。而对于罚金刑的执行来讲，其平均时间长达 73.96 天。

重庆市人民法院三年间标的金额分别为 2840320 元、2776054 元和 1658675 元；执行到位的标的金额分别为 402757 元、404677.56 元和

---

① 王琼. 罚金刑实证研究 [M]. 北京：法律出版社，2009：261.

652665 元；2016 年到 2018 年标的执行到位率分别为 14.18%、14.58% 和 39.35%。

从以上执行数据中可以看出，犯罪人执行到位率在 2018 年有所增长，但远不及所有标的额的一半，表明被法院判定的罚金刑的执行情况不够理想，执行率较低，大量的罚金刑无法得到有效的执行和实施。从平均执行天数可以看出执行耗时长，效率低。由于罚金刑执行时，犯罪人仍然在监狱或者是犯罪人出狱不久，缺乏经济能力缴纳罚金，进一步加大了罚金刑的执行难度。一方面，罚金刑高适应性和低执行率的尴尬境地，严重削弱了法院所作判决的权威性以及公众对司法机关的信任；另一方面，大量的罚金刑案件无法得到有效的执行和实施，也在很大程度上导致司法资源被浪费，执行人员在执行中面临较大的压力，无法满足公众对执行结果的预期，从而使公众心中对法律的信仰逐渐被削弱，进一步影响到我国法律的权威性。毋庸置疑，此种情况值得深思，亟须寻找破解之道。罚金刑易科制度作为一项行之有效的制度，其构建是十分必要的。

2. 罚金刑执行难可能损害司法程序正义

从现阶段国内罚金刑的案例情况可知，在我国司法实践中，存在严重的"先缴后判"的情况。一方面，在未判决之前，被告试图通过积极主动缴纳罚金获得减轻刑罚的机会。法院为了降低执行的难度，保证罚金的执行到位率，在司法实践中很可能会同意提前缴纳罚金的做法。另一方面，部分司法人员迫于罚金未缴积案的压力，甚至以减轻刑罚为交换条件，在未进行判决之前就督促当事人缴纳罚金。这种行为使被告人或其近亲属都错误地认为，预先缴纳罚金能够获得更为轻缓的刑罚，导致这种现象在司法实践中泛滥，使罚金刑并罚的审判流于形式，让司法公信力受到挑战。"先缴后判"虽然能够减缓罚金刑执行难的问题，但是这种方式与我国司法程序存在矛盾，严重损害司法公正。

第一，不符合无罪推定基本立场。我国《刑事诉讼法》规定，在法院未对案件作出最终的判决之前，对于任何人来说，都不能够认定其有罪。在法院作出判决前，行为人有没有犯罪都处于未知状态。而从先缴后判的实质来看，其正是在法院还没有判决前就先执行刑罚内容，显然不符合无罪推定要求。这样的做法实际上是对定罪在先刑罚在后这一逻辑顺序的颠倒，违背了无罪推定原则要求。

第二，对于法官来说，其在作出判决过程中，肯定会考虑到判决确定的内容是否能够得到有效执行这一问题，但刑事审判庭只是审判机构，并不属于执行机构。因此，对于主审法官来说，其在裁判过程中的基本职责就是要确保事实清楚、证据确实充分、定罪量刑准确。对于主审法官来说，其侧重点应该是判决内容是否公平合理合法，而不是考虑是否能够得到执行。刑事案件的主审法官实际上只是裁判者，其不参与后续的执行。但是"先缴后判"实际上就使得审判法官预先参与了执行，而这种做法实质超越了其本职范围，这种做法显然于法无据。

综上，"先缴后判"一方面不符合我国司法程序的基本原则，另一方面也不符合无罪推定原则。此种司法行为突破司法程序，损害程序公正，让司法公信力受到了挑战。因此，为避免"先缴后判"在实务中泛滥，构建罚金刑易科制度是十分必要的。通过完善罚金刑的执行制度，设置完备的罚金刑替代手段，让犯罪人能够预设到逃避罚金缴纳的惩罚，从而有效解决罚金刑执行难问题。罚金刑执行难困境得到破解，不规范的司法行为自然会减少，才能最终实现依法治国。

3. 罚金刑执行难影响了中国依法治国的基本方略的实施

依法治国是我国的基本方略，特别是党的十八大以来，我国提出了全面依法治国方略。习近平总书记强调："必须坚定不移推进法治领域改革，解决好立法、执法、司法、守法等领域的突出矛盾和问题。"[1] 十九届四中全会提出，要坚持和完善中国特色社会主义法治体系，提高党依法治国、依法执政能力。当下，我国市场经济持续发展，罚金刑在刑罚体系中的重要性也不断攀升，但是在司法实践中，地区差异和经济发展水平的差异导致普遍存在执行难的问题。

为有效解决执行难问题，我国开始实施了"无执行积案专项活动"

---

[1] 习近平在中央全面依法治国工作会议上强调坚定不移走中国特色社会主义法治道路为全面建设社会主义现代化国家提供有力法治保障 [J]. 旗帜，2020 (12)：5-7.

"执行百万案件大清查"等专项活动。从最高院公布的数据来看，2016 和 2017 年法院受理的执行案件中，全国大约有 43% 属于确无财产可供执行的执行积案。2018 年，最高人民法院对"基本解决执行难"目标作了进一步的细化，其中一个重要目标就是要实现 90% 以上无财产可供执行案件终结本次执行程序符合规范要求，近三年全国执行案件整体执结率超过 80%。为了更好地解决执行难问题，最高人民法院还采取了很多措施进一步完善执行规范体系建设。党的十八大以来，我国针对执行方面的问题出台了近 55 项司法解释和规范性文件，特别是 2016 年以来，针对财产保全、执行和解、执行担保等方面出台了三十余个重要文件。通过全国法院的不懈努力，在解决执行难问题方面成效显著。2019 年 3 月 12 日，时任最高人民法院院长周强作了最高人民法院工作报告，报告指出，自 2016 年到 2018 年，全国法院共受理执行案件 1884 万件，执结 1693.8 万件（含终本案件），执行到位资金共计 4.07 万亿元。

虽然近三年的积案有所减少，但这并不是长久之计，要想完全实现依法治国的目标还须从立法、司法以及执法三方面入手，尤其科学立法方面不容忽视，因为执法与司法都需要完善的法律指导。在立法上，完备的刑罚执行制度体系的重要性毋庸置疑，而构建罚金刑易科制度对于罚金执行难是一个较好的选择。当犯罪行为人被法院判处罚金刑后，在客观上可能会出现无法履行缴纳罚金义务的情况，此时，应当根据犯罪行为人的不同情况，依据法律的相关规定，以适宜受刑人实际履行的其他刑罚或非刑罚方法替代罚金刑。在司法上，审判机关要具体审查犯罪人的经济财产状况，在是否适宜判处罚金刑的考量上要全面把握，积极适用罚金刑易科制度，避免后续执行困难的问题出现。在执法上，若在具体操作过程中，不采取这种替代的方式，只是一味僵硬地执行罚金刑，则不仅达不到罚金刑惩罚罪犯的目的，而且还可能削弱刑罚权威性。刑罚能否达到其预期的效果，关键在于其是否能够得到有效的执行，而罚金刑易科制度，有利于确保刑罚能够得到更好的执行，确保其产生更加积极的效果，进而更好地实现刑罚的目的。

二、构建罚金刑易科制度的可行性

(一) 国内法律规定为罚金刑易科制度的构建提供了范式

1. 我国刑法中的相关规定

从现有立法方面来分析，罚金刑和自由刑之间实际上呈现出某种替代关系，这为罚金刑易科制度的构建起到了一定的铺垫作用。

从我国刑法的相关规定中可以得出，选科、并科、复合罚金制是我国罚金刑的主要的适用方式。选科罚金制，是指刑法分则条款中，针对特定的犯罪行为，规定了单独适用罚金刑，在条款中罚金刑与其他刑种处于并列位置，赋予了法官一定的自由裁量权，法官根据实际案情加以处置。法官在裁量刑罚时只能选择其中一种适用，而不能同时并用的制度。例如，依据《刑法》第313条的规定可以看出，当事人如果有能力执行判决，但是主观上拒绝执行的，则法院可以结合具体的情况判处三年以下的有期徒刑、拘役或者罚金。[①] 其中有期徒刑、拘役以及罚金只能择其一，并且三者是并列关系，暗含着罚金与有期徒刑在某些情形下是相当的，具有互相替换关系。而所谓复合罚金制，是指刑法分则条文中，多种罚金处罚方式同时存在，法官根据具体情况选择适用任一种的制度。如现行《刑法》第324条第2款规定："故意损毁国家保护的名胜古迹，情节严重的，处五年以下有期徒刑或者拘役，并处或者单处罚金。"[②] 有期徒刑与单处罚金是二者择其一的关系，处于并列的关系。那么我们有什么理由在罚金刑无法执行到位时，而不尝试将其以自由刑等方式进行替代呢？我国刑法中对罚金适用方式的规定，为罚金刑易科制度的构建提供了理论上的可行性。

刑法中规定刑罚之间刑期的换算与折抵方式，也蕴含着刑种之间互换的可能性。根据《刑法》第41条，管制从判决执行之日起计算，宣判执行前羁押的期限与判处的管制刑期以1∶2的比例进行抵扣。如此可以看

---

① 谭金生. 拒不执行判决、裁定罪"情节严重"之实例考察——以2014年全国法院385份一审判决书为样本 [J]. 西南政法大学学报, 2015, 17 (3): 116–129.
② 中华人民共和国刑法 [J]. 中华人民共和国最高人民检察院公报, 1997 (2): 3–52.

出,管制是可以折抵的。① 管制和羁押都是对人身自由产生一定束缚的措施,但是管制仅仅是对人身自由的一种限制,而羁押则是对人身自由的全面剥夺,二者在性质上是截然不同的,却又紧密关联,只要程度上相近,就可以折抵。笔者认为,这种规定方式为刑罚之间的换算架构了桥梁,为刑罚之间的易科预设了可能。

2. 我国国家赔偿法中的相关规定

依据《国家赔偿法》的相关规定,国家机关因为在执法中的过失和错误导致不正当剥削公民人身自由的,可以金钱的方式弥补公民遭受的损害,这种方式能够在一定程度上反映出自由和金钱之间的相互转化,这实际上也是为罚金刑易科制度的构建起到了一定的参考作用。通过对《国家赔偿法》第 15 条的分析得出,公民因国家机关的错误羁押而遭受损害时,国家采取的是用一定数量的金钱来进行补偿,这可以在一定程度上说明国家承认自由与金钱可以相提并论,这在观念层面为构建罚金刑易科制度提供了依据,找到了平衡点。

3. 我国治安管理处罚法中的相关规定

《治安管理处罚法》中同样也存在金钱和自由互换等内容。该法第 43 条规定:"殴打他人的,或者故意伤害他人身体的,处 5 日以上 10 日以下拘留,并处 200 元以上 500 元以下罚款;情节较轻的,处 5 日以下拘留或者 500 元以下罚款。"除了第 43 条以外,该法第 66 条同样也有相关的规定。如此可见,行政拘留和罚款之间实际上也是存在替代关系的,这为我国刑法中罚金刑易科制度的构建提供了范式。

(二) 国外立法例对罚金刑易科制度的构建具有重要借鉴意义

1. 国外罚金刑易科制度

罚金刑易科制度在西方国家普遍具有明确的规定,而我国大陆地区还未构建这一制度。西方国家司法实践表明,罚金刑易科制度在解决罚金刑执行难的问题方面发挥了重要的作用。国外的刑事立法例以及司法实践中罚金刑易科形式主要包括下面五种:

---

① 刘鹤挺. 刑法学专论 [M]. 西安: 陕西人民出版社, 2019 (3): 444.

（1）罚金刑易科自由刑（有期徒刑或拘役）

该种形式是指在受刑人无法在规定的期限内缴纳罚金的情况下，以自由刑来替代罚金执行。现阶段，希腊、印度、泰国、德国等国家都规定了罚金刑易科为短期自由刑等制度。例如，根据泰国《刑法典》第29条规定："被处罚金的人，在法院判决确定之日起30日内不缴纳罚金的，应当扣押其财产以折抵罚金或者以拘役代替罚金……"① 德国同样也有相关的规定，具体体现在《德国刑法典》第43条当中。

（2）罚金刑易科劳役

罚金刑易科劳役指当犯罪分子在法院判处的罚金无法按时完全缴纳时，法院通过判决易科劳动改造来替代执行的制度。《日本刑法典》第18条规定："所有适用罚金刑的判决，不论其最终有无易科执行，均需要在判决时将无法缴清时在劳役场扣留的期间确定。"② 对于罚金刑易科劳役这一形式，主要是针对没有经济能力支付罚金的犯罪人，对于那些有经济能力支付罚金但主观上逃避缴纳的犯罪分子，则不适用。

（3）罚金刑易科训诫

罚金刑易科训诫指犯罪分子无法缴纳罚金时，法院可决定采取训诫的方法来代替先前所宣告的罚金刑的实际执行的情形。在《苏俄刑法典》中规定了罚金刑可以易科为训诫。除此之外，尽管罚金刑易科为训诫在一些国家或地区有规定，但是训诫在各国司法实践中的比例很小，这种方式存在诸多不宜之处。

（4）罚金刑易科自由劳动

罚金刑易科自由劳动具体是指犯罪分子无法按时足额缴纳法院判决的罚金时，法院决定让犯罪分子从事一定的自由劳动，用劳动报酬折抵原判罚金，犯罪分子在进行劳动过程中，人身自由不会受到限制。罚金刑易科自由劳动得到了瑞士立法机关的支持，在《瑞士联邦刑法典》中就存在相应的规定。从国外的情况来看，部分国家将自由劳动视为罚金刑的有效替代措施。我们认为这种方式具有很大的适用范围，能够避免罚金刑执行的

---

① 陈兴良. 规范刑法学 [M]. 4版. 北京：中国人民大学出版社，2017：718.
② 张明楷. 日本刑法典 [M]. 2版. 北京：法律出版社，2006：11.

落空，并克服了短期自由刑的不足等各种弊端，达到良好的教育与惩罚效果。

(5) 罚金刑易科公益劳动

罚金刑易科公益劳动是指犯罪分子无法按时足额缴纳法院判决的罚金时，法院根据犯罪分子的主客观情况决定让犯罪分子以公益劳动的形式抵偿罚金。此处的公益劳动应与前文的自由劳动有所区分。罚金刑易科公益劳动在《瑞士联邦刑法典》第49条中进行了相应的规定。在瑞士，当犯罪分子无法足额缴纳法院判决确定的罚金时，可以从事特定的社会服务，从而替代判决确定的罚金刑。犯罪分子在从事公益劳动的过程中，人身自由不受剥夺。[①] 无偿提供社会服务，不仅确保了犯罪分子得到相应的惩罚，而且还可以确保罚金刑得到变相执行，有利于对犯罪分子的改造。尤其是针对未成年人，这种易科方式能够更好地发挥其作用，让未成年犯罪人自己承担违法犯罪的后果。

针对上述几种罚金刑易科类型，虽然已经有了相关的立法，但是还存在一些不足。很多国家对易科自由刑制度的适用规定了严格的条件；部分国家还将其他罚金刑执行制度与易科制度形成相互补充的体系；还有国家在具体适用过程中，会充分考虑具体的情况，从而选择适用相应的易科类型。世界各国对于该制度的立法与实践，对罚金刑易科制度在我国的构建都能够起到很好的借鉴作用。

2. 国外罚金刑易科制度的启示

通过分析梳理各国（地区）立法，得出各国（地区）立法的优缺点，加以甄别筛选，笔者可以得出以下几点启示：

第一，罚金刑易科制度是否对单位缴纳罚金有效并不影响该制度的构建。罚金刑易科制度的初衷在于解决无能力或者是不缴纳罚金的难题，而有些学者主张罚金刑易科制度无法对单位排除罚金。笔者认为这并不影响罚金刑易科制度的执行和实施。立足于司法实践来看，单位犯罪大多集中于经济领域，属于营利性犯罪。司法机关在案件侦查的阶段会针对单位的

---

① 徐永生. 瑞士联邦刑法典 [M]. 北京：中国法制出版社，1999：20.

财产和相关的物资进行扣押，而在执行阶段则只需要按照法定的程序履行相关的手续即可，这样更能全面降低执行的难度。而对于自然人来讲，其除了经济犯罪之外还可能涉及包含其他类型的犯罪，对于自然人罚金刑的执行难度要高于单位。因此罚金刑易科制度的引入目的主要在于解决自然人犯罪罚金刑执行难的问题而不是单位。

第二，不应该将未缴纳的罚金刑全部易科为自由刑。从部分国家的司法实践中可以看出，对不缴纳罚金等情况没有进行合理的区分，也就是说全部采用罚金刑易科制度将其转换为自由刑。而以德国为代表的国家则对罚金刑无法执行的情况进行了区分和划分，针对不同的情形采取不同的措施。因此，在罚金刑易科的执行中，对于不缴纳罚金的情况也应根据实际情况进行区分，否则必然会导致罚金刑易科与公平原则相悖。

第三，针对我国的社会情况来看，在罚金刑替代方式的选择方面应该倾向于自由刑和公益劳动。从前文关于国外的立法例来看，罚金刑易科制度的替代方式有一系列不同的方式，包括监禁刑、公益劳动、拘役、自由劳动、训诫和公益劳动等。而对于我国来讲，结合我国社会的实际情况，自由刑和公益劳动是更为合适的替代方式。其一，易科为训诫、劳役、管制、自由劳动等方式存在不合理之处：易科训诫的方式在实践中很少被使用，这种方式与罚金刑相比，在威慑、教育和改造等方面缺乏相应的效力，无法起到该有的作用；日本、韩国等国家均制定了易科劳役，对于我国来讲，具备劳动能力及被判处徒刑的则需要接受劳动改造，从本质上来讲，易服劳役和短期自由刑之间并没有差别，因此这种制度和方式不适合当前我国的实际情况；管制是对犯罪人的一种限制和约束，但是这种限制和约束只是限制犯罪人的自由，缺乏督促缴纳的压力，并且对司法资源的要求较高；易科自由劳动是指受刑人在人身自由的基础上进行的劳动，通过劳动来获取相应的报酬，将所获得的报酬来抵扣罚金，在司法实践中，罚金刑易科为自由劳动存在一系列的限制和制约因素，例如劳动地的认定、单位的意愿、薪酬计算等，因此在司法实践中这种制度很难被执行，存在很大的困难。其二，罚金刑易科为自由刑能够在很大程度上促使犯罪人能够主动缴纳罚金，一方面通过这种方式能够有效地降低司法成本，另一方面则有利于维护法律的权威性。罚金刑易科为公益劳动对于整个社会具有积极的意义，在这种方式中，犯罪人通过公益劳动的方式来抵扣罚金，其创造的价值归国家所有，其所提供的公益劳动虽然没有相应的报酬，但是实际创造的价值与罚金的性质相同。因此采用这种方式一方面能够为社会创造价值，另一方面能够起到对犯罪人改造的作用和功能。

（三）理论研究为罚金刑易科制度的构建奠定了基础

随着中国特色社会主义法律体系的逐步完善，对于域外一些成熟法律制度是否应该予以借鉴，在学界和实务界均有不同声音。就罚金刑易科制度而言，是否应该引他山之石，从来都是仁者见仁，智者见智，主要分为肯定说与否定说两种对立观点。尽管是两种对立的观点，但是对我国构建罚金刑易科制度颇有启示，奠定了理论基础。

1. 罚金刑易科制度理论论争

（1）罚金刑易科制度否定说

张明楷、樊凤林等是否定说的代表性人物。通过对否定说的分析可以看出，他们之所以不支持罚金刑易科制度，理由如下：其一，违背了罚金刑设立的初衷。我国刑法规定罚金刑，主要是为了更好地避免短期自由刑的不足，从而更好地迎合刑罚轻缓化这一大形势。如果对犯罪分子判处罚金后，又将该罚金刑易科为短期自由刑，则违背了罚金刑设立的初衷。其二，影响刑罚功能的发挥。罚金刑易科将可能导致部分犯罪人认为自己是因为没钱而面临牢狱之灾，从而产生抵制和不满，影响刑罚教育功能的发挥。其三，罚金刑易科不符合人人平等原则要求。罚金刑易科导致经济实力好的犯罪人可以免遭自由刑之苦，造成同罪异罚的情况出现。[①] 由于难以支付罚金的大多数是穷人，这样一来，很有可能出现穷人没钱交罚金而进监狱，有钱人却可以不用进监狱的不公现象。其四，导致法律的威严受损。法院判决决定的刑罚如果进行随意变更，将会导致法律的威严受损。同时这种做法实际上也不符合罪刑相适应原则要求，导致实践中出现"以刑代罚"情况的出现。[②] 故，樊凤林认为："对于期满而不缴纳罚金

[①] 魏东，罗志红. 论罚金刑易科制度的正当根据和制度设计 [J]. 贵州民族学院学报（哲学社会科学版），2003（6）：20-23.

[②] 公培华. 刑罚论 [M]. 青岛：青岛海洋大学出版社，1999：130-131.

的，不得以其他刑罚尤其自由刑予以替换。"①

（2）罚金刑易科制度肯定说

以马克昌、陈兴良、李贵方等为代表的学者对于罚金刑易科制度持肯定的态度。持肯定态度的学者认为：其一，这种制度是罚金刑执行难的司法实践现状的必然选择。"世界上那些没有有效执行方法的刑罚，如社会服务令、矫正劳动等，都借助剥夺自由刑来作为最后手段。这不是不顾公平，而是针对有效性的问题。"② 刑罚一经做出，就具有国家强制力，受到国家公权力的保障，刑罚只有得到有效执行，刑罚的威慑力才能够得以保持，否则将会适得其反。其二，罚金刑和其他刑罚均属于刑罚，因此不存在所谓的以刑代罚问题。其三，在具体实践中，罚金刑易科的不平等性并不是完全不存在的，但这种不平等并不是因为刑罚而产生的，因为刑罚不可能消除所有的不平等现象。因此，罚金刑易科作为一种补救罚金刑执行落空的最后手段，是确有存在的必要性和意义的。

2. 对罚金刑易科制度理论论争的评析

对否定说以及肯定说的具体理由进行梳理后，笔者认为否定罚金可以适用易科论者的观点有失妥当，而肯定说是有其理论依据和现实意义的。主要理由如下：

其一，罚金刑易科与罚金刑的本来趣旨并不相悖。刑罚轻缓化是当前的主要趋势，因此这就要求罚金刑易科需要遵循这一发展趋势。罚金刑易科仅仅是犯罪人无法支付罚金的情况下所采取的一种保障制度，这一制度是否执行主要取决于受刑人。受刑人如果恶意逃避缴纳罚金，其行为严重损害国家财产，同时这种恶意逃避的行为必然对社会造成较大的危害，因此在这种情况下采用罚金刑易科实际上是对犯罪人行为的一种否定性评价，本质上来讲还是在执行罚金刑。因此罚金刑易科并不存在重复评价的情况，同时也不会存在数罪并罚的情况。

其二，罚金刑易科能够使刑罚功能得到更好的发挥。笔者认为，只要制定完善的罚金刑易科制度，不仅不会对刑罚的威慑力产生破坏，而且还

---

① 樊凤林. 刑罚通论 [M]. 北京：中国政法大学出版社，1994：542.
② 马克昌. 刑罚通论 [M]. 武汉：武汉大学出版社，1999：570－571.

能够进一步促进刑罚功能的发挥。如罚金刑易科公益劳动。我国很早就开始采取劳动改造方式，该方式甚至成为罪犯改造的三大手段之一。强令犯罪分子从事特定劳动，并将劳动报酬折抵罚金，服刑人员便无法直接拿到劳动报酬，这对于服刑人员来说不仅仅是身体方面的痛苦，同时也是精神上的痛苦，惩罚性不言自明。因此，这种易科同样能够实现刑罚目的。这种方式能够快速地实现对犯罪人的教育和改造，降低犯罪人重新犯罪的可能性，提高其自律意识。罚金刑易科制度能够替代罚金刑使得犯罪人顺利履行法院的判决，进而维护了法律的权威性。相反，如果不采用这一制度，则会导致大量罚金刑无法得到有效的实施，丧失了罚金刑的功能和作用，是得不偿失的。

其三，笔者并不赞同罚金刑易科制度属于"以刑代罚"的观点。一般观念认为，"以刑代罚"是陷入了思维误区。首先应将行政处罚和民事诉讼法中的罚款与罚金区分开来。如果使用刑罚手段代替行政处罚，而不是罚金，那么确有"以刑代罚"的嫌疑。本书所表述的"罚"不是行政处罚，而是一种刑罚，属于刑罚体系中的一种刑罚方法。每一种刑罚方法在我国刑罚体系中都居于同等重要的位置，不存在主刑高于附加刑一说。罚金刑虽处于附加刑的位置，但刑法中规定能够单处罚金，也能起到让犯罪人在金钱和精神上同时感受到痛苦的效用。以刑罚手段替代非刑罚措施不符合罪刑法定原则，但是在刑罚体系框架之内的相互转换，并不违反罪刑法定原则。

其四，罚金刑易科制度并不违反平等原则。所谓平等，是指在对某一事物的评价过程中采取统一的标准和尺度。平等分为绝对平等和相对平等。在讨论罚金刑易科平等问题时，应当从相对平等角度出发。平等并不是绝对的，和区别对待之间实际上也不是完全不兼容的。"法律并不绝对排斥区别对待，而是为其提供标准和限度，实现最大限度的平等。"[①] 罚金刑易科制度，仅仅是在罚金刑无法得到执行情况下所采取的最后一种手段，并且对其适用范围也作了限制，限制在最小范围内，目的是给服刑人员施加一定的压力，促使其主动缴纳罚金。在最小范围内的不平等确能够

[①] 卓泽渊. 法理学［M］. 北京：法律出版社，1998：250.

换来全社会更大范围的平等，使得法律的权威和尊严得到了更好的保障。不仅如此，这种不平等实际是向所有的服刑人员平等开放的，因此构建罚金刑易科制度能够在一定程度上体现出公平性。

（四）社区矫正方式为罚金刑易科的构建创造了可能

社区矫正是将符合条件和要求的犯罪人置于社区，需要司法机关及社会力量形成合力，共同帮助犯罪人改造自我，重归社会。如果将罚金刑易科为公益劳动，在执行方式和执行机构上可以参照社区矫正方式进行管理。一方面，两者在执行方式上是兼容的。管理和劳动都是两者的主要改造方式。社区矫正是依托并且充分利用社区资源对矫正对象进行教育矫正。公益劳动也是通过参与社会服务，通过劳动折抵罚金。另一方面，由于公益劳动的公益性，宜将贴近基层的服务性劳动作为改造方式，如帮助养老院老人、街道绿化、打扫道路卫生等。因此，罚金刑易科公益应将实施权交给劳动所在地的基层司法行政机关，如街道办事处或者村委会、居委会等基层组织；并将罚金刑易科公益劳动的执行一并交由司法行政机关，不用再专门设立机构监督管理公益劳动的执行。这样，不仅节约了司法资源，也为罚金刑易科制度在我国的执行创造了一种可行的方式。

第三节　构建我国罚金刑易科制度

从各国罚金刑易科制度的实践来看，不仅有易科自由刑、公益劳动，而且还有易科劳役、易科训诫等。从我国当前的刑事司法实践角度来分析，笔者认为，易科自由刑以及易科公益劳动比较符合我国当前的实际。前文已论述，此处不再赘述。

一、罚金刑易科制度框架设计

（一）构建罚金刑易科制度应坚持的原则

1. 平等原则

罚金刑易科制度与法律中人人平等的原则相互冲突的论述是学者否定

罚金刑易科制度的主要原因之一。因此平等原则在罚金刑易科制度的构建中必须要得到足够的重视。

诚然，我们并不否认，社会中的贫富差距是客观存在的，将不能执行罚金刑的犯罪人易科自由刑，引起了部分学者的批评，但是我们更应明确如下两点：第一，笔者主张相对的平等，而不是绝对的平等。第二，法律上的平等有其特定内涵。平等是权利上的平等，而不是以结果论的平等。支持合理的区别待遇，但反对特权和歧视。在罚金刑易科制度设计中，要做到实质上和形式上的双重平等对待。为此，在罚金刑易科制度的适用中，应当区分不缴纳罚金的主客观原因，对其适用不同程度甚至是不同种类的刑罚，以实现个案正义。罚金刑易科不应一概而论地全部易科为自由刑，而是根据被执行人的主观恶性和客观危害易科为相应的刑罚方法或制裁性措施。若被执行人主观上不具有逃避罚金义务的恶意，而是客观上确实无力支付罚金，则应将无法执行的罚金刑易科公益劳动。将罚金刑易科为自由刑，从表面上来讲似乎是从轻刑易科为重刑，但是在司法实践中是根据犯罪人的主观意愿或者是客观危害所决定的，且应谨慎适用，因此从本质上来讲仍然是相对较为平等的一种制度。

2. 人权原则

我国《宪法》第33条中规定了对人权的保障。从目前世界各国的立法来讲，任何的文明国家均以保障人权作为宪法的首要原则。保障人权是最根本和最重要的价值目标。在罚金刑易科制度中，要禁止因为无法缴纳罚金而无限制或者是过度剥夺自由的情况出现，在这一制度的执行过程中必须要对"未缴罚金"的情况仔细分析，不能以易科的名义损害当事人的合法权益，不能直接将财产刑转换为自由刑。在该制度的执行中，人权原则应落实在这几方面：其一，公益劳动易科优先于自由刑；其二，对于犯罪人能够自行承担的不能牵涉到犯罪人的家人或者家属；其三，能在短期之内完成的不能加重犯罪人的负担。因此罚金刑易科制度的执行和实施要能够在各方面反映出法律对人权的保障和重视。

3. 谦抑原则

该原则又名必要性原则，是指立法机关只有在该规范实属必不可少，即没有可以代替刑罚的其他适当方法存在的条件下,才能将某种违反法律秩序的行为设置为犯罪行为,且针对判定结果给予处罚。① 谦抑性的表征主要为:第一,无设置刑事立法的必要。例如如果将某种行为或者某种活动设定为犯罪,这种认定对于预防和控制犯罪行为和犯罪活动没有任何的意义,无法达到预期效果和目标,则该项立法则没有必要。第二,可以采用其他的方式来替代。如果刑法之外的其他规范能保护法益,则刑事立法没有必要。第三,刑法设置无效益。其主要是指刑法的设置所取得的社会效益远低于付出的成本。构建罚金刑易科制度需充分考量谦抑原则,不得随意将财产刑转化为人身性的刑罚处置。对于罚金刑易科制度来讲,在执行的过程中必须要充分考虑各种情况,在无法找到合适的替代执行方案之后才可以适用转化为人身性的惩罚。以易科为公益劳动为主,以易科为自由刑作为最后补充,且易科为自由刑需满足非常严格的适用条件,更多是作为一种压力来促使犯罪人缴纳罚金,不可过度适用,这是契合谦抑原则理念的。

(二) 区分不同情况易科不同处罚类别

1. 罚金刑易科为自由刑

罚金刑易科为自由刑,这种替代在刑法理论和一般价值观中存在合理性和正当性的基础,且构建完善的制度能避免可能会产生的不平等现象。② 由于罚金刑易科自由刑的替代方式存在明显的惩罚性,其适用范围仅限于犯罪人存在主观恶意的情形,即客观上有能力缴纳但主观上故意不缴纳罚金的犯罪人。易科为自由刑只是作为一种"压力刑",目的在于给犯罪人施加压力而迫使其主动缴纳罚金。因此,罚金刑易科为自由刑是可行的,但在司法实践中,应秉持谦抑原则,谨慎适用易科为自由刑。

(1) 罚金刑易科为自由刑的前提要件

为避免罚金刑易科为自由刑所带来的各种弊端和负面影响,对其适用范围需要做出明确的规定和限制:第一,在缴纳期满之后,犯罪人仍然未

---

① 陈兴良. 本体刑法学 [M]. 北京:中国人民大学出版社,2017:811.
② 李阳瑒. 论罚金刑易科制度的合理性基础与操作性建构 [D]. 武汉:中南财经政法大学,2018.

按照规定缴纳罚金的客观事实必须存在。《刑法》规定，被判定为罚金刑的犯罪人，必须要根据法律的规定和要求在一定的期限内缴纳罚金，如果期满之后，犯罪人仍然未能按照法律规定缴纳罚金的才可以考虑采用罚金刑易科。第二，犯罪人在期满之后未能缴纳罚金存在明显的主观恶意，即犯罪人明知法律要求其在一定的期限内缴纳罚金，但是犯罪人在这一期限内恶意转移财产而拒不交付罚金。第三，因为自由刑的严厉性，为防止过度侵犯犯罪人的人身自由，所以应在穷尽其他替代方式之后，才可综合考虑各种情形谨慎采取易科为自由刑。以上的条件必须同时满足且缺一不可，这些规定和限制能够有效地防止过度侵犯犯罪人的人身权。

（2）罚金刑易科自由刑的类型

自由刑为类概念，也就是说自由刑的表现形式多样化，既包含拘役、徒刑等对犯罪人完全剥夺自由的自由刑，也包括管制等限制其人身自由的自由刑。管制不能完全剥夺犯罪人的自由，也就是说管制的实施不能对犯罪人带来过大的压力和限制。因此笔者认为若罚金刑易科为自由刑，此自由刑应限于拘役和有期徒刑。我国最高法《关于适用财产刑若干问题的规定》中阐明了单独处罚金的情况，从中可以得出，单处罚金表明犯罪人的犯罪行为所带来的危害性相对较轻。在罚金刑易科制度的执行中，一方面要考虑到犯罪人原本的罪行情况，另一方面需要考虑犯罪人的情况是否为主观恶意拒绝缴纳罚金，因此笔者认为在我国罚金刑易科制度中，将其易科为拘役具有较大的合理性，至多为短期有期徒刑。

2. 罚金刑易科为公益劳动

罚金刑易科为公益劳动也具有较大的合理性。一方面，对于犯罪人来说，通常情况下，公益劳动的强度不会太大，犯罪人受到的痛苦较小，受刑人可得到与罚金相当的处罚，同时能够充分参与到社会服务活动当中去，有利于提升犯罪分子的社会责任感，因此，该方式对于客观上无经济来源的犯罪人较为合适。另一方面，对社会而言，公益劳动能创造劳动价值，但于劳动者而言，在开展公益劳动之后，其无法直接获得报酬，其创造的价值直接归为国家。犯罪人进行公益劳动能够创造出一定的社会价值，劳动报酬实际上也具有金钱属性，且在劳动过程中，不会剥夺犯罪人的人身自由，和罚金性质相同。因此，两者可以互相转换。基于此，对确因客观原因而无法缴纳罚金的犯罪人来说，将罚金刑易科为公益劳动是可取的。对于这类犯罪人，将罚金刑易科为公益劳动的，需具备以下几方面的制度支持：

第一，罚金刑易科公益劳动的条件。其一，以犯罪分子未按照判决的规定缴纳罚金为前提条件；其二，未按规定缴纳罚金是犯罪人客观上确实贫穷所导致的；其三，犯罪分子应当具备相应的劳动基本能力。

第二，罚金刑易科为公益劳动的组织实施。调查显示，目前公益劳动的主要问题和不足表现为以下几个方面：劳动基地的数量过少，劳动项目过于单一；时间安排上过于固定，缺乏一定的灵活性；劳动时间的安排上缺乏统一的标准和规定。我国澳门地区针对以劳动替代罚金刑规定得较为详细，从各个方面作了具体的规定。在借鉴先进做法的基础上，结合我国社会的实际情况，笔者提出以下的建议：关于主体。政府部门要积极联合各类型的社会组织，结合犯罪人的实际情况为犯罪人参与公益劳动提供丰富的平台，例如可以组织开展公共卫生打扫、支教、维护交通秩序以及敬老院服务等。关于执行变更。若犯罪人由于个人身体原因及其他的重大变故导致其无法及时参与公益劳动的，需要向法院提出申请，在法院申请通过之后暂停执行，并且根据具体的情况给予延期；如果在劳动期间补交剩余罚金，则终止公益劳动的执行；如犯罪人在公益劳动执行期间拒绝按照要求执行的，则可以转为自由刑或者其他的方式。

二、完善相关配套衔接措施

罚金刑易科制度作为一种替代制度，是刑罚执行中的一种有效的选择，涉及两种措施之间的转换，事关国家法律的严肃性和受刑人的切身利益，必须审慎。因此，要保障该制度得到有效运行，有必要建立更为完善的配套制度，使得罚金刑易科工作有效衔接。

（一）科学设立前置程序

罚金刑易科制度的前置程序主要是指罚金刑易科的启动条件和前期调查。

1. 准确把握启动适用条件

在罚金刑执行的过程中，如果符合下列条件，笔者认为可以启动罚金刑易科。

一是罚金刑对应的主刑在3年以下的拘役或者有期徒刑的情况。这也就是犯罪人所犯主刑的情节相对较轻，所造成的危害性在一定的范围之内，在这种情况下即使对犯罪人关押也不会对社会或者他人造成危害。对未成年人犯罪或者是过失犯罪可以优先考虑实施罚金刑易科公益劳动制度。

二是法院在一定的时间范围内，通过其他的方式无法有效地促使犯罪人缴纳罚金的情形。如果法院使用分期缴纳、随时缴纳或者减免等方式无法使得犯罪人缴纳罚金之后才可以启动罚金刑易科。

三是区分主观差异进行易科。在罚金刑易科中，对于主观恶意的犯罪人，应可以考虑实施罚金刑易科自由刑，其力度与犯罪人的主观恶性相匹配；因客观原因导致罚金无法缴纳时，易科为公益劳动较为合理。但在实践中应可以优先考虑易科为公益劳动，将易科为自由刑作为最后补充。

2. 做好前期调查工作

建立一系列的前期调查配套制度是十分必要的，能够有效防止犯罪人恶意转移财产，阻碍罚金的执行。

第一，侦查机关坚持对犯罪嫌疑人财产的调查、保全和附卷移送制度。要确保易科制度真正发挥作用，一个非常关键的因素就是要核实清楚犯罪人是否有缴纳罚金的能力，而要弄清楚这一问题，就必须赋予侦查机关对犯罪嫌疑人的财产进行调查的权力。同时，为了防止犯罪嫌疑人转移财产，还应赋予侦查机关实施查封、扣押或冻结等权力，如此一来，在法院判决生效前，犯罪嫌疑人也很难转移其财产，法院有理由对罚金刑进行准确把握，也能为易科为其他刑罚时提供基础，法院也能够有相关的依据来进行判定。

第二，设立罚金刑易科的诉辩程序。在决定适用罚金刑易科后，为了准确适用易科的处罚种类，必须要掌握清楚犯罪人的真实财产状况，为准确判断其是否有缴纳罚金的能力提供依据。在犯罪人主张自己无力支付罚金时，应当及时启动该程序。法庭主持双方来进行举证、质证，法庭采用优势证据规则标准作出最终的判断。如果在追诉前，法院已经有足够的证据证明受刑人拥有缴纳罚金的能力，但是受刑人拒绝解释资产去向，经查实存在故意转移的行为，在这种情况下则可将罚金刑易科为自由刑；反之，当受刑人有充分的证据证实其财产去向合理，其客观上确实无力缴纳罚金时，罚金刑可以易科为公益劳动。

（二）确定合理的换算方法

1. 罚金刑易科为自由刑的换算方法

基于我国罚金刑采取必并科制是主流，在对犯罪人判处有期徒刑的同时，还对其判处罚金刑，如果不能确定二者间的比例关系，则法官拥有的自由裁量权就会非常大，很可能导致罪刑不相适应情况的存在。自由刑的期限的长短应以犯罪行为的轻重为依据，对罚金刑与自由刑之间的比值关系进行充分的考量。例如，目前对于3年以下有期徒刑通常认为是轻刑，若法官判处犯罪人丙有期徒刑3年，并判处其罚金刑10个月工资数额；而判处丁有期徒刑1年4个月，并判处其罚金刑16个月工资数额。在这种情况下，当两个犯罪分子都无法缴纳罚款的情况下，易科自由刑的总额刑期则都是3年，但它们本身反映出的罪刑轻重程度并不一样。如果能够明确罚金刑与自由刑的比值关系，则能够有效地避免这样的问题，不仅如此，采用总额刑罚对犯罪性质和危害性进行判断更为合理和准确。

在罚金刑数额方面，我国的立法还存在很多的不足。首先，从我国刑法的规定来看，存在大量无限额的罚金罪名；其次，刑法中的倍比罚金制也没有对罚金做出限制的规定；再者，限额罚金制存在一定缺陷，如无法将自由和金钱进行换算，导致该制度在国内的适用存在很多障碍。笔者认为，要确保罚金刑易科制度的有效运行，必须要进一步完善罚金刑与自由刑的转换标准，弥补我国在刑事立法方面的缺失。

笔者认为，罚金换算应以"月"为单位，即以月工资收入或其他合法收入为基准。具体是指在刑法分则中，对犯罪分子判处罚金的数额不作出具体的规定，而是表述为最低劳动报酬的倍数，或者是判决缴纳几个月的工资等。法院在判决过程中，如果要适用罚金刑，则要综合考虑犯罪性质、危害后果等各方面的因素，进而明确需要缴纳几个月数额的最低劳动报酬等；在此基础上，参照最低劳动报酬或月收入数额，得到最终应判处罚金刑的数额。采用最低劳动报酬数额值、月收入数额值以及其他收入数额值分别针对的是没有固定劳动报酬、有固定劳动收入以及有一定收入但收入难以计算的犯罪人，对于其他收入，可以参照我国地方统计部门公布的行业收入标准。罚金刑易科自由刑的最终期限与罚金的月份数对应即可。

另外，在适用上述制度过程中，科学的最高数额限制的配套制度也须跟进。根据我国香港地区的刑事法律第212条第2款之规定："因有法律规定应缴纳的款项未完全缴付，则应服监禁刑期，但以12个月为最高期限。"① 笔者认为，我国台湾地区限定最高服刑期的做法可资借鉴，允许法官根据案件的实际情况来在幅度范围内自由裁量。在罚金刑易科为自由刑的情况下，自由刑的期限不应当过长，以避免轻微的犯罪行为被易科为过长的自由刑，这显然是不符合罪责刑相适应原则要求的。从刑法界对于轻罪、重罪的一般划分标准来看，判处3年以下有期徒刑基本就属于轻罪，基于此，在规定罚金刑易科自由刑方面，其最高期限应当也限定在3年，从而确保易科制度的公平性。

2. 罚金刑易科为公益劳动的换算方法

罚金刑易科为公益劳动，就需要对劳动的具体范围、时间、待遇等方面做出合理、详细的规定。在劳动期限的规定方面需要根据罚金金额来确定，同时在劳动时间的确定方面应该限制最长劳动时间。在具体换算方面，需要以当地的人均收入水平和收入标准作为依据进行换算。我国澳门地区明确规定劳动时间介于36小时至380小时之间，同时也规定在节假日不得履行，但是在节假日应该按照正常的工作日来计算时数，部分特殊情况可以申请停止日计劳动履行时间，但是从原则上来讲不得超过18个

---

① 鲍永红. 易科制度比较与借鉴——大陆与港澳台刑罚比较研究 [J]. 山西省政法管理干部学院学报，2010（1）：57-59.

月。① 因此我国在制定的设计和规定方面，可以借鉴以上的做法，结合我国的实际情况对易科公益劳动的时间做出较为明确的规定，将其确定为 6 个月到 12 个月。如果自由劳动的犯罪人按照规定足额缴纳了罚金，则执行结束。公益劳动能够有效地减轻犯罪人所承担的压力，犯罪人可以结合个人的实际情况来安排个人的时间参与公益劳动，完成规定时数的公益劳动之后则宣告执行结束。

在工作待遇的计算和确定方面，可以按照当前我国劳动法的规定执行。在执行中需要确保犯罪人享有的休息权利，以劳动法为依据采取与其他人同工同酬的制度。

（三）强化易科处罚的执行

1. 执行启动

（1）依犯罪人的申请启动

在自然人执行罚金刑易科制度方面，部分地区允许犯罪分子本人提出申请。从我国澳门地区《澳门特别行政区刑法》第 46 条的规定可看出，罚金刑易科为劳动，依被判刑者的申请，法院批准其得命令其在一定场所劳动，以代替判处的罚金等。② 由此，在启动罚金刑易科制度时，依犯罪人申请的方式是可取的，这种模式要求在判处犯罪人罚金刑以后首先要保证罚金能够得到执行，只有当罚金执行困难且已采取强制执行的手段但罚金执行仍不能时，犯罪人才能申请罚金刑易科制度。因为如果在最初判决时就同时决定是否易科，则有可能成为部分被判处大额罚金刑的犯罪人逃避罚金的方法。

（2）依法院的职权启动

罚金刑易科的执行程序可以参照我国《暂予监外执行规定》中的规定来执行。宣判法院需要针对犯罪人是否具备易科的条件进行审核，如果审核通过犯罪人符合易科的条件，则将相关的信息报送上级人民法院，上级人民法院最终做出是否进行易科的决定。如果不批准，则要求上级人民法

---

① 何佳欢. 劳动者休息权的实现困境与保障制度研究——以"996"工作制为视角［D］. 开封：河南大学，2020.
② 赵秉志，肖中华. 澳门新刑法典述评［J］. 法制现代化研究，1996：406 – 467.

院在 5 个工作日内将最终的意见反馈给下级法院，继续按照原判执行。如果批准易科，则上级人民法院应该在 5 个工作日内制作执行易科决定书，并写明具体情况。

(3) 依据检察机关的监督职能启动

无论是《刑事诉讼法》还是《人民检察院刑事诉讼规则》等，均规定了检察机关有权对罚金刑的执行进行监督。基于此，笔者认为，如果我国设立了罚金刑易科制度，则检察机关可以依据监督职能启动易科处罚。首先，由刑事执行检察机构负责罚金刑易科处罚的申请。法院在作出罚金刑判决之后，应当将判决书抄送一份给刑事执行检察机构，该部门要及时登记罚金刑的缴纳方式、期限等内容，并且要随时保持和法院执行部门的沟通对接，掌握罚金刑是否执行以及执行的具体进展。不仅如此，刑事执行检察机构还要加强和银行、被执行人单位等之间的沟通对接，全面及时地了解被执行人的财产状况。其次，刑事执行检察机构如果发现罚金不能执行或者出现其他特殊情况时，应当及时登记报告，并制作罚金刑易科处罚检察建议，报检察院批准同意之后，通知当地人民法院。最后，为了保证罚金刑易科处罚检察建议发挥作用，收到该检察建议之后，相关的单位应当要及时进行处理，并且将处理的情况书面反馈检察机关。

2. 执行机关

(1) 罚金刑易科自由刑的执行机关

罚金刑易科自由刑又可以进一步分为两种情况：一是对单处罚金刑的犯罪人易科为 3 年以下的短期自由刑；二是对并处罚金的犯罪人，因其无法缴纳罚金，将其中的罚金刑易科为自由刑。所以，针对上述两种情况的执行主体也应有所区分。

第一，对单处罚金刑易科为短期自由刑的犯罪人，因其社会危害性和人身危险性比本身被判处自由刑的犯罪相对更小，不宜将其与其他被判处其他长期自由刑的罪犯一同关押，以免造成"交叉感染"，违背罚金刑易科以教育为主的设立初衷。所以，应将单处罚金刑易科为自由刑的犯罪人交付给公安机关执行，由公安机关根据实际情况，将犯罪人关押在拘役所、看守所等专门执行场所，而不能够像其他被判处自由刑的犯罪人一样，关押在监狱执行。不仅如此，还需要进一步考虑此类犯罪人的实际情况，设定比普通自由刑更为宽松的教育内容和改造方式，尽可能以劳动改造为主。

第二，对于并处罚金刑易科为自由刑的犯罪人，由于其犯罪行为主观恶性较大，社会危害性较高，犯罪人被同时判处主刑和附加刑，此时将罚金刑易科为自由刑后，若仍然按照第一种方式由公安机关在就近的拘役所、看守所执行，则与其主刑应受到的惩罚性不符合。如果待其主刑执行完毕以后，再按照第一种方式执行易科后的刑罚，则会出现反复的押送程序和服刑场所的交换，容易导致司法资源的浪费。因此，笔者认为并处罚金刑易科为自由刑的犯罪人，其易科后的自由刑应与其主刑共同交与监狱执行较为适宜。

（2）罚金刑易科公益劳动执行机关

前文已经论述了罚金刑易科公益劳动与社区矫正在性质上具有兼容性，笔者认为，易科公益劳动的执行主体可以参照社区矫正。

第一，将司法行政机关作为执行主体。司法行政机关在社区矫正执行方面经过多年的摸索和实践，有了丰富的经验，对于易科为公益劳动的执行可予以借鉴，同时也有助于刑事执行体系一体化的实现。所以，将公益劳动执行主体规定为司法行政机关是切实可行的。从目前来看，我国已经建立较为完善的司法行政机构体系，公益劳动的执行可以在现有机构体系下完成，而不需要增加更多的人力物力，有利于节约司法资源。

第二，公安机关配合公益劳动工作。对于司法行政机关来说，他们在负责公益劳动执行工作方面没有强制权，一旦公益劳动对象存在违反规定的行为，无法对其给予实际处罚，此时可以由公安机关配合给予相应的处理。

第三，社会力量积极参与。在公益劳动执行方面，不仅要由专门的机构来负责，而且还应当充分发挥社会力量的作用。例如，可以发挥居民委员会、企业和群团组织等的作用，让他们协助司法机关来加强对公益劳动对象的管理。这样一来，能够在很大程度上减轻司法机关的负担，并且也能够针对不同的劳动方式采取相应的管理方式。

罚金刑易科公益劳动的执行体系应当要以司法行政机关为主，其他单位或组织予以配合为辅。在具体执行过程中，如果只是单纯交由司法行政机关来负责，则会存在诸多问题，需要更多主体的参与，当然，这些参与主体不能够擅自开展活动，必须要受司法行政机关的统一引导和协调。总体来说，考虑到我国现有执法体系的实际情况，结合公益劳动的社会性和专业化要求，由司法行政机关作为执行主体更具可行性。

3. 执行场所

（1）自由刑

针对罚金刑易科自由刑执行场所问题，需要根据不同的情况来加以区分，并采取针对性的关押手段。其一，针对单科罚金刑对象，他们所犯的罪行基本上都是比较轻微的，因此社会危害性通常不大，因此，如果将这类对象和其他判处自由刑的犯罪人关押在一起，会导致他们的自尊心等受到损害，同时也会导致"交叉感染"，不利于对他们进行改造。基于此，对单科罚金刑的犯罪人，应当设立专门的关押场所，将他们和其他犯罪人隔离开来，并且要根据他们的情况设定相应的教育科目和改造内容，要以劳动改造为主，让他们通过劳动来创造价值，弥补罚金。其二，对被判处自由刑附加罚金刑的，或者属于累犯、惯犯的，原判自由刑执行完毕之后，罚金刑易科的自由刑在执行过程中，则可以和其他被判处自由刑的犯罪分子关押在一起，因为这些犯罪分子的社会危害性相当，不应当和其他单处罚金被易科的犯罪分子共同关押，避免"交叉感染"。

（2）公益劳动

易科公益劳动制度的制定和实施需要结合不同地区的实际情况而定。笔者认为，公益劳动的工作范围和场所主要包括：其一，公益劳动的执行地必须是执行主刑场所的所在地，这样有利于对犯罪人的监督和管理；其二，如果犯罪人原本在本地区有固定的工作单位，同时犯罪人可以继续保留工作，则在公益活动的执行方面可以在原单位进行，从每个月的工作报酬中缴纳相应的罚金；其三，如果犯罪人在本地区没有固定的工作单位及工作场所，但是犯罪人具备就业的能力和就业的机会，这种情况下可以由犯罪人在本地区新的就业单位完成劳动，法院则在每月留存一定的生活费用之后，扣除其工作报酬缴纳罚金；其四，如果犯罪人无法在一定的期限内实现就业或者找到工作，则需要由法院根据实际情况指定开展公益劳动。

4. 执行监督

易科制度的执行必须要有相应的监督程序，才能够确保其得到准确的适用，确保其公正性。检察机关是国家监督机关，可以行使检察权，监督易科制度的执行情况。法院审理后认为符合易科条件的，应当将提请易科执行书面意见副本送达人民检察院，让检察机关及时掌握情况。上级法院如果审批决定采取易科方式，检察院认为不妥的，有权提出异议。法院最终是否作出易科决定，都应将情况告知检察机关。

在司法实践中，检察机关往往没有足够的资源对公益劳动的主体行为进行有效的监督，因此，笔者建议可以将公益劳动的日常监督权授予基层组织来承担。公益劳动的主要特征之一就是基层性，在监督中最大限度地发挥和利用基层的力量，可弥补司法资源的匮乏。对易科公益劳动犯罪人的劳动改造情况坚持就近原则，既节省了司法资源，又高效完成了监督工作。另外，在具体操作中，还不能忽视社会监督、群众监督和新闻舆论监督。

（四）完善法律救济

1. 易科后又自愿缴纳剩余罚金的处理

对于犯罪人来说，如果他们在法定期限内能够将相应的罚金缴纳齐全，就不需要采取易科方式。如果犯罪人无法缴纳罚金，则法院可以根据相关情节将其易科为公益劳动或自由刑。在完成易科之后，如果犯罪人要缴纳罚金，该如何处理，目前还没有一个完全统一的观点，主要观点有三个。

第一种观点认为：犯罪分子的罚金刑只要被易科为自由刑，则无论其易科后是否主动缴纳罚金，都应当将自由刑执行完毕，缴纳罚金不能够冲抵原判刑罚。他们的主要理由是，法院的决定是具有国家强制力的，已经易科后，就不能够再随意改变，如果允许随意改变，则会导致法律的威慑力以及法院裁决的威慑力降低。①

---

① 马永强. 罚金易科自由刑制度的思与辨——兼论罚金执行问题的中国语境 [J]. 中山大学法律评论, 2016 (3): 191-211.

第二种观点认为：在易科之后，如果犯罪人能够主动地缴纳罚金，可以将已经完成的自由刑进行换算，将其换算成为一定金额的罚金，对于换算的罚金不需再缴纳，其需要缴纳的罚金数额按原判决认定的罚金总额减去自由刑换算的罚金额。①

第三种观点认为：犯罪人在被易科为自由刑之后，在服刑期间，如果其想补缴罚金，也不能够将已执行的自由刑折合成相应的罚金额予以减去，犯罪人还是需要全额缴纳原判罚金刑数。② 他们的主要理由是，罚金刑易科自由刑在适用时法律已经给出了相应的宽限期。犯罪人在宽限期内没有履行义务，则应当承担不利后果，否则对于主观恶意不缴纳罚金的犯罪人来讲，在执行一定期限的自由刑之后，又主动缴纳罚金，如果针对这种情况仍然对已经完成的自由刑进行换算的话，则无法有效对犯罪起到惩罚和教育的功能，不利于促使犯罪人积极采取措施缴纳罚金，导致执行易科自由刑的司法资源被浪费。

三种观点实际上都有其合理之处，笔者认为，第二种观点最为可取。从罚金刑易科制度设置的初衷来看，其是为了让罚金刑得到更好的执行，通过其他措施来替代罚金刑，确保法院的判决威信得以维护。易科制度的设立并不是为了将罚金刑变更为自由刑，而是促使犯罪分子更好地履行缴纳罚金的义务。基于此，在具体执行该制度过程中，应该秉着有利于犯罪人的原则，这样才能够确保公平公正，不至于加重犯罪人的负担。

2. 罚金刑易科错误的处理

罚金刑易科制度中被易科主体的法律救济是指当被易科者的人身权、财产权因国家机关的不正当职务行为而受到侵害，依照法律规定向有权受理的国家机关告诉并要求解决，予以补救的活动。罚金刑易科制度下被易科者有权向相关赔偿义务机关请求国家赔偿。作出易科裁定的机关是法院，如果法院在未履行对受刑人主观的审查义务以及客观是否具有不能履行罚金的情形，而裁定将罚金刑易科为自由刑，从而导致受刑人的人身权受到侵害，受刑人有权向法院提出赔偿请求。

---

① 刘建烨，李濯清. 浅析罚金刑易科 [J]. 公民与法（法学版），2012（4）：24–25, 40.
② 林金鹏. 论罚金刑易科在我国之适用 [J]. 山东警察学院学报，2014（5）：62–68.

第一，在赔偿程序方面。赔偿义务机关要在法律规定的期限内，针对请求人的请求作出赔偿决定，若赔偿义务机关未能及时作出赔偿决定，或请求人对赔偿义务机关所作的赔偿决定存在异议，则可以向上一级机关申请复议。在经过复议之后，如果还是不服，则可以向法院提出赔偿请求。这样的程序设定，就能够更好地保障请求人的合法权益，确保其能够获得足够的救济。

第二，被易科者无需承担举证责任。根据国家赔偿法的相关规定，举证责任是由赔偿请求人或义务机关承担的，被易科者不需承担该责任。在具体的赔偿案件处理过程中，很可能出现双方意见不一致的情况，甚至各执一词，在这种情况下，如果不对责任加以明确，法院在认定过程中就会存在很大的困难。特别是规定了受害人在被关押期间死亡或受伤的，赔偿义务机关应当承担举证责任。

第三，被易科者可以请求精神损害赔偿。从民事赔偿情况来看，我国实际上早就存在精神损害赔偿制度，并且得到了较广泛的适用。在原《侵权责任法》中，同样也对精神损害赔偿作出了详细规定。国家赔偿中，受害人实际上也会受到不同程度的精神损害。2020年《中华人民共和国民法典》颁布实施，其规定，对于侵犯人身自由而造成当事人精神损害的，赔偿义务机关同样应当承担相应的责任，要采取措施消除影响，给当事人恢复名誉，若对当事人造成了严重后果，则应支付相应的精神损害抚慰金。

第四章
我国罚金刑缓刑制度的构建

第一节 罚金刑缓刑制度的概述

围绕罚金刑执行难的问题,我国理论和实务界提出了多种破解措施,包括上文已经论及的构建罚金刑易科制度,还有下文将要分析的特殊人群的减免制度。本章要介绍的是罚金刑缓刑制度,目前该制度在理论上众说纷纭,莫衷一是。

一、罚金刑缓刑制度的概念解读

概念是用以反映事物本质的一种思维方式,其隶属于理性认识的重要阶段,一般被认为是思维的起点。因此,对罚金刑缓刑制度概念的认识,是罚金刑缓刑制度问题研究的基础。

(一)罚金刑的概念

罚金刑,自诞生以来就受到国际社会的高度关注,成为当下一项世界性的刑罚方法。随着时间的推移,罚金刑已经形成了自身的独立价值与品质,并具有鲜明的时代特征。那么,究竟该如何界定罚金刑?我国现行刑法没有规定罚金刑的概念。纵观当今世界的绝大多数国家,以法律条文的形式明确界定罚金刑概念的也是寥寥无几,但也不排除某些国家在刑法典中对罚金刑的概念做出了解释,如巴西、蒙古国等。但大部分情况下,罚金刑的概念皆为中外专家、学者所下，虽见仁见智，但多为大同小异。

就我国而言，关于罚金刑的概念，学界尽管有着各种不同的表述，但知名刑法学家何秉松教授对罚金刑的表述，无疑揭示了罚金刑最核心的内容。何秉松教授指出："罚金是法院判处犯罪人向国家缴纳一定数额金钱的刑罚方法。"[①] 根据罚金刑的定义，可以推断，罚金刑具有如下特征：其一，罚金刑在性质上属于一种刑罚类型。与民事制裁或行政处罚不同，罚金是刑罚方法，且属于刑罚体系中财产刑的范畴。其二，罚金刑的核心内容是以剥夺犯罪人的一定数额的财产的方式，达到惩戒责罚犯罪人的目的，维护失衡之公平正义。其三，罚金刑必须经由法院依法判处才具有刑罚效力，主要是为了避免国民将罚金与罚款相混淆。其四，罚金的受益主体是国家，犯罪人主动缴纳罚金，国家不再强制追缴；相反，犯罪人消极拖延，将会导致国家强制追缴的法律后果。

（二）缓刑的概念

缓刑制度是我国刑罚体系的重要组成部分，其法律地位不言而喻。对于缓刑概念的解读和表述，各刑法学者存有不同的认识。部分学者认为缓刑是被司法机关依法判定有罪的犯罪人，丧失社会危险性后，在不破坏法律秩序的前提下，由社区矫正机构在法定期限内对犯罪人进行教育改造。犯罪人经教育矫正，确有悔改之意，不会再次触犯法律，则不再强制犯罪人承担相应刑事责任的一种刑事责任的承担方式。据此逻辑，他们认为，缓刑是一种承担刑事责任的方式，而并非一种制度，这样定义缓刑，只是对我国现有的缓刑类型进行了表述，并没有全面概括缓刑的外延，未能很好地阐述缓刑的法律性质和种概念。因此，就一个法学或者法律概念的表述而言，该定义并不能说是非常科学的。据此，笔者以为应以更简练、更能显著反映缓刑属性的方式对其进行重新定义，即：缓刑制度，是指法院对犯罪人处以短期自由刑时，根据其犯罪的原因、罪行的轻重程度、犯罪后的悔罪表现以及其自身体现的人身危险性等具体情况，同时对其宣告暂缓刑罚执行，在刑法规定的时间和条件内，考察机关及人员对犯罪人有针

---

① 何秉松. 刑法教科书［M］. 6版. 北京：中国法制出版社，2000：558.

对性地施以矫正、教育和改造措施,倘若犯罪人依法遵守全部规定,不再对犯罪人执行原判决的法律制度。[①] 这样定义缓刑,能够依照法律的规定,全面概括缓刑制度的外延,将我国刑法所规定的缓刑的基本内容全部概括进来,是科学而合理的。

(三) 罚金刑缓刑制度的概念

对罚金刑和缓刑的概念分别进行界定后,接下来要对罚金刑缓刑制度的概念进行界定。

罚金刑缓刑制度,是指被司法机关依法判定罚金的犯罪人,满足一定条件时,在法定的考验期限内对其进行教育和矫正,法定考验期间内,犯罪人没有再次触犯法律,没有发生导致撤销缓刑的事由,那么就不再强制犯罪人缴纳原判罚金的制度。[②] 可见,罚金刑缓刑制度,是将罚金刑与缓刑的优势相融合而形成的一种新的刑罚制度,其目的是更顺利地促进刑罚的个别化与犯罪人的再社会化。该制度已取得国外很多国家的认可和接受,也为我国的法治建设提供了重要参考。当然,我国现行刑法对缓刑的适用对象做出了严格限定,明确将罚金排除在缓刑适用的范围之外,没有给罚金刑缓刑制度留有空间,无论是单处还是并处罚金,犯罪人都要实际履行。因此,对于构建我国罚金刑缓刑制度,在理论与司法实践上具有何种价值,能否解决当前罚金司法执行过程中遇到的各种问题,都需要进行专门的探讨和研究,进而为我国立法上是否切实需要构建罚金刑缓刑制度提供必要的理论依据。

二、罚金刑缓刑制度的理论论争及评析

比较世界各国(地区)的刑法,针对是否选用罚金刑缓刑制度,各国(地区)立法不一。明确将罚金刑缓刑制度纳入刑法条文中的国家有日本、法国、匈牙利、意大利和阿根廷等。此外,我国台湾地区及澳门地区对罚金刑缓刑制度也予以明确规定。当然,也有德国、越南等部分国家明确将

[①] 刘德法,田宏伟. 缓刑考验制度比较研究 [J]. 郑州大学学报(社会科学版), 2000 (6): 28-33.

[②] 马登民,徐安住. 财产刑研究 [M]. 北京:中国检察出版社, 2004: 130.

罚金刑排除在缓刑适用的范围外。

刑法理论上对罚金刑缓刑制度众说纷纭，对此进行甄别和梳理，主要分为肯定说与否定说两种对立观点。我国刑法之所以将缓刑的适用对象，设置为被判处短期自由刑的罪犯，是源于我国立法者设立缓刑制度的初衷，即为了克服短期自由刑的弊害。但由于罚金刑是财产刑，不可能涉及短期自由刑弊端的问题，所以，当初将宣告刑为罚金刑的犯罪人排除在缓刑适用的范围外，且在缓刑设立初期从理论上对该问题的研究也寥寥无几。伴随着教育刑理论在刑罚论中的不断渗透及深入，诸多刑法学者提议，将缓刑制度的外延进行扩张，将罚金纳入缓刑适用范围内。当然，在这个讨论过程中，自然也少不了反对构建罚金刑缓刑制度的争论，并且有关争论到目前为止仍未平息。

（一）罚金刑缓刑制度的理论论争

1. 罚金刑缓刑制度否定说

否定说，即反对构建我国罚金刑缓刑制度的部分学者的一系列观点，这些观点主要以两个方面作为切入点，论证为何我国不适宜构建罚金刑缓刑制度：其一是构建罚金刑缓刑制度的必要性，其二是对确实无力缴纳罚金的犯罪人适用缓刑与缓刑制度本身得以适用的区别进行比较分析。具体理由如下：第一，缓刑制度的立法目的，是防止罪犯在监狱亚文化中"交叉感染"，受到犯罪思想的侵蚀，诱发其企图犯罪的心理；因此，为保障犯罪人与社会外界正常的交流联系，帮助其顺利地复归社会，给予犯罪人适用缓刑的机会。但罚金刑作为一种附加刑，并不需要在监狱服刑，所以被判处罚金刑的犯罪人没有沾染恶习的现实危险，对实现犯罪人更顺利地复归社会也没有实质影响，所以没有适用缓刑的必要。① 第二，犯罪人没有能力缴纳罚金的情况下适用缓刑制度，与犯罪人适用主刑缓刑制度，在性质上是有差异的，犯罪人品性善良不能成为对其免除罚金的理由，经济状况才是权衡考量是否暂缓或免除罚金的因素。② 第三，主刑缓刑制度，

---

① 孙力．罚金刑研究［M］．北京：中国人民公安大学出版社，1995：162．
② 陈兴良．陈兴良刑法学教科书　规范刑法学［M］．北京：中国政法大学出版社，2003：260．

是将罪犯人身自由的惩罚方式由剥夺调整为限制,是相对合理的,而罚金刑缓刑制度则是将惩戒犯罪人的方式,由剥夺财产权益调整为限制人身自由,超出合理的范畴,本质发生转变,无法进行比较。① 第四,罚金刑,本质上属于非监禁刑,简便与经济是其优点,但如果设置罚金刑缓刑,则要求司法机关付诸大量人力、物力和财力,对犯罪人进行矫正考察,执行起来费时费力,且呈现的社会效果未必可观,这与罚金刑的优点相悖,得不偿失。②

2. 罚金刑缓刑制度肯定说

肯定说,即赞成构建我国罚金刑缓刑制度的部分学者的一系列观点,这些观点主要从三个方面论证为何我国适宜构建罚金刑缓刑制度:其一是缓刑制度的功能;其二是罚金刑罚的惩戒严厉程度;其三是我国设置罚金刑缓刑制度在理论上与实践上的意义和作用。具体理由如下:第一,对罚金刑适用缓刑可以实现与主刑适用缓刑相近似的刑罚效果,都有利于纠正犯罪人出现偏差的行为,防止其再犯新罪。较之于主刑,罚金刑属于较轻的刑罚,举重以明轻,罚金刑当然可以适用缓刑。③ 第二,司法实践中,法官依照刑法分则规定或者按照数罪并罚计算的结果,对犯罪人判处主刑并处罚金的案件很多,只允许主刑适用缓刑,禁止罚金刑适用缓刑,理论上依据不足,实践中也不易操作。④ 第三,以刑罚衡平的观念为视角,为顾及和保障犯罪人及其近亲属正常的社会生活,考虑对犯罪人适用缓刑也是必要的。⑤ 第四,针对刑罚教育改善的功能性而言,罚金刑所能够发挥的法律效用有限,实现的法律价值也很小,而构建罚金刑缓刑制度,能够在一定程度上增强罚金刑的教育功能。⑥ 第五,罚金刑本身具有引发近亲属代缴罚金的弊害,在此情况下,实质上是犯罪人的近亲属承担了本属于

---

① 马登民,徐安住. 财产刑研究 [M]. 北京:中国检察出版社,2004:427.
② 马克昌,等. 刑法学全书 [M]. 上海:上海科学技术文献出版社,1993.
③ 周应德,周海林. 试论罚金刑的缓刑 [J]. 现代法学,1998 (3):38-41.
④ 孙浩文. 关于罚金刑缓刑制度合理性的思考 [J]. 河南工程学院学报 (社会科学版),2016,31 (1):49-53.
⑤ 谢睿智. 中外刑事政策之比较研究 [M]. 台北:台湾文物出版社,1987:239.
⑥ 单长宗,梁华仁,张军,等. 新刑法研究与适用——中国法学会刑法学研究会1999年年会论文选 [M]. 北京:人民法院出版社,2000:244.

犯罪人的刑事责任，导致罪刑承担的责任主体不相一致，此弊害明显与刑法的罪责自负原则背道而驰，但如果允许罚金刑适用缓刑，可以有效克服罚金刑自身的这种弊害。第六，构建罚金刑缓刑制度，等同于是在罚金刑的正常终结以及非正常终结之间新增设一个环节，其目的是保障罚金刑执行的以上两种方式的有效衔接，针对不同的被判决罚金刑的犯罪人，专门设定不同的政策，具体情况具体分析，促使刑罚体系更加完整。第七，不同的犯罪主体，触犯相同的犯罪，处罚相同的罚金数额，形式上平等，实质上不平等，罚金刑缓刑制度可以在一定程度上弥补此种缺陷。[①]

（二）对罚金刑缓刑理论论争的评析

1. 对否定说评析

笔者对否定说的具体理由进行概括整理后，认为否定罚金刑可以适用缓刑论者的观点有失妥当。避免短期自由刑的弊端虽然是缓刑设立初衷之一，但这并不代表缓刑制度存在的意义仅仅只是为了阻止短期自由刑弊端的出现，倘若可以将其他刑罚（如罚金刑）纳入缓刑适用的范围内，在兼顾教育改造罪行较轻的犯罪人，纠正其危险行为敦促其改过自新的前提下，如果不会造成负面的社会效果进而破坏法律秩序，为什么不考虑如此设置缓刑从而给予被处以罚金的犯罪人适用缓刑的机会呢？可以看出，探讨研究有无必要设置罚金刑缓刑，重点不在于考量罚金刑是否剥夺犯罪人的人身自由，而应侧重于在不会引发新的负面效应的前提下，实现教育感化犯罪人的双重的社会效果。另外，就暂时不能缴纳全部罚金者适用缓刑制度，不同于缓刑制度本身得以适用的理由更加牵强，其并未真正理解罚金刑缓刑制度的含义和价值。因为针对被判处罚金刑的犯罪人适用缓刑制度，意味着犯罪人在法定的考验期间内，如果并没出现应当撤销缓刑的法定事由，则犯罪人的罚金刑罚不必再执行，这当然与犯罪人因经济困难，无法缴纳所有罚金，迫使法院对犯罪人采用推迟或者免除执行罚金的措施有所不同，这本来就属于两种不同的措施，又怎能以两者本质不同而得出其中一种措施欠妥当的论断呢？

[①] 左坚卫. 缓刑制度比较研究 [M]. 北京：中国人民公安大学出版社，2004：115 - 117.

2. 对肯定说评析

上述关于可以对罚金刑适用缓刑的种种理由，大多数言之成理，但也有个别理由值得商榷，如第七条，其论点是：不同的犯罪主体，触犯相同的犯罪，处罚相同的罚金数额，形式上平等，实质上不平等。笔者以为此观点失之偏颇，只看到犯同种罪行的不同犯罪人，经济条件存在明显差异的情况下，处以相同罚金数额的不合理性，却没有看到这种不合理性不是规定可以对罚金刑适用缓刑能够消除的。首先，既然设立了罚金刑，在判处罚金刑时就必须遵循罪刑相当的这一刑罚的基本原则。不同的犯罪人，触犯相同犯罪，处罚不同数额罚金，在某种程度上也是不合理的。如果一个人的财产是合法所得的，或者没有确切的事实证据证明其财产是违法所得的，其财产理应受到法律的保护，怎么能够在实施相同的犯罪行为的前提下，要求经济状况好的人多承担罚金数额，经济状况差的人少承担罚金数额呢？因为犯罪人经济条件优越就承担罪刑不相当的责任是科学合理的吗？该种完全平均主义的思想将罪刑相当原则置于何种境地？由此，可以推断，罚金刑在设立之初，就陷入这种同罪同罚及同罪异罚均不能完全实现公平的两难境地。

在对罚金刑缓刑制度的肯定说和否定说进行概述和评析后，不难看出，两种学说都具有一定的合理性，但相比较而言，肯定说更契合我国当前的法律制度。任何一种制度的建立都具有两面性，但若利大于弊，就可以进行尝试，并不断修改与完善。鉴于此，笔者认为，我国可以考虑构建罚金刑缓刑制度。犯罪人在犯罪后因感受到被刑罚否定的痛苦，主动降低甚至消除其人身危险性，主观上具有悔罪表现，客观上没有造成严重的法律后果，此时对其适用缓刑，符合刑罚经济性和刑法特殊预防的法律观念及目的，能够更好地贯彻刑罚个别化的法学思想，遵循刑法谦抑的法学原则，促使刑罚体系不断进步与完善，这也是缓刑制度的价值所在。① 尤其是在现今轻刑化的刑罚背景下，增设罚金刑缓刑制度，可以给予犯罪人改过自新重新站起来的机会，缓解罚金刑司法执行的窘境，促使社会生活秩序更加稳定。

---

① 竹怀军. 建立单位犯罪量刑制度的构想 [J]. 济南大学学报, 2001 (1): 31–33.

第二节 构建罚金刑缓刑制度的必要性分析

一、立法现状预示了制度构建的必要性

构建罚金刑缓刑制度的必要性分析,首先要从罚金刑的立法现状入手,这里所言及的立法主要包含罚金处罚模式、罚金数罪并罚方式和罚金执行方式等三个方面。

(一)罚金处罚模式的规定

针对罚金刑罚的处罚模式,世界各国立法做出不同的选择,概括总结起来,具体分为单科式罚金刑、并科式罚金刑(包括选并科与必并科)、附科式罚金刑、易科式罚金刑以及复合式罚金刑这五大类别。我国现行刑法主要以并科式罚金刑为主,而且并科罚金的适用范围又呈现出不断扩大的趋势,具体反映在1997年《刑法》的修改和之后的各个修正案之中。并科式罚金刑,是指针对某个罪名或者某个罪名的特定情形,刑法分则明文规定,法官在对犯罪人进行量刑时,可以或者必须适用主刑和罚金刑这两种刑罚方法对其兼而处之。并科式罚金刑又包含得并制与必并制。得并制,是指就某个罪名而言,刑法分则只规定判处主刑等刑罚,但是否要并处罚金,需要法官根据案情斟酌考量。必并制,是指对犯罪人判处主刑等刑罚,是否必须同时宣告并处罚金,由刑法分则做出明确规定,不允许法官自行斟酌决定。

在现行的刑法中,必并制是主流。刑事立法对罚金刑司法配置的逐渐扩增,致使罚金刑在司法实务中的具体应用也随之不断扩大。鉴于立法者在立法初期,针对罚金刑实际执行的情况以及执行过程中可能出现的系列问题斟酌考量有限,导致立法规定与司法适用脱节,实践中大量的判处的罚金案件无法得到实际执行。到目前为止,我国现行刑法及11个刑法修正案的规定,涉及罚金刑罚的罪名共计235个,其中涉及必并制的罪名所占比例是最高的。刑事立法关于并科罚金的强制性规定,导致司法者在实务中处理案件时缺乏自主选择适用的可能,多数情况下只能是必须适用,

否则会产生法官审判有法不依之嫌。由此，可以推断出刑罚转变得更加严酷而非轻缓。罚金刑没有在某种程度上替代自由刑，而是转变成与自由刑并驾齐驱的刑罚。法官对犯罪人处以自由刑，不存在减轻自由刑罚的情况下，同时对其并处罚金，容易使犯罪人产生强烈的抵触心理，其主动缴纳罚金的情形自然也无从谈起。

综上，笔者认为处理此问题最好的办法是以立法层面为主，防止形成恶性循环，影响法院对罚金刑罚的司法适用。刑事司法实践中，部分法官为了避免罚金刑罚无法落到实处，会减少对犯罪人适用单处罚金刑的情况，其目的就是防止犯罪人产生法律无用的幻想，一旦单处罚金刑罚的判决得不到切实履行，实质就是纵容了犯罪人。所以，仅仅为确保罚金刑的执行，将单处的罚金刑易科自由刑，实际上是不合理地加重犯罪人的刑罚。但是，如果在立法上构建罚金刑缓刑制度，可以弥补立法者的疏漏，迎合刑法轻缓化的宗旨，同时给予法官自由裁量权，在必并罚金的情况下，法官认真考量被告人的执行能力以及罚金刑在判决后实际执行的可能性，在不取代自由刑的情况下，减轻犯罪人的抵触心理，破解实践中执行的难题。

（二）罚金数罪并罚方式的规定

数罪并罚制度在我国刑罚体系中具有很重要的地位，其针对的是一个人所犯的数罪按照法定原则合并进行处罚的惩罚制度，与罪刑相适应原则吻合。关于数罪并罚的具体规定，主要集中在我国《刑法》第69条之中。通过法条，可知罚金刑数罪并罚的问题，与主刑数罪并罚的问题存有差异，罚金刑缺乏适用限制加重原则的条件。对此，本书第一章已有专论。针对罚金刑数罪并罚的问题，我国刑法明文规定采用并科原则，并且没有对最高数额作出限制。但是，与主刑相比较，罚金刑只是根据罪行的轻重程度，剥夺罪犯相应比例的财产，并不涉及限制或剥夺人身自由等问题，为何不可以对其适用限制加重原则呢？显然，罚金刑这种规定相加处罚的方式不符合人道主义原则。其直接后果便可能导致罚金并罚过重，在实践中难以执行。据此，笔者认为数个罚金刑的并罚，可以采用罚金刑缓刑制度来缓解。第一，符合刑罚轻缓化的立法精神。纵观当今国际刑罚的发展潮流，刑罚的轻缓化是一种明显的趋势，缓刑（含罚金刑缓刑）就是刑罚轻缓化的重要表现。第二，能够打破罚金刑执行率低的局面，进而维护罚金刑判决的严肃性。而今，单个罚金刑的执行率很低，多个罚金刑并罚执行更难。倘若放任此种情况继续发展，刑事生效判决将只不过是空有其名，损害刑罚在公众心中的正义感，削弱国民对法律的信仰，所以，很有必要通过建立罚金刑缓刑制度来弥补执行层面的缺陷。

（三）罚金刑执行方式的规定

对我国《刑法》第53条的规定进行解读后，了解到罚金的执行方式有五种，每一种都有其存在的法律意义，也不可避免地存在法律弊害。此处，笔者重点探究随时追缴方式的弊害。随时追缴，是指在刑法规定的时间内，罪犯不能缴纳全部罚金，所以，无论在任何时候，只要司法机关发现犯罪人有合法财产可供执行，就有权力对其随时进行追缴。随时追缴有两个明显的缺陷。一方面，与我国刑法时效制度的设定不匹配。与其他国家不同，我国刑法的时效制度特指追诉时效，我国没有行刑时效。但是，随时追缴的法律规定，本质上是对行刑时效的变形，与我国刑法的时效制度明显不协调。另一方面，刑法关于该种执行方式的规定为逃避罚金执行提供了口实。因为倘若随时追缴的要求在事实上不可能实现，即表明刑法的规定在司法实践中只是徒有虚名，这将严重侵害刑法的严肃性及权威性。因此，与其苦守"执法必严"的僵化规定，不如顺应现实转变策略，针对客观上确实无力承担全部罚金的犯罪人，采取变通性措施完成刑罚目的的实现，从而暂缓对罚金的实际执行，这就包括罚金刑的缓刑制度。

二、司法现状昭示了制度构建的必要性

罚金刑作为一种财产刑就是以罚没一定金钱的方式进行惩罚，往往为大多数人所接受，也为世界各国司法实践予以重视。伴随着1997年《刑法》的修订，罚金刑罚逐渐引起我国司法实践的强烈重视，同时也在我国法律体系中占据一席之地。我国《刑法修正案（九）》和《刑法修正案（十一）》的公布，也为加强和改进罚金司法和执行实践提供了理论依据。司法实务中，罚金刑的判决率较高。有学者专门对某15个地区法院刑事判决进行过统计，分析显示，从2000年到2009年，这15个地区法院的罚

金适用率平均高达56.9%，而从2010年至2013年这3年间上海、郑州及成都3家基层法院，罚金刑的适用率平均高达68.3%。① 同时，通过查询中国法院文书裁判网站，了解到2015年涉及罚金刑的判决书有38688个，截至2016年11月，关于罚金刑的判决书已经增加至45299个，显然，罚金的判决骤然增多。② 与此相反，司法实践中关于罚金刑执行暴露的各种问题也不容忽视。为了能够更直观地掌握罚金司法执行的现状，正确剖析罚金刑的执行状况，解决处理客观存在的罚金刑执行问题，本书根据学者统计的情况拟对X市Y区法院近五年的罚金刑适用情况进行分析，以期从中找到某种答案，激发某种启示。

（一）罚金刑的适用情况

从统计情况来看，总体来说，近五年来，X市Y区法院关于罚金刑的适用情况良好，基本能够遵守法律规定，按照法定程序裁决，没有出现应适用法律而未适用，不该适用而乱适用的情况。此外，罚金适用也占据较大比重。根据表4-1的显示，近五年来，Y区法院一共审结1527件刑事案件，其中判处罚金刑的案件有1013件，罚金刑案件占案件总数的66.3%。③

表4-1　2011年至2015年X市Y区法院罚金刑案件适用情况统计表

年份	案件总数	判处罚金刑案件总数	罚金刑案件占比
2011	290	174	60.0%
2012	395	290	73.4%
2013	314	207	65.9%
2014	271	190	70.1%
2015	257	152	59.1%
合计	1527	1013	66.3%

注：2015年的统计数据截至2015年10月。

① 熊谋林．我国罚金刑司法再认识——基于跨国比较的追踪研究（1945—2011）[J]．清华法学，2013，7（5）：89-111．
② 张国梅．论罚金刑的裁量与执行[D]．长春：长春理工大学，2017：13．
③ 蔡英豪．罚金刑执行中的问题及其解决方法——以太原市尖草坪区法院近五年罚金刑执行情况为例[D]．太原：山西大学，2016：17．

依据上述表格统计的数据，可以看出 X 市 Y 区法院进行司法裁判时，能够依法适用罚金刑，且罚金刑的适用率也比较高。由此可见，罚金刑罚逐渐引起我国司法实践的高度重视，同时也能够在我国法律体系中占据一席之地，其他法院的情况也大抵相同。

（二）罚金司法解释现状

我国现行刑法有关罚金刑数额的规定方式，主要散见于最高人民法院《人民法院量刑指导意见（试行）》的具体规定中。不管法院最终依法判处犯罪人承担单处罚金还是并处罚金的刑事责任，关于罚金的具体数额，都只能依据司法解释的规定进行自由的价值评判。因为无论是刑法条文还是刑事司法解释，针对该问题都具有一定的滞后性，这种滞后性表现在如下两个方面：第一，大量条文采用无限额罚金制。刑法对于无限额罚金数额的情形，既没有上限规定，也没有下限规定，这无疑扩大了法官的裁量权，尽管最高人民法院《人民法院量刑指导意见（试行）》作了一些细化，但由于法律位阶低，权威性受损，针对性也很受限。第二，限额罚金和倍比罚金多采用"二万元以上二十万元以下""百分之五十以上二倍以下""一倍以上五倍以下"这样的描述方式，这其实是一种弹性规定，给法官预留的考量空间过大，容易造成司法权的恣意，从而引发同案不同罚的现象。由于刑法及司法解释的这种滞后性弊端，犯罪人对可能被判处的罚金数额缺乏正确的评估，容易引发犯罪人心理上的不平衡，甚至可能产生反感或者反抗的情绪，不利于提升犯罪人对刑事判决的认同感，更不利于罚金判决的顺利执行。尽管 2000 年《最高人民法院关于适用财产刑若干问题的规定》也作出具体若干规定试图进行补救，但是分析其内容，这些司法解释均没有数额方面的可操作性规定，而且又从立法规定及司法适用两个方面，不断扩大必并罚金的犯罪比例，限制单处罚金的司法适用情形，致使必并罚金的司法适用日益增加，而过量的必并罚金的规定势必造成罚金执行的困难。

综上，我们得知无论是司法适用情况，还是司法解释规定的现状，都反映出一个共同的现象：立法者与司法者仅仅关注罚金刑的适用规定，而忽视了罚金刑的执行现状，致使罚金刑的司法适用严重脱离罚金刑的执行情况，罚金执行缺乏灵活性，局限性也日益暴露，导致在实践中难以执行。基于此，罚金刑缓刑制度的建立，无疑为我国罚金刑判决的顺利执行搭建了一个绝佳的平台。所以，笔者认为罚金刑的司法现状，昭示构建罚金刑缓刑制度的必要性。

三、执行现状确证了制度构建的必要性

罚金刑的执行现状也是构建罚金刑缓刑制度需要考虑的因素之一。关于罚金刑的执行现状，笔者重点从司法实践中执结率低的情况，以及该现象的原因两个方面进行探讨。

（一）执结率低的现状

上文中，根据某些学者的统计和研究，笔者对 X 市 Y 区法院从 2011 年至 2015 年间的全部刑事罚金判决的适用情况进行了剖析，在分析了适用情况的基础上，再对其执行情况进行研究。与罚金刑适用的情况相反，罚金刑的执行状况不容乐观。具体内容见表 4-2 所示：①

表 4-2 2011 年至 2015 年 Y 区法院罚金刑执行情况统计表

年度	判处案件总数	总人数	已缴纳罚金案件数	已缴纳罚金人数	未缴纳罚金案件数	未缴纳罚金人数	执行率
2011	174	260	52	83	122	177	29.8%
2012	290	402	95	134	195	268	32.7%
2013	207	274	77	102	130	172	37.1%
2014	190	296	57	117	133	179	30.0%
2015	152	168	48	62	104	106	31.5%
合计	1013	1400	329	498	684	902	32.5%

注：2015 年的统计数据截至 2015 年 10 月。

根据表 4-2 所示，可知 2011 年至 2015 年，Y 区法院共审结 1013 件罚金刑的案件，执行完毕的却只有 329 件，执结率仅为 32.5%，被判处罚金刑的犯罪人共 1400 人，但最终积极履行刑事判决的只有 498 个人，占总

---

① 蔡英豪. 罚金刑执行中的问题及其解决方法——以太原市尖草坪区法院近五年罚金刑执行情况为例 [D]. 太原：山西大学，2016：18.

人数的 35.6%。以上种种数据均表明，司法实践中，审判机关判处了大量罚金刑，却不能得到有效的执行，罚金执行不力、不能现象突出，犯罪人最终未履行罚金判决现实情况普遍存在，罚金刑执行率低已经成为常态。①毫无疑问，罚金的执行状况不容乐观，而且已经对法律的公信力造成威胁，严重削弱刑事判决的权威性和确定性，阻碍打击和预防犯罪的刑罚目的的实现，造成刑罚丧失威信之后果。

（二）执结率低的原因分析

根据上文我们得知罚金刑的适用情况和执行情况呈现两极分化的局面。事实上，罚金刑执结率低，罚金实际执行困难的局面，早已引起理论界与实务界的广泛关注。当然，罚金执行困难肯定不是由单一的因素导致的，如果将其置于罚金刑罚执行现状的整个大环境之下考察，就会发现，这样的局面是多种原因所致，除了前文所论及的立法规定以及司法适用上的原因以外，异地执行难度大、犯罪人无力缴纳、执行机制不畅等方面暴露的问题，也是执行难的重要原因，以下分述之。

1. 异地执行难度大

随着社会的不断发展，异地作案、流窜作案的犯罪现象频发。这类案件通常都表现出共同的特点，即该类犯罪人在接受司法机关的审判时，其违法所得要么已经被依法追缴，要么已经被挥霍一空，几乎没有剩余的个人财产可供执行。因此，法院即使查明犯罪人的真实身份和住址，对犯罪人罚金数额的追缴也束手无策。况且涉及一个甚至多个不同地区的追缴执行，司法机关的执行成本往往会大幅增加，与此同时，对不同的犯罪人判处的罚金数额却依各地标准有所不同，倘若缴纳罚金数额小于司法的执行成本，最直接的后果就是司法执行机关消极拖延，案件最终不了了之。

2. 犯罪人无力缴纳

罚金刑的执行终结，要求犯罪人有足够的个人财产供司法机关追缴执行。但在现实社会中，犯罪人多数经济条件差，即便主观上想要积极履行刑事判决，客观上也确实没有足够的财产用以缴纳罚金，这也是罚金实际

---

① 乔云.论罚金刑的执行［D］.上海：上海师范大学，2017：12.

执行困难的重要原因之一。除经济犯罪之外，被判处罚金的犯罪人多数触犯了盗窃等财产犯罪，且大部分的犯罪人都是外地打工人、青少年等，显然，他们几乎没有多余的个人财产，生活收入来源也不稳定，一旦对其判处实刑，则有可能切断其经济来源，只能由其近亲属代为缴纳，否则法院对该类犯罪人作出的判决将会变成一纸空文，流于形式。

3. 执行机制不畅

罚金刑的执行能否顺利到位，构建科学的执行机制至关重要，而从目前我国的执行机制来看，存在着执行机制不畅的问题。首先，是执法水平的问题。执行机构本身的执法水平，是罚金刑能否得以顺利执行的因素。我国司法执行机构建立比较晚，所以执法水平有待加强。其次，是协同机制问题。目前人民法院之间横向、纵向关系权责不明，协调不够，集中统一力度匮乏，而且受地方党政的指挥多，受上级指挥少。最后，是执行环境问题。在审判阶段，少数案件由于受到地方保护主义及各种不正当关系影响，判决不公，增加了执行的难度。①

4. 对罚金刑执行主体重视不够

我国1996年《刑事诉讼法》修订时，规定罚金刑的执行主体是法院，但由哪个部门具体负责则没有明确规定，也就是说当时罚金刑执行主体不明确，曾经出现过法院的刑事审判部门和执行部门争着抓罚金刑执行工作。2010年最高人民法院以司法解释的方式，将刑事执行部门正式确定为罚金刑的执行主体，但由于罚金最终归属于国家，没有明确的利益个体，缺乏执行的内在动力，对法院而言即便执结率不高也不会产生明显不利的后果，所以，长期以来，法院对于罚金刑的执行工作缺乏足够的重视。迫于社会公众对民事执行的不满的压力，司法机关多采取执行会战等非常规方式强化民事执行力度，仍然收效甚微。另外，从法院内部管理来看，目前对罚金刑的执行重视仍然不够，其主要表现在长期将罚金刑的执行视为一项边缘性工作，各级人民法院每年的工作报告、考核指标中都很少能见到罚金刑执行的具体指标数据，缺乏关于对罚金刑执行的年度工作总结，

---

① 黄金龙.《关于人民法院执行工作若干问题的规定（试行）》实用解析［M］.北京：中国法制出版社，1999：8－9.

这也是罚金刑执行困难的现实原因。

5. 罚金刑执行缺乏有效的监督机制

罚金刑执行难以到位,还有一个重要因素是缺乏监督机制。其一,与行政、民事执行相比,罚金刑执行有所不同。因为在行政或民事执行中,通常存在着行政相对人或民事当事人,他们往往对案件的进展程度关注度更高,督促力很强。其二,法院内部的监督不够。罚金刑的执行属于刑罚执行,法律对于何时启动、进度和效果如何、没有执行到位如何追责等相关问题均没有明确规定。其三,立法和司法监督难以进行。人大及其常委会往往通过质询的方式对法院的总体工作进行监督,不可能做到事无巨细、大包大揽;检察院和法院是司法机关,固然有相互监督之责,但在司法实践中要真正落实还需时日。其四,社会监督缺失。媒体及社会公众往往对法院所判决的有影响的案件的主刑有可能关注,而对大量适用的罚金刑这种附加刑的判决不太关注,且掌握的信息不对称,无法进行监督。

第三节 构建罚金刑缓刑制度的可行性分析

一、罚金刑缓刑制度符合现代刑事政策的基本原则

对于什么是现代刑事政策,学界有着各种不同的理解,而我国知名刑法学者梁根林教授对现代刑事政策的理解无疑揭示了现代刑事政策最核心的内容。梁根林教授指出,现代刑事政策重点强调的内容,是怎样有效地预防和控制犯罪,与关注被害人相比较,现代刑事政策更注重如何对待犯罪人,促使其内心真诚悔悟,自觉认罪伏法,以便更顺利地复归社会。罚金刑缓刑正是帮助犯罪人实现再社会化的一种新的刑罚制度,符合现代刑事政策的谦抑、人道和教育改善原则。以下分述之。

(一)谦抑原则

谦抑原则,其含义是指刑法作为第二顺位的法律,只在必要的界域内

予以适用,并不是所有的违法行为均受到刑罚的制裁。具体而言,可将谦抑原则的法理拆分为三部分:第一,刑法的补充性。这是针对保护法益的程度而言的,认为如果民法、行政法等其他部门法可以有效地保护法益,则刑法绝不实际干预,即刑法是最后的手段法。第二,刑法的不完整性。刑法主要以刑事犯罪为研究对象,其目的是维护稳定的社会秩序,因此,它不涉足市民生活的各个角落。第三,刑法的宽恕性。犯罪人的违法行为只有达到刑罚处罚的程度,刑法才会对其进行刑事制裁。鉴于刑法谦抑的特性,刑罚必须是保护法益的最后手段,也是保护法益的补充性措施,启用刑罚应时时保持严谨的态度和立场,对刑法使命的认识要由感性主义逐渐转变为理性主义。①

构建罚金刑缓刑制度,正是基于对谦抑原则的考量,因为罚金刑缓刑符合谦抑性的主旨,从某种意义上讲,罚金刑缓刑制度所产生的刑事司法效果与刑法的谦抑原则相契合。当然,是否对犯罪人适用罚金刑缓刑制度,要考量诸多因素,譬如犯罪人归案后是否真诚悔悟、是否真正认罪伏法、人身危险性是否降低、犯罪情节的轻重程度等,确定被判决罚金的犯罪人完全符合缓刑的适用条件时,强制其承担刑事责任的同时给予相对宽容的惩罚,是契合刑法谦抑理念的。

(二) 人道原则

人道原则,意指刑罚的适用要贯穿人道主义的理念,这个理念起源于自由资本主义时期,受到贝卡里亚、边沁等为代表的古典政治学派极力倡导和推崇,以刑罚的宽缓化为视角,针对刑罚不应给受刑人施加过多痛苦的问题进行了相当深入的阐释,背后贯彻的是刑法博爱的精神原则,其本质倡导对犯罪人适用"轻刑主义"理论。对于现代刑事政策中的人道原则,梁根林教授剖析了其核心内涵。他强调现代刑事政策是为现实社会中频繁出现的犯罪问题所服务的,而犯罪人之所以犯罪,其源头在于没有正确处理社会关系中的人际冲突,在形式上呈现的内容是犯罪人与被害人之间的矛盾,但实质上表现为个体(特指犯罪人)与社会群体之间的矛盾。

---

① 梁根林. 刑事政策:立场与范畴 [M]. 北京:法律出版社,2005:110.

由此，人道主义作为刑事政策的子原则，在解决社会冲突的人际关系中发挥独特价值。人道理念侧重的是以人为本。无论是被害人或是犯罪人，都应当关注人权问题，关心帮助被害人，理解教化犯罪人，尊重人性尊严，关注人权保障，将人文关怀的精神付诸实践。[1] 司法实践中具体表现为刑罚执行制度及方式要顾及犯罪人的个性，对犯罪人进行处罚时要兼顾犯罪人的人权保障，确保其能顺利地回归社会，以犯罪人的再社会化为执行人身自由刑罚的最高标准，尽力排除执行刑罚措施可能产生的不良弊端。[2]

罚金刑缓刑制度，是对刑罚人道主义原则的一种诠释，是在充分考量犯罪人人身危险性和悔罪表现的前提下，将被判处罚金刑罚的犯罪人扩大至缓刑的适用范畴，其目的是以更为人道的方式对待罪行轻微的犯罪人，附条件地不执行生效判决，保障犯罪人的人格尊严，减轻其社会生活负担，降低对其实际执行全部罚金可能产生的负面效应，促使犯罪人在没有金钱负担的情况下认真接受监督教育和改造，能够以平和的方式再次复归社会。

（三）教育改善原则

教育改善原则，顾名思义，是指为了确保犯罪人顺利地复归社会，专门对其进行教育和矫正，运用刑罚手段消除犯罪人的人身危险性，使其恢复正常人的社会生活。这也是教育改善原则的最终目的。据此，我们得知教育改善原则，更侧重对教育过程的干预，是注重培养犯罪人品行完善的过程。教育改善原则，也可以说是培养犯罪人重返社会、实现刑法改造教育罪犯的目的追求所必须遵循的原则，它建立在"人可以被改造的"基础之上。[3] 不管是辩证唯物论者，抑或是历史唯物论者，都承认一个事实，没有人是天生的犯罪人，犯罪人之所以成为犯罪人，是受到了外界多种不良因素的干扰和浸染。所以，可以期待大部分的犯罪人能够通过教育改造重返社会。

---

[1] 梁根林. 刑事政策：立场与范畴 [M]. 北京：法律出版社，2005：110.
[2] 汉斯·海因里希·耶赛克，托马斯·魏根特. 德国刑法教科书 [M]. 徐久生，译. 北京：中国法制出版社，2001：35–36.
[3] 梁根林. 刑事政策：立场与范畴 [M]. 北京：法律出版社，2005：120.

缓刑制度、假释制度、保外就医制度以及社区矫正刑罚处置方式等均都是我国现行刑法在教育改善原则方面的具体体现。将缓刑制度的适用对象扩大至罚金刑罚，运用社会教育辅助刑罚执行，对教育感化犯罪人具有特殊的意义，能够促使其以更平和的方式早日回归社会。

二、构建罚金刑缓刑制度利大于弊

要确定是否应当规定可以对罚金刑适用缓刑，还应当考察清楚罚金刑适用缓刑的利弊，权衡之下再取舍。笔者从正反两面进行权衡分析，认为构建我国罚金刑缓刑制度利大于弊。

（一）规定对罚金刑可以适用缓刑的弊端分析

结合已有的相关研究成果，笔者将构建罚金刑缓刑制度的弊端归纳为如下两个方面：

其一，与刑罚公平正义的理念相悖。罪犯实施应受罚金刑处罚的犯罪行为，就理应承担与其犯罪行为相应的刑事责任，实现有罪必罚，罚当其罪。即法院依法判决犯罪人罚金刑罚时，犯罪人就应当尊重并积极配合司法执行机关履行生效判决，这样刑罚的公平正义才能够得以体现，刑法的罪刑相当原则才能够得以贯彻。但若允许罚金刑适用缓刑，结局可能是犯罪人最终并未实际履行判决缴纳罚金，显然违背了罪刑相当的法律原则，在某种程度上蕴含了不平等。

其二，阻碍了刑法一般预防目的的实现。刑罚实施的价值在于，不仅体现对犯罪人的特殊惩戒与预防，还警告社会上潜在的犯罪人，触犯法律将受到严厉的刑事制裁，使其因惧怕刑罚的惩戒而放弃继续犯罪的意图，进而实现一般预防的刑法目的，有效地维护社会秩序。如果刑罚的运用不能够达到一般预防的目的，那么潜在的犯罪人便会在一定的环境中变成现实的犯罪人，实施具体的犯罪活动，社会秩序也就同时受到了破坏。一般预防的目的，主要依靠刑罚的必定性和严厉性得以实现，现代刑罚的严厉性受到了严格的限制，因而刑罚的必定性在实现刑罚一般预防的目的上扮演重要角色，发挥决定性作用。贝卡里亚认为，倘若社会公众发现犯罪人的犯罪行为将得到宽恕，抑或是接受刑罚惩戒不是犯罪人的最终归宿，那么社会公众将会煽蛊起实施犯罪不必接受刑罚惩戒的幻想。① 由此可知，罚金刑适用缓刑，阻碍了刑法一般预防目的的实现。

（二）构建罚金刑缓刑制度利大于弊

和构建罚金刑缓刑的消极面相比，构建罚金刑缓刑制度的积极作用更多，其正当性是不言而喻的。

其一，对于部分偶犯、初犯而言，罚金刑缓刑制度具有特殊的意义。偶犯，是和惯犯相对的范畴，是指犯罪人的犯罪意图是偶然发生的，进而在外部因素的影响下实施犯罪行为，譬如偶然起意的盗窃罪、抢夺罪等。初犯，是与累犯相对的范畴，指初次触犯法律的人。通常情况下，偶犯、初犯本身虽然可能有一定的经济基础，但由于突然涉足犯罪，其本人及家庭一时陷入窘境，如果判处罚金，一旦实际执行，他们及其家庭可能面临灭顶之灾，无法保证罚金刑的执行到位。因此，对于偶犯、初犯而言，财产具有特殊的意义。况且，较之于惯犯、累犯，偶犯、初犯的社会危险性不是很大，如果给予偶犯、初犯改过迁善的机会，可以期待倚重缓刑监督机构及社会力量，能够对其进行切实有效的改造，纠正其出现的偏差行为，防止其再次犯罪。但如果对其实际执行罚金刑罚，偶犯、初犯的经济生活状况将会大打折扣，不利于促进其自觉改造而保持善行，进而不再犯罪。如果对偶犯、初犯适用缓刑，在法定期间接受教育矫正，容易使偶犯、初犯感恩于司法机关的宽大，使其在宽松和谐的环境中真诚悔悟，不仅实现了刑罚惩戒犯罪人的目的，又保障了犯罪人正常的社会生活，促进其彻底悔过自新，可以产生一举多得的法律效果。由此可知，对于部分偶犯、初犯而言，罚金刑缓刑制度具有特别的意义。

其二，构建罚金刑缓刑制度，能够在一定程度上增强罚金刑罚的教育改造功能，促进刑罚特殊预防目的的实现。司法机关依照生效的裁判对犯罪人实际追缴全额罚金，追缴完毕刑罚执行终结，但在这过程中缺乏对犯罪人进行监督教育改造的时间和空间，在教育感化改造犯罪人的方面发挥的作用很小，阻碍了特殊预防目的的实现。相反，如果设置罚金刑缓刑制

---

① 贝卡里亚．论犯罪与刑罚［M］．黄风，译．北京：中国大百科全书出版社，1993：60．

度，可以弥补教育改造犯罪人的空缺。罚金刑缓刑制度，本质上和主刑缓刑制度相同，都是重点关注犯罪人的回归问题，与现代刑法的理念相契合。设置考验期，是为了给予犯罪人教育改造创造时间条件，要求犯罪人在法定期限内遵守法律的强制性规定，接受矫正和教育，若考验期间没有触犯法律规定，意味着教育改造成功，犯罪人已经消解了人身危险性，原判决的刑罚无须再实际执行。从此种意义上讲，罚金刑缓刑制度增强了罚金刑罚对犯罪人的教育改造功能，为犯罪人提供了更多时间和空间去悔改和反省其犯罪行为，与此同时，也完成了刑法特殊预防目的的实现。

其三，构建罚金刑缓刑制度，可以避免罚金刑罚因犯罪人经济状况不同而陷入执行两难的窘境。不同的犯罪主体，触犯相同的犯罪，是否应遵循罪刑相当原则，处罚相同的罚金数额，理论上始终存有对立的争辩，至今没有统一定论。[①] 即便是我国的立法和司法解释，秉承的观点也是对立的，徘徊于同罪同罚和同罪异罚两者之间。经济基础不同的犯罪人，侵害相同法益的时候，处罚不同的罚金数额，笔者以为依然存在不合理之处。试问，既然一个人的财产是合法所得的，或者没有确切的事实证据证明其财产是违法所得的，其财产理应受到法律的保护，怎么能够在实施相同的犯罪行为的前提下，要求经济状况好的人多承担罚金数额，经济状况差的人少承担罚金数额呢？犯罪人因为经济条件优越就承担罪刑不相当的责任是科学合理的吗？难道经济条件越优越其犯罪人的主观恶性就越大？以经济条件为标杆衡量犯罪人的主观恶性是否公平正义？该种完全平均主义的思想将罪刑相当原则置于何种境地？由此，可以推断，罚金刑在设立之初，就陷入了这种同罪同罚及同罪异罚均不能完全实现公平的两难境地。

但罚金刑缓刑制度可以在一定程度上弥补罚金刑罚在此种境况下的缺陷。倘若犯罪人基于某种特殊原因实施犯罪行为（譬如家庭生活贫困、受教育程度低、受歧视等），拥有值得宽宥的动机或情节，可以希冀犯罪人改邪归正，那么可以对犯罪人表示谅解，不必实际执行刑罚处罚。此时，对被判处罚金刑的犯罪人适用缓刑，可以得到包括被害人在内的社会公众

---

① 马克昌. 刑法学 [M]. 北京：高等教育出版社，2003：245.

的认可与接受,其所导致的不公正性也可以得到公众的理解;与此同时,避免了无力缴纳罚金的犯罪人迟迟不能履行生效判决的尴尬局面,也在一定程度上缓解了罚金刑同罪同罚及同罪异罚均不能完全实现公平的两难。当然,需要强调的是,如果犯罪人在罚金刑缓刑考验期间违反了其应遵守的法律规定或强制性的行为准则,将导致撤销缓刑的法律后果,此时,社会公众能够感受到刑罚的严厉性和人道性,犯罪人也应该为自己的犯罪行为承担相应的刑事责任。鉴于此,将罚金纳入缓刑制度的适用范围内,能够缓解当前罚金实际执行困难的局面,也不会引发社会公众的不满情绪进而损害法律的严肃性,还可以为犯罪人日后再次触犯法律承担更为严厉的刑罚制裁奠定基础。正如有学者认为,构建罚金刑缓刑制度,实际上是在正常终结罚金处罚与非正常终结罚金处罚之间增设了一级,专门针对不同的被判处罚金刑的犯罪人采取不同的政策,促使刑罚体系更加完整。①

其四,允许罚金适用缓刑,可以避免罚金刑罚产生殃及无辜的负面效应。给予宣告刑包含罚金的犯罪人适用缓刑的机会,实质上是遵循罪责自负原则的体现,避免犯罪人在确实无力缴纳罚金的条件下,其近亲属被迫承受刑罚,代为缴纳罚金的情况。如果犯罪人无合法的个人财产用以缴纳罚金,尝试对其适用缓刑,其近亲属就不必用其财产代犯罪人缴纳罚金进而造成个人财产损失,同时也会使犯罪人甚至亲人感受到刑法的宽恕之恩,更有利于促进犯罪人改过自新、弃恶从善,也有利于犯罪人的亲属督促犯罪人的改造。

综上所述,笔者认为构建我国罚金刑缓刑制度,利大于弊,不仅可以有效地克服罚金刑现存的制度性设计弊端,在教育改造犯罪人弃恶从善方面还有独特的作用,理应在当前我国现有的刑罚变更执行制度中占有一席之地。

二、主刑缓刑制度为罚金刑缓刑制度的构建提供了样本

主刑缓刑制度,通常被称为短期自由刑的缓刑制度。短期自由刑的缓刑制度,得到世界各国刑法的普遍承认。但由于各国刑法针对自由刑的刑

---

① 孙力. 罚金刑研究 [M]. 北京:中国人民公安大学出版社,1995:213-214.

种规定不同，因此，就哪些自由刑能够得以适用缓刑制度，世界各国刑法做出了不同的选择。单就我国刑法而言，缓刑适用的短期自由刑的刑种，仅指拘役、三年以下有期徒刑。我国主刑缓刑制度，不管是适用对象、实质条件还是考察撤销机制均为我国罚金刑缓刑制度的构建奠定了基础，提供了范式。

（一）适用对象

我国刑法明确界定了主刑缓刑的适用对象，即被判处拘役、三年以下有期徒刑的罪犯。当然，这与缓刑追求的价值目标紧密相关。可以推断，判处拘役、三年以下有期徒刑是对犯罪人宣告缓刑的先决条件。易言之，适用缓刑的前提是犯罪人罪行轻微，罪行严重之犯罪人无适用缓刑之可能。按此逻辑，较之于主刑缓刑，对罪犯处以罚金刑（单处、并处或选科），不论其承担的刑罚种类还是处罚模式，均符合缓刑适用的犯罪人罪行轻微的先决条件，从适用对象所引申的法理来看，判处罚金刑的犯罪人可以适用缓刑。这样不仅契合我国缓刑制度的逻辑需要，也可以在很大程度上实现缓刑的预期目标。

（二）实质条件

除了罪行较轻的条件以外，缓刑的实质条件还要求犯罪人主观上是悔罪的，而且客观上再犯罪之可能性大大降低，通过适用缓刑对犯罪人行教育改造之意，不会对社会公众产生不良影响。罚金刑是财产刑，如果被判处罚金刑，犯罪分子归案后主观上有悔罪表现，客观上具备上述两个客观条件，可以构建罚金刑缓刑制度，其罪行轻、社会危险性小并真诚悔悟，在接受现实的监督考察、教育引导后，复归社会的可能性较大，完全契合设立缓刑制度的初衷。

（三）考察撤销机制

在探讨主刑缓刑制度适用的对象条件、实质条件后，主刑缓刑制度的考察机制、撤销程序等相关规定，也为罚金刑缓刑制度的构建提供了样本。诸如具体的考察期间、考察的内容、负责考察的机构和人员，以及在何种情况下将撤销对犯罪人罚金刑缓刑的适用等问题，主刑缓刑制度均有科学合理的法律规定，且已经有了成熟的经验可供借鉴，能够为罚金刑缓刑制度的建立提供正当的依据和必要的参考，不至于在构建之初就遭受因制度体系不完整引发的一系列问题的干扰；与此同时，也能够在一定程度上缓解因罚金刑立法及司法之间缺乏有效衔接，所造成的执行障碍的尴尬局面。总之，构建我国罚金刑缓刑制度，符合现代刑法理念，能够与我国主刑缓刑制度相匹配，并实现罚金刑罚立法规定与司法适用的有机衔接。

四、域外罚金刑缓刑制度的立法例提供了参照

域外规定罚金刑可以适用缓刑的国家不在少数，探本溯源，最早规定罚金可以适用缓刑的是法国，1891年法国在《关于减轻和加重刑罚的法律》中明确规定了罚金刑缓刑制度。① 研究罚金适用缓刑的可行性，需要了解各国关于罚金刑缓刑制度的法律规定，通过比较分析，探寻该制度存在的意义、适用的范围及具体的运行状况，能够为我国构建罚金刑缓刑制度提供一定的思路和参考。从世界范围上看，立法上明确规定罚金刑缓刑制度的国家很多，包括匈牙利、日本、意大利、法国、捷克、西班牙以及韩国等。但由于各国对罚金刑法律地位的界定标准有所不同，所以各国关于罚金刑缓刑的具体法律规定与制度设计也不尽相同。归纳起来可以分为四种情况：其一，罚金刑本质上属于主刑。具体来说，日本、意大利、法国和西班牙等国家的刑罚体系中，明确将罚金刑界定为主刑，犯罪人被判处法定时间的监禁刑（各国监禁时间不同，诸如法国为五年以下，日本为三年以下）或罚金刑时，可以适用缓刑制度。其二，罚金属于附加刑。此种情况主要是指捷克斯洛伐克和我国。根据我国现行刑法规定，罚金刑不能适用缓刑。但是，捷克规定罚金刑属于附加刑，而且只能与主刑同时判处，不存在单处罚金刑的情形，在满足缓刑适用情形时可以适用缓刑。其三，罚金刑既是主刑又是附加刑。匈牙利规定，犯罪人被判处两年以下监禁或者罚金刑，法院可以判处一至三年的缓刑考验期。其四，对罚金刑不作主刑和附加刑的区分。韩国在对犯罪人适用缓刑制度时有相应规定。犯罪人的宣告刑为一年以下劳役或者徒刑或者罚金，但犯罪人主观上具有明

---

① 马登民，徐安住. 财产刑研究 [M]. 北京：中国检察出版社，2004：426.

显的悔罪表现，可以适用缓刑制度对犯罪人进行惩处。由此可知，罚金适用缓刑制度在域外的部分国家得到认可、确定并得以延续，证明该制度具有其存在的意义和价值，能够为各国司法实践中遇到的执行困境提供帮助，也为我国借鉴该制度提供了正当的依据。

将罚金刑与缓刑制度的优势结合起来，构建一项新的教育改造犯罪人的科学制度，符合现代刑法轻刑化的刑事司法潮流，顺应现代刑法轻刑化的社会行刑理念；同时罚金刑缓刑制度关注犯罪人的人权保障，以宽容、人道等富有人文关怀的基本精神为原则，在刑事司法运作的领域中，侧重犯罪人的再社会化，促使犯罪人感受刑法的宽恕之恩，诠释了当今世界刑罚制度由严酷到轻缓的人道进化趋势，已被域外部分国家广泛选用，于我国法治建设有较强的借鉴价值。

第四节　构建我国罚金刑缓刑制度的基本思路

虽然我国理论界很多学者都支持构建罚金刑缓刑制度，但是对于该制度的具体设想和基本思路却鲜有研究。我国现行刑法，仅就主刑缓刑制度作了具体规定，罚金刑缓刑制度仍处于空白状态。笔者认为，能够为立法规定和司法实践提供科学合理的建议是理论研究的目的所在。鉴于此，如何为构建我国的罚金刑缓刑制度提供具体思路和制度设计是需要进一步探索的问题。据此，笔者将在本部分按照我国主刑缓刑制度设立的基本思路，展开对构建我国罚金刑缓刑制度基本思路的探讨，以期为今后的立法完善提供建议。

一、明确罚金刑缓刑的适用条件

主刑缓刑制度在我国刑法总则的第四章作了相关规定，集中在条文的第72条至77条，囊括了主刑缓刑所有内容，包括缓刑得以适用的具体的各项条件、缓刑的科学考察机制和缓刑撤销等。笔者认为，要设置罚金刑缓刑制度，提供确切的法理支撑是十分必要的，所以，首先要明确罚金刑缓刑适用的条件。

（一）适用的对象条件

现行《刑法》第72条第1款，明确界定了主刑缓刑的适用对象，即被判处拘役、3年以下有期徒刑的罪犯。可见，《刑法》将罪犯适用主刑缓刑的最低实刑刑种定格为拘役刑，最高实刑刑种定格为有期徒刑，且实刑刑期最高不得超过3年。基于此，我国立法将罚金排除于缓刑适用范畴之外。但罚金刑是附加刑，与主刑相比，是更轻微的刑罚，法律不允许罚金适用缓刑，是否有违举重以明轻的司法原则？是否会导致刑法各刑种之间的关系失去协调？因此，为缓和与举重以明轻原则的冲突，保持各刑种之间有效对接，笔者认为，有必要将缓刑适用的外延扩大至罚金刑。

另外，罚金在我国司法实践中的适用方式多采用并罚制。因此，明确划分罚金刑缓刑制度的适用对象是十分必要的。缓刑作为一种刑罚运用的具体制度，本身符合刑罚轻缓化的立法精神。所以，考虑到要与缓刑制度本质相匹配，又要与缓刑法律制度的设计相协调，针对宣告刑为3年以上有期徒刑的犯罪人，不允许适用罚金刑缓刑制度。易言之，在对罚金刑缓刑的适用对象进行扩张解释的基础上，同时作出必要的限制。将罚金刑缓刑的适用对象界定为：被判令单处罚金或拘役、3年以下有期徒刑并处或选处罚金的犯罪人。之所以做出这样的限定，是因为缓刑作为刑罚运用的一种执行制度，没有实际关押犯罪人，只是借助缓刑考察机构和社会力量，来敦促引导犯罪人悔过向善，一旦教育改造成功，就不再执行原判刑罚。所以，缓刑本质决定其仅适用罪行很轻的罪犯。基于此，主刑达到3年以上徒刑并处、选处罚金的罪犯，不可适用罚金刑缓刑制度。

（二）适用的具体方式

明确了对罚金刑适用缓刑的对象后，再来探讨罚金刑缓刑的适用方式。关于适用方式的规定，笔者意从两个方面展开研究：

其一，罚金适用缓刑制度是适用于罚金的一部分还是全部？犯罪人的经济基础薄弱，客观上确实没有个人财产用以缴纳全部罚金，是否可以成为考量适用罚金刑缓刑制度的因素？笔者认为，应当考虑犯罪人的经济基础条件，在主观上认可并接受刑罚处罚的情况下，如果客观上确实生活贫困而无法缴纳全部罚金，可适用罚金刑缓刑的制度，但缓刑制度延及的部分仅限于部分罚金数额，而非全部罚金。理由是，如果犯罪人的确无力缴纳全部罚金，这样能够获得更为积极的刑罚效果。罚金刑追求的价值目标是，以剥夺财产的方式对被判处罚金刑的犯罪人行教育改造之意，督促犯罪人悔过向善，亲身感受刑罚的惩戒性与威慑性。但其功能发挥作用的前提是犯罪人拥有财产，没有财产，罚金刑就无法切实得到执行。当然，在犯罪人确实没有金钱缴纳罚金的情况下，还有暂缓、免除罚金等其他可选择的方法，但笔者认为如果符合罚金刑缓刑制度的适用条件，选择罚金刑缓刑制度最为妥当。理由是：如果犯罪人没有能力支付全部罚金就暂缓执行，随时有钱就随时执行，将导致犯罪人的个人收入在较长一段时间内全部用以缴纳罚金，这必然会影响他的工作积极性，对犯罪人实现再社会化十分不利；但如果犯罪人没有能力支付全部罚金就免除罚金，会使犯罪人产生刑罚过于随意的错觉，有损刑法的严肃性。而若对其适用罚金部分缓刑制度，在犯罪人确实无能力缴纳全部罚金的情形下，只要在考验期间内遵守法律的相关规定，对于无法缴纳的部分可以不再支付，给予犯罪人重新通过合法的劳动取得收入的机会，这样在发挥刑法威慑性的前提下，更有利于实现犯罪人的再社会化，显然是最为可取的方式。

其二，适用罚金刑缓刑制度，是否需要在罚金数额上作出限制呢？国际上有两种做法，一种是没有进行数额限制的，另一种是对数额作出限定的。前者如韩国，后者如日本、意大利。笔者赞成前者的做法，认为不需要在罚金的数额上加以限制。罚金刑是夺取犯罪人财产的附加刑，轻于限制或者剥夺犯罪人人身自由的主刑。如果犯罪人的宣告刑是单处罚金刑罚，表明犯罪人的罪行轻微，主观恶性较小，经济基础差又符合缓刑制度的条件下，不必在其数额上作出限制，可以对罚金适用部分缓刑。反之，犯罪人的罪行严重，主观恶性大，需要加以关押的，法院往往会判决拘役或徒刑等自由刑并处罚金予以惩戒和处罚，通常在这种情况下，要以主刑是否可以适用缓刑来具体斟酌：若主刑不可以适用缓刑，则作为附加刑的罚金刑显然也不宜适用缓刑；若主刑判决可以适用缓刑，再看犯罪人的客观经济状况以及主观悔罪表现,犯罪人主观上接受处罚但客观上的确无经济能力时,并处或选处的罚金刑可以部分适用缓刑制度,相反则不可以适用缓刑制度。

(三)适用的实质条件

如前文所述,缓刑适用的实质条件,在主客观方面均有具体要求。主观上,要求犯罪人确有悔改之意,对因自己的犯罪行为给被害人造成的伤害和损失,真心表示后悔和抱歉;客观上,要求犯罪人罪行轻微且无再犯罪之可能,倚靠缓刑考察机构和社会力量对其进行教育引导,不会对社会公众产生不良影响。另外,满足以上主客观之实质条件时,若是一般犯罪主体,司法机关有裁量权,根据案件具体情况裁决是否适用缓刑;若是"特殊的犯罪主体"①,司法机关没有裁量权,应该依法宣告缓刑。设置罚金刑缓刑制度,其实是将罚金刑添加到缓刑制度适用的外延范畴内,罚金刑既然要适用缓刑,就必须遵循缓刑制度的各项法律规定(即以上实质要件)。现行《刑法》以犯罪时的情节、犯罪后的悔罪表现以及犯罪人本身的人身危险性(再犯危险性与对所在社区没有重大不良影响)作为衡量能否适用缓刑的实质标准,所以笔者亦从这三个范畴探究罚金刑缓刑制度适用具体的实质要件。

1. **犯罪时的具体情节**

犯罪情节所涉及的具体内容,主要是考察犯罪人在实施犯罪行为的过程中,所反映出来的主观恶性的大小,以及犯罪结果的严重程度,这些内容都是决定能否适用缓刑制度时需要考虑的因素和情节。有学者将这些事实或情节概括为过失犯、防卫或避险过当、预备犯与未遂犯以及中止犯。②笔者以为,视犯罪情节为酌量要素,是为了判定对犯罪人适用缓刑是否有失公正,继而危及法秩序。一般而言,犯罪人罪行严重,证明其可塑性较低,劣性较深,对法秩序的危害仍然较人,很难依靠现实的教育引导敦促其洗心革面、告别犯罪,并彻底消除其主观恶性及人身危险性,一旦对该类犯罪人适用缓刑,必然会丧失公正性,继而危及法秩序。因此,始终要

---

① 主要指未满十八周岁的人、怀孕的妇女以及年满七十五周岁的人。
② 鲍遂献. 论缓刑的适用 [J]. 中国法学,1992 (3):80-88.

围绕主观恶性和人身危险性所造成的法益侵害程度来判断犯罪情节的轻与重。据此,笔者支持前述学者的观点,并在此基础上加以适当补充,概括认为犯罪情节应涉及以下要素:

其一,过失犯罪。是和故意犯罪相对的范畴,较之于故意犯罪,过失犯罪主观恶性很小,多数情况下,过失犯甚至缺乏实施犯罪行为的意图,所以完全可以期待即使不对他实际执行刑罚,他也不会实施新的犯罪。因此,排除特殊情形(表明过失犯主观恶性大),可以考虑对其判处罚金刑时适用缓刑。

其二,防卫或避险过当。通常是指为保护某一合法权利,防卫人、避险人采取应对措施,因超过合理限度,造成不必要损害的行为。无论是防卫还是避险,其背后蕴含的法理,都是鼓励社会公众同不法行为作斗争,或在特殊情况下保护较大法益。所以,在很大程度上,防卫人、避险人对过当结果的出现,主观上多半是过失,即使是故意,往往其主观恶性小,并缺乏人身危险性,在满足适用缓刑的实质要件时,适用缓刑能够得到公众的普遍认同和接受,同时又不会产生破坏法治和违背社会正义的负面效应。因此,防卫或避险过当者也符合罚金刑缓刑制度适用的条件。

其三,预备犯与未遂犯。客观上,无论是预备犯或是未遂犯,法益侵害均没有达到最高的程度,犯罪结果最终没有现实化,所以客观危害性较小;主观上,犯罪人的主观意志尚未进行充分表达,就因为客观原因迫使其停顿下来,所以他的主观恶性和既遂犯不能够相提并论。在主客观统一的情况下,罪行轻微,满足缓刑其他条件,可以斟酌决定对其判处罚金的同时宣告缓刑。

其四,犯罪中止。意思是指罪犯实施犯罪后,危害结果现实化之前,基于自己真诚悔过的意思表示,主动放弃继续实施犯罪,或采取有效措施积极阻止实害结果的发生。犯罪中止是犯罪人在可以继续实施危害行为的情况下,以实际行动表明了其真诚悔过的心理,放弃犯罪,可以推断其人身危险性及主观恶性已经大大降低,阻止危害结果发生,并采取各种有效措施救助被害人,说明犯罪人已经缺失再犯的可能性,对其适用缓刑,完全符合设立缓刑的初衷,也符合公众"知错能改,善莫大焉"的善良宽容心理。据此，笔者认为针对中止犯适用罚金刑缓刑是可行的。

其五，可宽宥的犯罪动机。犯罪人的犯罪动机与主观恶性有着天然而密切的联系。犯罪人的主观恶性往往潜藏在犯罪人犯罪的动机之中。一般来说，犯罪动机越卑劣，犯罪人的主观恶性越深，对社会秩序的破坏程度也就越大。所以，犯罪动机是判断能否适用缓刑的重要因素。若犯罪人实施犯罪行为有值得宽宥的情节（例如遭受正常人所难以抗拒的压力和痛苦，或者为了维护法正义和法秩序等），那么因其主观恶性小，应当给予适当的谅解和机会，对其适用缓刑是很好的选择；反之，则应慎重考虑后再行决断。

2. 犯罪后的悔罪表现

犯罪人是否真诚悔过以及有无再犯的可能性，也可以从犯罪人犯罪后具体表现出来。

第一，自首。自首是用以酌量能否对犯罪人适用缓刑的重要因素。自首是犯罪人实施犯罪后，基于真诚悔罪的心理，主动向司法机关供述自己实施的全部犯罪行为，配合司法机关的调查工作，在某种程度上自愿接受刑罚处罚的行为。由此可以推断，犯罪人已经做好为自己的犯罪行为承担相应刑事责任的准备，犯罪心理也已经产生转变，企图再次危害社会的可能性微乎其微，人身危险性减弱，可改造性增强，适用缓刑是可行的。

第二，立功。立功是衡量犯罪人是否真正悔过的因素之一。犯罪人基于悔过心理，真正认识到自己的犯罪行为引发的社会危害性，才会主动实施立功行为。从严格意义上讲，犯罪人的立功行为本身就表明其认罪态度良好，其人身危险性大大降低，因此可以考虑对立功的犯罪人予以适用缓刑制度。

第三，坦白。坦白虽是犯罪人被动地置于司法机关的控制力之下，但能够交代全部罪行，表明犯罪人愿意改过自新，重新做人，不再渴望以犯罪的方式来获取相应的犯罪收益，这就决定了我们可以得出犯罪人缺失再犯可能的结论，与缓刑的精神实质相吻合，可以考虑适用缓刑。

3. 犯罪人的人身危险性

这里所言的犯罪人的人身危险性，通常与犯罪行为没有直接关系，而是结合犯罪人的个性、经历和一贯表现综合予以判断。笔者认为，犯罪人触犯法律，与其自身的需求和潜藏的主观恶性相关，归根结底，犯罪人的人身性危险性，与其的性格、经历和一贯表现密不可分。因此，理应在判断是否适用缓刑时予以考虑。

第一，犯罪人的经历。这里的经历主要是指犯罪经历，意在对初犯和再犯加以区分。初犯或再犯的身份，在很大程度上决定着最终能否对犯罪人适用缓刑。显然，不管是主观罪恶，还是社会危害性，初犯远低于再犯。况且，再犯已经接受过两次或者两次以上的刑罚惩罚和教育（特别强调接受过实刑的再犯），仍然再次触犯法律，据此可以推断其并无悔过之意，其人身危险性较大，一般不考虑对其适用缓刑；反之，对初犯可考虑适用缓刑。

第二，犯罪人的一贯表现。这里主要是看犯罪人曾经是否品行良好，是否曾因违法乱纪受到非刑罚的处罚。如果犯罪人历来品行良好且一贯遵纪守法，则应倾向于考虑对其适用缓刑；如果不是，则应倾向于考虑对其执行刑罚。

此外，国外有些学者认为，职业技能、职业记录或者特定情况下的辩诉交易，也应当成为考量犯罪人是否可以适用缓刑的因素。[①]

总而言之，罚金刑缓刑制度应该都是针对罪行轻、人身危险性弱及主观有悔罪表现的犯罪人，所以，罚金刑缓刑制度仍然需要符合缓刑制度适用的各项条件，犯罪人在满足所有适用条件的基础上，才可以对其适用罚金刑缓刑制度。

（四）罚金刑缓刑适用的排除条件

主刑缓刑制度的排除条件，规定在现行《刑法》第74条，其主旨是禁止累犯和犯罪集团的首要分子适用缓刑，构建罚金刑缓刑制度，必然也要围绕这两个问题展开。

1. 累犯一般不得适用缓刑的规定

累犯是指在法定的一段时间内，犯罪人两次甚至多次实施故意犯罪，

---

① Paul F. Cromwell, George G. Killinger. Community Based Corrections: Probation, Parole and Intermediate Sanctions [M]. St. Paul: West Publishing Company, 1994: 50.

且依据我国《刑法》规定，前后所犯数罪之刑罚均达到徒刑以上程度的罪犯。显然，累犯相比于一般普通罪犯守法性、合社会性必然要低，很难通过社会教育对其进行矫正和改造。所以通常情况下，累犯不符合缓刑适用的条件，循此逻辑，对于累犯判处罚金刑的，一般不能宣告缓刑。

当然，不能排除存在某些极为特殊的情况下宣告罚金刑缓刑的可能性，如果根据案情能够表明累犯已经丧失了主观恶性及人身危险性，而且具备可予宽宥的理由。譬如，犯罪人再次故意犯罪是由于防卫过当引起的，或被害人对犯罪结果存在明显过错。在司法实践中，曾经有类似案例。成年人甲因犯盗窃罪，依法被判处两年有期徒刑，刑满释放后，甲主要依靠小本生意维持家庭基本开销，生活拮据，但是因不能忍受霸市者乙长期的"暴力收取地摊费"，释放后第四年的某日故意将乙砍伤，显然甲构成累犯。案件发生后，甲主动将乙送往医院治疗，并主动自首，积极配合公安机关人员的调查，同时家里的生活收支均由其一人承担。针对该案件，笔者认为，如果法院判决的结果符合缓刑适用的其他条件，不应将本案中的甲因构成累犯而拒之罚金刑缓刑制度的门外，因为从缓刑适用的其他条件上来看，对其适用缓刑并无不妥之处，而关于缓刑的排除条件，甲又有值得宽宥的理由。所以，笔者认为可以考虑对本案中的甲适用罚金刑缓刑制度。

综上，笔者认为，构建罚金刑缓刑制度，需要改变主刑累犯禁止适用缓刑的规定，倘若累犯有特别值得宽宥的情节（诸如由于防卫过当或者被害人对危害结果存在重大过错等主观恶性弱的情节），而且是在确有必要的情况下（强调对犯罪人适用缓刑，对犯罪人的家庭和社会生活具有重要价值），应根据具体情况考虑对累犯适用罚金刑缓刑。

2. 犯罪集团的首要分子不宜适用罚金刑缓刑

和累犯一样，我国刑法将犯罪集团首要分子排除于主刑缓刑适用范围之外。犯罪集团的首要分子，是指在聚众或者集团犯罪中起到支配或控制作用的犯罪人，该类犯罪人通常在组织性或团体性犯罪中扮演领导者的角色，支配、控制着整个共同犯罪的进程，对犯罪能否现实化发挥决定性作用。因此，刑法将犯罪集团的首要分子排除在缓刑适用的范围之外是科学合理的。无论是人身危险性或是社会危害性，首要分子占据的比重都过大，不易进行教育和改造，对其适用缓刑，无法获得公众的普遍认同和接受，可能产生破坏法治和违背社会正义的负面效应。同时，其也不符合适用缓刑的法律要件。鉴于此，笔者认为，犯罪集团首要分子不宜适用罚金刑缓刑制度。

二、建立罚金刑缓刑制度的考察机制

主刑缓刑制度，相关的考察机制在我国《刑法》第72、73、75条中均做了明确规定。本部分将结合罚金刑自身特点，就构建罚金刑缓刑制度，围绕罚金刑缓刑的考验期间、考验内容及负责考察的机构和人员等相关内容分析其考察机制。

（一）考验期间

与缓刑制度一样，罚金刑缓刑的考验期间，亦是构建罚金刑缓刑制度立法过程中的重要内容。罚金刑缓刑考验期间是指专门设置一段时间，对犯罪人进行考察和约束，考验期间的起止，通常意味着罚金刑缓刑的开始和结束。受不同法系的影响，世界各国关于罚金刑缓刑考验期间规定各不相同。部分大陆法系国家主要采取法定主义，将考验期间设置为确定的一段时间，司法机关没有自由裁量的余地。譬如法国刑法典，将考验期间设定为5年，瑞典刑法典将考验期间规定为3年。而部分英美法系国家多选用裁定主义，没有为考验期间设定具体的期限，完全依靠法官对案件的分析判断自由裁量，比如现今美国的一些州选用此种做法。还有部分国家，吸收大陆法系和英美法系的合理成分，选用折中主义，将考验期间置于一定的幅度范围内，供司法机关根据其价值判断自由裁量。如日本的缓刑考验期间是1至5年。①

我国对主刑缓刑考验期间选用折中主义。由《刑法》规定一定幅度的

---

① 屈耀伦. 我国缓刑制度的理论与实务［M］. 北京：中国政法大学出版社，2012：228 - 229.

考验期，再由法官在此期限内，根据案情斟酌考量缓刑的考察期限。这种模式同时规定了上限与下限，如拘役的考验期是原判刑期以上1年以下，但至少要满2个月；有期徒刑考验期是原判刑期以上5年以下，但至少要满1年。那么我国罚金刑缓刑考验期要如何设定呢？是否需要与现行的缓刑制度保持一致？笔者认为应保持一致。针对缓刑考验期间，我国选用折中主义的做法是十分合理的，因此，罚金刑缓刑遵循主刑缓刑制度考验期也是妥当的。因为从教育刑理论的角度来讲，给犯罪人设置一定的考验期，并要求其遵守各项法律规则，履行各项法律义务，其目的是对其进行约束和管制，从而达到教育感化犯罪人的效果，促使其能够更好实现再社会化。同时，对考验期的限定要使犯罪人的主观恶性及其被判处的刑期的长短保持一致，不宜过短或过长。一方面，考验期过短无法起到约束管制犯罪人的作用，不利于对其进行教育改造；另一方面，考验期过长会造成犯罪人长时间受到刑罚的威慑，不利于保障人权，也有悖于缓刑制度的立法宗旨。而当前我国的缓刑制度完全符合上述的教育刑理念，将考验期置于一定的范围内的同时，又限定了该期间的最高值和最低值，不仅可以给罪犯相对确定的威慑感，敦促其悔过向善、自觉改造，还有益于司法实践的具体操作。据此，笔者认为罚金刑缓刑制度的考验期间应与主刑缓刑的考验期间保持一致，当然这仅就并处罚金的情形而言。对单处罚金的犯罪人来说，为了与当前的主刑缓刑制度相衔接，应设置与其相配套的考验期，即符合主刑缓刑制度规定的最低期限，考验期至少要满2个月，考虑到罚金刑是附加刑，最长考验期不超过3年，以与我国主刑缓刑考验期相衔接，保持合理的梯度。

（二）考验内容

缓刑的考验内容，在刑法理论上也被称为缓刑人的义务。将其称为"义务"，实质上是为了确保缓刑目的得以实现，避免缓刑制度流于形式，所以要求犯罪人在缓刑考验期内，必须遵守并履行法律所规定的某些特定事项和相关义务。综观世界各国，针对缓刑人义务的规定本质上没有太大区别，只是在具体内容和形式上略有不同，但最终都是为惩治教育犯罪人，从而实现防卫社会的目的。各国将缓刑人义务具体分为两种，其一是缓刑负担，是指为了弥补犯罪行为导致的实害结果，强制犯罪人履行与刑事制裁相似的义务，从而缓解或减轻违法行为给被害人造成的伤害和痛苦。① 其二为缓刑指示，是指给罪犯施加某些特定的强制性义务，其目的是要求其对已实施的犯罪行为进行赔偿，并起到预防再次犯罪的作用。两者最明显的区别在于有无刑事制裁的属性，缓刑负担有制裁的成分在内，缓刑指示则没有。

与多数国家不同，我国主刑缓刑有关考验内容的规定多关注缓刑指示，未触及缓刑负担。涉及缓刑指示的有关内容，主要散见于《刑法》第75条以及第72条第2款，概括总结为：犯罪人要遵守法律、行政法规，包括会客也要遵守法律规定，服从法律监督；按时向考察机关报告个人的生活情况，如有特殊情况需要离开所居住的市或者县，必须取得考察机关的批准。此外，针对某些特殊的犯罪人，根据其具体的犯罪情况，对其适用禁止令，使其能够合理地安排从事相关活动，包括禁止进入特定的场所、区域，或是接触特定的人。不难发现，上述内容主要是对罪犯的行动自由加以约束限制，当然，这与目前我国缓刑制度适用的刑种有关。但是，罚金刑缓刑与主刑缓刑在考验内容上是否完全一致，值得我们斟酌。

笔者认为，罚金刑缓刑制度的考验内容，除了需要符合主刑缓刑制度本身的考验内容外，还要进行相应的补充，以实现罚金刑缓刑与主刑缓刑制度之间的有机衔接。因为罚金刑是一种财产附加刑，与自由刑相比有一定的特殊性，因此，就适用罚金刑缓刑的人而言，应对其考验内容进行适当增补。首先，在罚金刑缓刑考验期间，排除并处罚金的情况，如果判决的主刑或单处的罚金刑也被宣告适用缓刑，从理论上来看，犯罪人实际并没有承担具体的刑事责任，容易发生罪责刑不相适应的情况，会造成刑法的确定力可能丧失的结果，有失公平正义；其次，对犯罪人适用罚金刑缓刑，在一定程度上会激发被害人的不满情绪，加重被害人对犯罪人的痛恨和仇视，不利于平复被害人遭受的精神创伤；最后，将犯罪人置于现实社会环境中，却不给予任何实质惩处，容易使社会公众将罚金刑缓刑制度与无罪释放相混淆，不利于增强公众对法律的敬畏和信仰。因此，笔者建议

---

① 汉斯·海因里希·耶赛克，托马斯·魏根特. 德国刑法教科书 [M]. 徐久生，译. 北京：中国法制出版社，2001：1007.

对罚金刑缓刑制度的考验内容增加两项补偿性义务：第一，返还犯罪收益。针对轻微的财产性犯罪，犯罪人应将犯罪收益返给被害人，若非法所得已被挥霍殆尽，且已经对其适用缓刑，则应当根据现实情况，在犯罪人个人可以承受的经济范围内，尽力弥补抚慰被害人，平息被害人的愤恨，缓解被害人对犯罪人的仇视心理，避免其报复，争取修复化解与犯罪人之间的关系和矛盾。第二，提供公益劳动和社会服务。犯罪人在确无财产可供返还和执行的情况下，应当强制其参加社会公益劳动，提供社会服务，规定其在特定的时间内从事特定的体力劳动（如清扫街道、帮助敬老院维修基础设施等），时时警示、惩戒犯罪人并促进其悔过自新，也可以在一定程度上调整和平衡犯罪人与社会之间的关系。

（三）考察的机构和人员

对罚金刑缓刑制度的考验期间和考验内容进行讨论后，接下来的问题是，由哪些机构和人员负责对犯罪人的考察工作？我国刑法关于主刑缓刑考验内容的规定，实质上是从立法的角度保障缓刑目的得以实现而规定的，而关于考察机构和人员的规定，主要是涉及司法实践的相关措施。因此，如何实现缓刑目的在立法和司法上的有效衔接，就显得尤为重要。结合我国目前司法实践对主刑缓刑的考察，笔者认为，罚金刑缓刑制度考察的机构和人员的设计应当和主刑的相关设计保持一致。

在不同法系的影响下，各国有关主刑缓刑制度考察机构和人员的规定主要分为两类。受传统刑法理论的影响，大陆法系国家（如德国）通常将法院或其他行政机关及其工作人员，设置为负责缓刑的考验机关和人员，具有明显的职权主义色彩；而在实证主义理论的浸染下，英美法系国家（如英国）新设了一种非司法性的行政机构，由该机构人员专门负责缓刑制度的考察工作。与大陆法系职权主义相比，英美法系更注重民间主义色彩。[1]

我国主刑缓刑制度负责考察工作的主体，历经刑法不断修改变迁。1979《刑法》将负责考察犯罪人的主体，设置为犯罪人所在单位或其居住

---

[1] 屈耀伦. 我国缓刑制度的理论与实务 [M]. 北京：中国政法大学出版社，2012：235 - 236.

地的基层组织；随着市场经济的兴起，负责考察的人员，在司法适用过程中弊端不断显露，1997《刑法》又将考察主体变更为公安机关，并且要求犯罪人的单位或居住地基层组织予以配合；但在司法应用中，仍然不断涌出诸多的冲突和矛盾，于是在 2003 年，公安部、司法部、最高检和最高法联合发布通知，将犯罪人的缓刑考察工作交由司法行政机关组织负责，并由公安机关协同配合；直至 2011 年《刑法修正案（八）》的公布，负责缓刑考察的主体再次做出调整，对被宣告缓刑的犯罪人依法实行社区矫正。至此，我国缓刑制度负责考察工作的主体，被确定为犯罪人居住地的社区矫正机构及其工作人员。

罚金刑缓刑考验机构和人员，是指依据法律规定，对被法院判处罚金刑缓刑的犯罪人进行监督、考察及教育的专门机关和人员。那么罚金刑缓刑的监督考察主体该如何设置呢？笔者认为，无论是罚金刑缓刑还是主刑缓刑，都需要考察的机构和人员对犯罪人进行考察教育，帮助犯罪人改恶从善，以期实现犯罪人的再社会化。因此，笔者认为罚金刑缓刑仍应沿袭主刑缓刑的法律规定，由社区矫正机构及相关人员对罚金刑缓刑进行考察。同时，在此基础上，进一步强化社区矫正工作，确保主刑缓刑和罚金刑缓刑制度能够正常开展。

鉴于在司法实践中，异地犯罪、流窜作案的犯罪人数不断攀升，关于如何在考验期内监督考察外省籍犯罪人的问题日益凸显。笔者认为，针对被判处罚金、拘役或三年以下徒刑同时又适用缓刑的外省籍犯罪人，可以在全国范围内采用公开招考的方式选拔各方面人才（包括心理学、社会学及犯罪学等学科的人才，且各人才来自不同的省份），组建一支行政关系隶属于社区矫正机构的、专门负责对犯罪人进行考察监督的工作组。不仅能够为解决罚金执行难问题建立有效机制，还可以对外省籍犯罪人实施针对性的考察和教育，更好地达到促使犯罪人再社会化的效果。同时，由该工作组的人员针对外省籍犯罪人专门制定一套缓刑考察监督制度，并建立与社区矫正机构中的其他部门相协调的配合机制，以实现对外省籍犯罪人与本省籍犯罪人同等程度的监督、考察及教育。

三、构建罚金刑缓刑制度的撤销及终结程序

前面已经就如何构建罚金刑缓刑制度的适用条件和考察机制进行了剖析和阐述,那么被判处罚金刑缓刑的犯罪人在考验期间的不同表现又会引发什么样的法律结果?何种情况下会导致罚金刑缓刑制度的撤销及终结?以下分述之。

(一) 罚金刑缓刑制度的撤销

罚金刑缓刑制度的撤销程序依然要与主刑缓刑制度的撤销程序相契合。原因在于,在都符合缓刑适用的条件下,无论犯罪人最终被宣告处以短期自由刑,或者罚金刑(单处、选处或并处),都要求遵守法律关于缓刑的强制性规定。因此,研究罚金刑缓刑制度的撤销,首先要剖析主刑缓刑制度的撤销事由及法律后果。

主刑缓刑制度的撤销事由以及撤销后产生的法律后果,我国《刑法》第 77 条均予以明文规定。总结起来,主刑缓刑撤销的法定事由有三种:一是触犯新罪;二是存有漏罪;三是有重大违法行为。且这三种情形都有一个共同的前提,即均要求发生在考验期内。如果符合这三种情形,缓刑将被撤销,对新罪或漏罪与原判刑罚进行并罚后合并执行,罚金刑缓刑的撤销原则上应当与上述规定的情形保持一致。因为宣告罚金刑缓刑后,如果发现新罪、漏罪或者重大违法行为,同样可以推定犯罪人无论是主观上还是客观上均与罚金刑缓刑制度的设立相悖,理应撤销。

此外,笔者还需要就新罪和漏罪这两项内容进行具体分析说明。其一,"再犯新罪"的认定及后果。我国《刑法》规定,犯罪人在考察期间内实施新的犯罪行为,不论其主观罪过是故意还是过失,一律撤销缓刑。据此,会产生两种情况,一种是在考验期间犯罪并被发现且查证属实,另一种是在考验期间再次实施犯罪行为但是在期满后被发现并被证实。前一种情形撤销缓刑毋庸置疑,犯罪人在矫正期间,再次触犯法律,表明对犯罪人的教育引导是失败的,没有达到缓刑制度的预期目标,与一般普通人相比,罪犯的人身危险性和法益侵害性仍然很大,守法性及合社会性很低,对其实际执行刑罚进行惩处是非常必要的;但后一种情形呢?一般情

况下，犯罪人犯罪后会积极采取各种措施，掩饰隐瞒自己的犯罪行为，以躲避司法机关的追踪调查，如果司法机关未能及时地在考验期间发现罪行，是否也要一概撤销缓刑？1985年最高法出台司法解释针对此问题进行答复，明确该种情形也应撤销缓刑，对犯罪人所犯新罪与原判刑罚进行并罚后交付执行。因为不管何时发现，事实都是犯罪人在进行改造的过程中再次触犯法律危害了社会，所以，针对再犯新罪的犯罪人，考验期内或考验期满被发现并不能够成为致使原判刑罚失去效力的实质理由。

其二，"发现漏罪"的认定及后果。刑法明文规定犯罪人在缓刑考验期间，未主动供述被宣判以前实施的未被司法机关察觉的漏罪，在考验期间内被发现后，一律撤销缓刑。从该规定中我们可以看出，考验期满后，犯罪人被发现隐瞒漏罪，即使查证属实，也不能撤销缓刑。此时法院只能按照刑法追诉时效的规定，判断犯罪人是否承担漏罪的刑事责任。此外，如果犯罪人在考验期间内，主动对漏罪自首和坦白，那么还要撤销缓刑吗？针对该问题，刑法条文和司法解释均没有作出规定和区分。笔者认为，漏罪是犯罪人被宣判前实施的犯罪行为，在被司法机关控制并接受法院的审判后，犯罪人能够主动交代司法机关尚未察觉或侦破的犯罪，是其确有悔罪表现、人身危险性降低的直观反映，表明犯罪人接受教育改造成功，守法意识和自我约束控制力增强，再次实施犯罪的可能性减少，可以考虑不对犯罪人撤销缓刑。

主刑缓刑撤销，意味着缓刑对犯罪人的教育矫正是失败的，犯罪人并不符合原刑之宣告失去效力的条件。因此，犯罪人原判罪刑"复活"，将继续对犯罪人执行原判刑罚。基于此，在数罪均判处罚金刑的情况下，罚金刑缓刑一旦被撤销，犯罪人将承担数罪（新罪、漏罪与原判刑罚）合并执行罚金刑的法律后果。

（二）罚金刑缓刑制度的终结

主刑缓刑的结束及由此产生的法律后果，规定在我国《刑法》第76条：主刑缓刑的结束，是缓刑考察后产生的一种积极的法律后果，主要涉及宣告和效力两个问题。主刑缓刑结束，意味着对犯罪人的教育改造成功了，因此应由法定的社区矫正机构公开进行宣告，犯罪人不需要再承担原判刑罚的法律后果。按此逻辑，罚金刑缓刑结束，是指被宣告罚金刑缓刑的犯罪人，在考验期限内经过考察和监督，没有出现上述缓刑被撤销的法定事由，因此原判刑罚无需再执行的法律结果。一般来说，这里所谓的"原判刑罚无需再执行"，是强调原判决依然存在，在法律上犯罪人仍然被认为是有前科的人，只是原判罚金不再追缴，予以免除，即犯罪人仍然背负着犯罪记录，只是不再承担实际缴纳罚金的刑事责任。同时，罚金刑缓刑制度的结束意味着犯罪人缓刑考察制度的圆满结束，犯罪人已经没有人身危险性，不必继续接受考察，可以恢复行为自由，因此必须公开宣告，防止考察无期，便于重返社会。

第五章
我国未成年犯罪人罚金减免制度的构建

前面两章专门就罚金刑执行难的问题,提出了构建罚金刑易科制度和罚金刑缓刑制度,这是从一般犯罪人的维度所进行的。司法实践中,罚金刑还涉及一些特殊人群,如未成年人、年满七十五周岁的人、残疾人等。尤其是未成年且被判处罚金刑的犯罪人,如何处理?本章主要讨论该问题。

第一节 未成年犯罪人罚金减免制度概述

构建未成年犯罪人罚金减免制度,首先应当明确未成年犯罪人适用罚金刑的理论依据,明确未成年犯罪人是否应当适用罚金刑;再对未成年人罚金减免制度的概念和特征进行解读,是未成年犯罪人罚金减免制度构建的前提条件。

一、未成年犯罪人适用罚金刑的论争与评析

未成年犯罪人罚金减免制度构建的研究要先厘清未成年犯罪人能否适用罚金刑的问题,因此需要对学界当前未成年犯罪人是否能够适用罚金刑的理论成果进行分析。当前未成年犯罪人适用罚金刑的论争,总的来说分为肯定说、否定说和折中说三种立场。

（一）未成年犯罪人适用罚金刑的理论论争

1. 肯定说

肯定说赞成依法对未成年犯罪人适用罚金刑。第一，持肯定说者认为，在我国刑法对犯罪人判处罚金刑是明确规定的，刑法在这一语义下并未作任何限缩解释，而未成年犯罪人属于犯罪人的涵盖范围，因此，对未成年犯罪人适用罚金刑是合法的，符合罪刑法定原则。如有学者认为，对未成年犯罪人适用罚金刑符合我国刑法。[1] 第二，支持肯定说的学者认为，未成年犯罪人适用罚金刑是罪责自负原则的体现。例如有学者认为，在实践中，未成年犯罪人一般没有财产可供执行，根据司法解释的规定，一般都是由家长代缴，但这是基于家长的监护责任缺位导致其需要承担的责任，符合罪责自负原则。[2] 第三，肯定说支持者认为，对未成年犯罪人的教育和改造能够借助未成年犯罪人适用罚金刑进行推动，实现家庭教育和社会教育双轨并行。刘正祥赞成这一观点，他认为，这样还能够有效防止因对未成年犯罪人适用监禁刑而导致的交叉感染等不良后果。[3] 再如高铭暄教授在《刑法专论》一书中论述道，从加强未成年人管理和教育以及家长的监管责任角度来讲，虽然未成年人没有固定的经济收入，但由其家长代缴对未成年人的教育来讲是有利的。[4]

如上，肯定说的支持者首先是从刑法条文的规定出发论述的，认为由于未成年犯罪人适用罚金刑并未被我国刑法所禁止，那么未成年犯罪人适用罚金刑便是合法的；其次，肯定说支持者认为对未成年犯罪人适用罚金刑，是对罪责自负原则的遵循，因为家长代为执行是为自己履行监护职责不善而承担责任；最后，支持者们认为对未成年犯罪人适用罚金刑更有利于对其的教育改造，可避免监禁刑导致的"交叉感染"情形。

2. 否定说

与肯定说不同的是，否定说强调从实质角度进行分析，即虽然《刑

---

[1] 郝建设，刘亮. 我国刑法对未成年人犯罪适用刑罚的规定 [J]. 理论界，2002（6）：66 - 67.
[2] 宋丹. 试论未成年犯罚金刑的适用 [J]. 江西公安专科学校学报，2004（1）：22 - 24.
[3] 刘正祥. 论未成年人犯罪的刑种适用 [J]. 政法学刊，2007（1）：78 - 81.
[4] 高铭暄. 刑法专论 [M]. 北京：高等教育出版社，2002：564.

法》未明确规定对未成年犯罪人不应当适用罚金刑,但是从实质角度来讲,施加给未成年犯罪人的罚金刑通常会带来较大经济压力,易导致未成年犯罪人为了逃避或缴纳罚金而再次犯罪,故须防止未成年犯罪人适用罚金刑。

首先,否定说的支持者认为,未成年犯罪人适用罚金刑是不符合对未成年人犯罪案件的轻刑化处理的理念,如樊凤林在《论未成年人的刑事责任》中所述,我国刑法体现了对未成年犯罪人的关怀,在对未成年犯罪人适用刑罚时应当从宽,同时进一步完善对未成年犯罪人的感化、教育等措施,如禁止对未成年犯罪人适用罚金或财产刑。[1] 其次,持否定说者认为,应考虑未成年犯罪人在实际执行罚金刑过程中的难易程度,若实际无法执行,则对其判处罚金刑便没有意义,还可能会出现反作用。如有的学者认为,罚金刑不能只考虑犯罪情况,还要考虑实际执行可能性、考虑到未成年人的特殊情况,对其判处罚金刑一般由其家长代为缴纳,造成金钱至上、钱能买赎的不良社会影响,促使未成年人走向拜金主义,漠视社会规则,不利于对未成年犯罪人的改造和教育。[2] 又如有的学者认为:"罚金刑不同于自由刑与人身具有密不可分性,罚金刑指向的是人身之外的财产,因此很难保证罚金刑对犯罪人的实际效果。"[3] 再次,否定说支持者认为,未成年犯罪人适用罚金刑,其性质不等于民事赔偿,不能存在类似"株连"的恶果出现。如有的学者认为,罚金刑与对未成年犯罪人判处民事赔偿性质不同,对于没有财产的未成年犯罪人判处罚金刑,既不符合罚金刑设立的目的,同时也不符合实际执行情况。[4] 还有学者认为,对未成年犯罪人执行罚金刑,在实践中极易产生家长代缴的情形或难以执行的情况,会使罚金的实际效果丧失,影响法律的严肃性和权威性。[5] 最后,部分持否定说者认为对未成年犯罪人适用罚金刑违背了以教育为主、惩罚为辅的

---

[1] 樊凤林. 论未成年人的刑事责任 [J]. 法学杂志, 2002 (4): 13 – 15.
[2] 颜小冬, 李正生. 论我国未成年人犯罪的刑法适用 [J]. 江西科技师范学院学报, 2004 (2): 45 – 47.
[3] 马克昌. 刑罚通论 [M]. 武汉: 武汉大学出版社, 2002: 394.
[4] 杜光甫, 杨春雨. 对未成年人犯罪不应适用罚金刑 [J]. 人大建设, 1998 (6): 33.
[5] 李庆. 对未成年人犯罪不宜适用罚金刑问题的探讨 [J]. 商丘职业技术学院学报, 2008 (1): 16 – 17.

刑事政策。如有学者认为我国没有系统的未成年人刑法和未成年人惩罚、教育机构，而是将普遍适用的罚金刑选择性地适用于未成年人，难以发挥对未成年人的教育作用。①

综上所述，否定说支持者的观点为：第一，国家对未成年犯罪人提倡感化和教育，而非必须判处刑罚，不应对未成年犯罪人处以罚金刑以增加其经济压力；第二，未成年犯罪人通常不具有足以缴纳全部罚金的财产，考虑到执结率和罚金刑容易给未成年人造成不良价值观影响，应当对未成年犯罪人不予适用罚金刑；第三，对未成年犯罪人适用罚金刑，缴纳主体往往是其家长，有封建时期"株连"的嫌疑；第四，对未成年犯罪人适用罚金刑实际上丧失了罚金刑的效果，损害法院判决的权威。

3. 折中说

首先，折中说支持者认为未成年犯罪人适用罚金刑，但应当进行合理的限制。如有些学者认为，对未成年犯罪人适用罚金刑所起到的惩罚和教育作用不大，有违罪责自负原则，但是若完全将其抛弃则不切实际。② 其次，持折中说者认为，不能将未成年人适用罚金刑的标准与成年人适用罚金刑的标准混淆，应对二者进行区分。如有的学者认为，对未成年犯罪人保留罚金刑的适用是必要的，但是不宜单处罚金。③ 最后，折中说的支持者还认为，罚金刑应对未成年人犯罪问题进行特殊规定，如部分人认为，应当对未成年犯罪人的罚金刑中的"金"作多元化解释，对未成年犯罪人来说不能仅局限于罚款，而可以通过社区服务或义务工来替代，同时统一罚金刑的确定标准并严格完善罚金刑的执行程序，确保未成年犯罪人罚金刑执行的可操作性。④

综上，折中说的观点共有以下三种：第一，未成年犯罪人适用罚金刑符合法律规定，但是应当对罚金刑适用主体进行限制；第二，未成年犯罪

---

① 曾冰. 对未成年人适用罚金刑的检讨 [J]. 南华大学学报（社会科学版），2008（2）：73-76.
② 马柳颖. 关于未成年犯罪人适用罚金刑的思考 [J]. 湘潭大学学报（哲学社会科学版），2009，33（2）：69-71.
③ 刘斌. 论未成年人犯罪刑罚适用的若干问题 [J]. 青少年犯罪问题，2008（3）：48-50.
④ 付洁. 对未成年人犯罪适用罚金刑的思考——以西宁市为例 [J]. 安徽职业技术学院学报，2015，14（4）：20-22.

人适用罚金刑是很有必要的，但是不能普遍适用，而应当采取区分原则，区分未成年人与成年人的适用条件、适用程序等方面的内容；第三，对未成年犯罪人适用罚金刑应当以教育改造为主，避免仅以僵化的罚款方式解决刑事责任，可以通过其他方式进行代替，同时健全未成年犯罪人适用罚金刑的可操作性。

（二）对未成年犯罪人适用罚金刑的理论分析

1. 肯定说分析

笔者通过整理肯定说的相关理论并经过分析可知，虽然肯定说遵循刑法条文的规定，但也有其固有的弊端。首先，肯定说忽略了对未成年犯罪人适用罚金时的区分原则。肯定说过于片面地将所有未成年犯罪人归入罚金缴纳主体的范围，而未对未成年犯罪人进行区分，对于部分有独立财产或有工作收入，且能够以自己的财产缴纳罚金的未成年犯罪人，将其作为缴纳主体自然是合理的，但是对于无独立财产又无工作收入的未成年犯罪人来说，仍然对这类主体处以罚金刑明显是难以实现的。其次，肯定说主张未成年犯罪人的监护人以及有独立财产的亲友可以对该未成年犯的罚金刑代为执行，这明显是违反罪责自负原则的。在刑法领域，贯彻国家司法正义就应当将使人痛苦的刑罚分配至实施了相应犯罪行为的人身上，这也是法律层面分配正义的体现，如果将使人痛苦的刑罚安放至无辜的人身上，这将会导致普通人承受不应有的惩罚和痛苦，并且被迫放弃其合法权利，这是违背现代法治理念的做法。[①] 而对未成年犯罪人适用罚金刑，在实践中通常出现罚金缴纳主体转为亲友的现象，这既是对未成年犯罪人实施犯罪后的放纵，也是对实际缴纳主体权利的侵犯。最后，肯定说支持罚金代缴，不利于刑罚的教育功能。对实施犯罪的未成年犯罪人处以罚金刑后，却不用受刑人缴纳罚金，该未成年犯罪人并未切身体会到刑罚带来的痛苦，自然易滋生出削弱刑罚作用的不良影响，对刑罚教育功能的发挥有所阻碍，甚至还容易使其滋生再犯的念头。综上所述，肯定说所固有的弊端不宜采纳。

---

① 郑延谱. 罪责自负原则——历史演进、理论根基与刑法贯彻 [J]. 北京师范大学学报（社会科学版），2014（4）：99 – 106.

2. 否定说分析

笔者对否定说支持者的观点进行归纳总结并进行分析得出结论。其一，否定说主张从实质角度出发，认为虽然《刑法》未排除未成年犯罪人作为罚金刑的适用对象，但就实际情况来看未成年犯罪人没有缴纳罚金的能力，故不应将未成年犯罪人作为罚金刑的适用对象。笔者认为，这一观点是有违《刑法》规定的，我国《刑法》第52、53条明确规定了罚金刑的适用，其中并未提及未成年犯罪人不应适用罚金刑，这表明刑法允许对未成年犯罪人适用罚金刑；此外，在相关司法解释中也存在对未成年犯罪人适用罚金刑的规定，同样反映了立法对未成年犯罪人适用罚金刑的支持。因此，否定说主张罚金刑排除未成年犯罪人适用是违反罪刑法定的，这一观点难以成立。其二，否定说忽视了罚金刑的教育性。否定说学者主张，罚金刑难以起到教育作用，还容易产生以钱赎刑的歪曲观念，不利于未成年人的发展。这一观点明显是不合理的，罚金刑也属于刑罚的一种，能够剥夺和惩罚使犯罪人感受到刑罚的痛苦；而认为罚金刑不具备十足的惩罚性，难以通过惩罚功能起到教育作用，是对刑罚功能的割裂和回避，不宜采纳。此外，罚金刑能够有效革除未成年犯罪人适用监禁刑的弊端，避免监禁刑带来的"交叉感染"等问题，而否定说却主张排除适用显然是不合理的。综上所述，否定说在未成年犯罪人罚金刑适用上较为片面，不具有合理性，不宜采纳。

3. 折中说分析

首先，折中说主张罚金刑适用于未成年犯罪人，这符合我国刑法的规定。其次，折中说主张对罚金刑适用主体进行区分，对不同情况的未成年犯罪人适用罚金刑作出不同规定，对有能力缴纳罚金者可以适用罚金刑，而对客观无法缴纳的未成年犯罪人来说，即使判处罚金刑也无法缴纳罚金，当然不应判处罚金刑。因此，折中说考虑到未成年犯罪人普遍具有经济拮据的情况，在处理未成年犯罪人适用罚金刑时更为科学合理。再次，折中说主张发挥刑罚对未成年犯罪人的教育矫正功能，罚金刑并非不能起到教育作用，反而这种直接作用于未成年犯罪人财产的刑罚，更能使犯罪的未成年人亲身感受失去财产的痛苦，认识到犯罪行为的代价，发挥惩罚和教育的功能。最后，折中说主张对无法缴纳罚金的未成年犯罪人不予处以罚金，并不代表对这类犯罪人就要适用监禁刑。为了避免未成年犯罪人在监禁刑过程中"交叉感染"，折中论者主张对无法缴纳罚金的未成年犯罪人，可以通过罚金刑易科制度等变通措施解决实践中罚金刑难以执行的现象。笔者认为，在上述三种理论争论中，折中说弥补了肯定说中罚金代缴制度的牵连无辜人承担刑罚处罚的问题，同时避免了将成年人与未成年人不做区分适用刑罚的弊端。此外，折中说解释了否定说中罚金刑对未成年犯罪人缺乏教育和改造作用的论断，认为对未成年犯罪人可以通过罚金刑进行教育，同时通过引入罚金刑易科和罚金刑缓刑制度作为补充措施解决了无法缴纳或缴纳罚金后生活受到严重影响的未成年犯罪人进退两难的痛点。因此，笔者赞同将折中说作为未成年犯罪人罚金刑适用的理论支撑，并作为构建未成年犯罪人罚金减免制度的理论基础，在折中说的基础上展开讨论对未成年犯罪人罚金减免制度的构建。

二、未成年犯罪人罚金减免制度的概念

我国目前并无未成年犯罪人罚金减免制度，不存在未成年犯罪人罚金减免制度的有关概念。因此，应先对未成年犯罪人罚金减免制度的概念进行阐释，对未成年犯罪人罚金减免制度概念的明确，是构建未成年犯罪人罚金减免制度的基础问题。

（一）罚金刑的概念

1979年《刑法》中就有对罚金刑的相关规定，但包含罚金刑的罪名数量较少，并且多以单处罚金和并处罚金为主。至1997年《刑法》仍然延续了这一规定，相比1979年《刑法》中罚金刑的规定来看，其包含罚金刑的罪名数量有较大提高，且新增了过失犯罪适用罚金刑的规定，从整体来看，罚金刑体系更为健全。

罚金或罚金刑，在许多国家都有规定，一部分国家将罚金刑的概念直接在本国刑法典中作出规定，另一部分国家在本国刑法典中并未明确写明罚金刑的概念，罚金刑的概念都出于本国学术研究成果、有关文献当中。我国属于第二种情形，针对罚金刑的不同角度存在许多理论研究成果，而需要

对一项制度进行研究和构建，就要对这一制度的基础概念进行解析。

就罚金刑的概念来看，许多国家的学者和立法例都对罚金刑的概念有过解释。日本学者木村龟二认为"针对某些犯罪规定的剥夺犯人金钱的财产刑即为罚金刑"，日本学者团藤重光认为"罚金刑，就是指以剥夺一定数额的金钱为内容的财产刑"。① 1940年《巴西联邦共和国刑法典》第35条规定："罚金，就是用惩罚性质的印花，缴纳判决书中所规定的款额。" 1961年《蒙古人民共和国刑法典》第23条规定："罚金是法院在法律规定的情况下和在法律规定的范围内判处的金钱处罚。"我国台湾学者林山田认为："罚金是判令犯人缴纳一定数额金钱的刑罚。"此外，高铭暄教授在《中国刑法学》一书中提到："罚金是人民法院判处犯罪者向国家缴纳一定数额金钱的刑罚。"邵维国在《罚金刑论》一书中认为："罚金刑是法院依法判处犯罪人（包括单位）向国家缴纳其所有的一定数额金钱的刑罚。"② 笔者认为，罚金刑的概念应当体现罚金刑的特殊性，同时还要说明其缴纳主体、收缴对象等要素。因此，笔者认为邵维国对于罚金刑概念的解读更为全面，即罚金刑是指法院依法判处犯罪人（包括单位）向国家缴纳其所有的一定数额金钱的刑罚。

（二）未成年犯罪人罚金减免制度的概念

我国目前尚无未成年犯罪人罚金减免制度的具体规定，但是存在罚金减免的规定，未成年犯罪人罚金减免制度的概念应当基于罚金减免的规定，在适用主体和适用条件等方面突出未成年人的特殊性。因此，未成年犯罪人罚金减免制度的概念也应当建立在罚金减免制度的概念上，但在构成要素上进行区别。

实际上，在《刑法》及司法解释中已规定了罚金减免的内容，即如果存在遭遇不能抗拒的灾祸等原因，缴纳罚金确实有困难的犯罪人，经法院裁定后，可以延期缴纳、酌情减少或免除罚金。相比之下，未成年犯罪人

---

① 中山研一. 刑法的基本思想 [M]. 姜伟，毕英达，译. 北京：国际文化出版公司，1988：10.

② 邵维国. 罚金刑论 [M]. 长春：吉林人民出版社，2004：1.

罚金减免制度的概念有所区别。其一，适用对象不同。未成年人不同于成年人有独立的财产或有寻找工作获得报酬的能力，普遍缺乏罚金缴纳能力。因此，对被判处罚金刑的未成年犯罪人，应当对其特别规定罚金减免制度，以适应其经济能力，故罚金减免制度的适用对象为普通犯罪人，而未成年犯罪人罚金减免制度的适用对象为未成年犯罪人。其二，适用条件不同。普通罚金减免制度的减免条件为在犯罪人遭受不可抗拒的灾祸才可以裁定减免罚金，这对未成年犯罪人来说过于苛刻，未成年人存在收入来源不稳定的特点，缴纳罚金本就困难，上述减免规定还提高了未成年犯罪人减免罚金的难度，易损害未成年犯罪人接受刑罚改造的积极性。基于此，未成年犯罪人罚金减免制度应着眼于未成年人的家庭经济收入、个人经济水平以及悔罪态度等方面，在已有的罚金减免制度的条件之下予以放宽。

因此，笔者认为，未成年犯罪人罚金减免制度，是指法院依法对未成年犯罪人判处罚金刑，根据其家庭经济收入状况、个人经济状况以及其他不可抗力因素判断其难以缴纳的，可以适当减轻或免除其罚金处罚，对不具有缴纳罚金能力或缴纳罚金后生活会受到严重影响的未成年犯罪人，也可以不对其适用罚金刑，通过罚金刑易科的方式或罚金刑缓刑的方式，降低缴纳难度，以实现刑罚的目的。

三、未成年犯罪人罚金减免制度的特征

（一）罚金刑的特征

综合上文罚金刑的概念，可知罚金刑有以下特征：第一，属于我国刑罚种类之一，是我国刑罚体系中的重要刑种，与其他刑罚类型的作用相同，通过对犯罪人判处刑罚，发挥惩罚与教育的作用，以预防其再次实施犯罪。与普通的民事债务不同的是，普通民事债务的金钱给付行为是基于民事法律关系所产生的，是基于平等关系主体债权关系，而罚金刑是基于国家强制力产生的判决进而剥夺被告人的财产，是基于被告人存在确定的犯罪行为并因为犯罪行为对社会造成一定损害，对具有社会危害性而需要通过罚金刑给犯罪人带来刑罚的痛苦，削弱其经济能力以防止其再次实施犯罪。第二，罚金刑的执行内容具有特殊性。罚金刑与其他刑罚类型相

比，是以剥夺犯罪人的合法金钱作为惩罚方式，与自由刑相比，罚金刑通过使犯罪人缴纳金钱的方式，弥补因其犯罪行为造成的损害，而自由刑通常是通过强制性命令使犯罪人的人身受到限制或剥夺。第三，罚金刑执行的金钱为犯罪人现有的或将来可能拥有的金钱，其所剥夺犯罪人的金钱数额可能会超过犯罪人目前手中所拥有的金钱数额。

（二）未成年犯罪人罚金减免制度的特征

依据上文所述的未成年犯罪人罚金减免制度的概念可知，我国未成年犯罪人罚金减免制度的特征包括以下内容：第一，关注未成年犯罪人的经济状况。实践中未成年人普遍没有独立财产或稳定收入来源，当未成年犯罪人被判处罚金刑后，通常难以缴纳高额罚金，这导致了未成年犯罪人罚金刑执结率低的问题，而根据未成年犯罪人经济情况对其罚金进行减免，能够照顾到未成年犯罪人的实际能力，执行符合该未成年犯罪人的罚金数额。第二，强化刑事判决的权威性。未成年犯罪人被判决适用罚金刑后，若无任何金钱可供执行，则罚金刑必将面临空判的风险，长此以往，对未成年犯罪人判处罚金刑容易失去公信力。因此，为保证未成年犯罪人罚金刑顺利执行，维护司法判决的公信力，可以通过罚金刑易科和罚金刑缓刑制度，转换罚金刑执行方式，坚持对法院判决的执行，巩固未成年犯罪人罚金刑判决的公信力。第三，符合未成年人权益保护的理念。未成年人不同于成年人，未成年人拥有的财产较少，没有固定收入。因此，在执行罚金刑时，要充分考虑到未成年人的特殊性。若未成年犯罪人罚金减免制度得以落实执行，对经济状况较差的未成年犯罪人所判罚金予以减免，能减轻未成年犯罪人所背负的经济压力，符合刑罚执行对未成年犯罪人给予特殊待遇的理念。

第二节 未成年犯罪人罚金减免制度构建的必要性

未成年犯罪人罚金减免制度的构建很有必要，无论是从立法的角度，还是从司法和执法的视角，构建未成年犯罪人罚金减免制度均有所裨益。

一、现有的法律规定对制度构建必要性的昭示

未成年犯罚金减免制度的构建并非缺乏基础,在我国现有立法对未成年人特殊保护的制度、罚金减免的有关规定以及未成年犯罪人适用罚金刑的法律规定中,可以寻找到对未成年人特殊保护的法律依据。

(一) 回应我国未成年人保护法的理念

我国现有的法律规定以《未成年人保护法》为中心所形成的未成年人权益保护法律体系,涵盖了未成年人权益保护的多个方面。首先,在未成年人权益保护的理念方面,坚持优先考虑未成年人权益原则,对涉未成年人的事项,应对未成年人的特殊性进行考量,寻找适合未成年人的解决办法。其次,规定了在处理未成年人事项时应当坚持的基本原则,如给予未成年人特殊、优先保护原则,尊重未成年人的人格尊严原则,适应未成年人身心健康发展的规律和特点原则,保护与教育相结合原则等。最后,对违法犯罪的未成年人,实行教育、挽救和感化的方针,坚持以教育为主、惩罚为辅的原则。可见,对于犯罪的未成年人,应当以促进其改过自新为核心,将对其的教育作为重点手段,以促进未成年犯罪人重新回归社会为目标。

我国目前对于未成年人优先保护的原则主要体现在三个方面。第一,服务型保护的理念;第二,恢复性刑罚理念;第三,"恤幼"思想的体现。首先,对未成年人的服务型保护理念,是指在司法活动中,通过专业服务促成未成年人司法保护目的的实现,摈弃自上而下施舍式的未成年人司法理念,通过平等的方式实现未成年人保护工作。[①] 服务型保护的对象不仅包括未成年被害人,还包括未成年犯罪人,通过分析未成年犯罪人犯罪情节,发现大多数犯罪的未成年人主要是受不良家庭环境的影响以及各种不良关系等因素的困扰。因此,需要通过服务型工作,有针对性地发现、帮助、支持和引导这些未成年犯罪人,纠正未成年人的犯罪心理,避免其因刑罚的影响难以再回归社会或者产生反社会心理从而再次实施犯罪的行

---

① 席小华. 服务型保护:未成年人司法保护的理念与实现路径 [J]. 社会治理,2021 (9):10–14.

为。我国未成年人权益保护的法律规定，反映了保护型服务的内容。其次，符合未成年犯罪人恢复性刑罚的理念。基于年龄因素，对未成年犯罪人实施刑罚不能一味注重惩罚而忽略教育和恢复。恢复性刑罚的理念是指，通过对未成年犯罪人实施刑罚处罚时坚持轻刑化观念，发挥刑罚的教育和矫正功能，以便犯罪人重新回归社会。恢复性刑罚理念认为，不能因实施刑罚产生更多的囚犯，而应当是通过实施刑罚产生更多对社会有用的人。对未成年人来说，不能因为实施犯罪而否定该未成年人的个人价值和社会价值，如果通过正确的手段和方式，其认识能够发生转变，弃恶从善，那么这种方式便是最为合理的。我国对未成年犯罪人的适用刑罚的规定，正是这一理念的体现。最后，体现了我国传统文化中的"恤幼"思想。受我国古代"矜老恤幼"思想的影响，给予未成年人司法方面一些特殊待遇，主要集中于未成年人犯罪和刑罚方面，如刑罚减免、刑事责任年龄的规定。可见，对未成年人的特殊保护在古代便已经存在，现代我国法律的规定同样有沿袭古代这一思想的内容，在制定法律法规时，对未成年人权益保护作出特殊规定，切实保障未成年人权益。

综上可知，在我国未成年人权益的保护深受重视，通过对未成年人予以人道主义关怀，给予未成年人司法上的特殊处遇，切实保障未成年人的合法权益。从刑罚视角来看，对未成年人的保护一般会作出刑罚减免的规定，而作为我国刑罚体系中一部分的罚金刑对未成年犯罪人进行减免，符合未成年人权益保护理念。而构建未成年犯罪人罚金减免制度，能够为未成年犯罪人减免罚金提供制度进路，符合未成年人保护的人文理念，很有必要。

（二）克服现有刑法规定的缺陷

不少学者认为，我国《刑法》第53条的规定，不属于罚金刑的减免，而是罚金执行措施中的变通措施。[①] 循此逻辑，罚金减免制度在我国不存在。但是笔者认为，这一规定就是我国罚金刑减免制度，根据该规定，如果由于遭遇不能抗拒的灾祸，被判处罚金刑的犯罪人缴纳罚金时确有困难

[①] 但未丽. 刑罚执行制度专题整理［M］. 北京：中国人民公安大学出版社，2007：127.

的，可以酌情减少或免除。从性质上来说，这一规定是从人道主义出发，为情况困难、难以缴纳罚金的人员作出的让步和宽宥措施，属于罚金刑减免的内容。

除了我国《刑法》第 53 条规定外，《刑事诉讼法》第 271 条也作出了类似的规定，根据该规定，若罚金受刑人遭遇不可抗拒的灾祸等情况，缴纳罚金确实有困难的，经由法院裁定，可以延期缴纳、酌情减少或免除缴纳罚金。《刑法》和《刑事诉讼法》的规定为罚金减免制度的适用提供了指引，但是，仔细审视上述规定，笔者认为，这种罚金减免制度的一般性规定存在以下问题：第一，未区分罚金刑减免制度适用的对象。罚金刑是剥夺受刑人金钱的刑罚，与受刑人所拥有的金钱息息相关，在适用时，除了要考量受刑人的犯罪行为社会危害性，往往还需要考虑受刑人是否具有缴纳罚金的能力。同样，在考虑罚金减免时，不能将成年犯罪人和未成年犯罪人不加区分地一概而论。若未成年人和成年人在被判处罚金刑或者罚金减免制度时适用同一标准，看似平等适用法律，背后却隐藏着实质上的不平等。因此，对未成年受刑人和成年受刑人进行区分，是亟待解决的问题。第二，减免条件过于苛刻。一方面，未成年犯罪人客观上无力缴纳罚金，大多数未成年犯罪人所拥有的财产是由父母供给，而且这部分财产主要用于未成年犯罪人的生活开支。即使有一定的劳动能力，其收入也非常低，此时未成年犯罪人拥有的财产数额非常有限，客观上不足以缴纳罚金。另一方面，《刑法》中罚金减免条件对未成年犯罪人来说过于苛刻。未成年犯罪人本身就缺乏足以缴纳罚金的金钱，而《刑法》中对罚金减免的规定中并未对这一情形作出规定，仅将不可抗拒的灾祸作为减免条件，这样会使本就缺乏金钱的未成年犯罪人缴纳罚金难上加难。

综上，我国现有刑法中关于罚金减免的规定，存在未区分成年犯罪人与未成年犯罪人以及减免条件过于苛刻的问题，二者都深刻地影响着罚金刑在对未成年犯罪人教育和改造中作用的发挥。因此，笔者认为，构建未成年犯罪人罚金减免制度，为未成年犯罪人设置专门的罚金减免制度，同时将未成年犯罪人的悔罪表现、经济状况等作为减免条件加入其中，能够解决罚金刑适用对象未作区分和减免条件苛刻的问题。

(三) 消解司法解释的模糊性

我国关于未成年犯罪人适用罚金刑的规定，主要集中于《最高人民法院关于适用财产刑若干问题的规定》和《最高人民法院关于审理未成年人刑事案件具体应用法律若干问题的解释》。《最高人民法院关于适用财产刑若干问题的规定》中指出：对未成年犯罪人减免罚金的最低数额为500元。《关于审理未成年人刑事案件具体应用法律若干问题的解释》第15条规定，根据罪名对可以并处的未成年犯罪人，一般不判处财产刑。对未成年犯罪人减轻罚金后的最低数额不得少于500元人民币。

从上述司法解释内容可知，一方面，司法解释规定了未成年犯罪人适用罚金刑时可以依法减轻和免除；另一方面，司法解释中规定对未成年犯罪人可以并处罚金，而司法实践中通常一般不判处未成年犯罪人财产刑。这两方面表明司法实践无疑是贯彻了未成年人保护的理念。

虽然司法实践中贯彻未成年人保护精神，但目前我国对未成年犯罪人适用罚金刑减免的司法解释存在多数为原则性规定、可操作性不强的问题。从司法解释的内容上看，未成年犯罪人罚金减免的规定仅仅简略地对适用罚金刑的未成年犯罪人减免罚金作出了原则性的规定，对适用的具体条件、适用的程序以及减免后的补充措施等内容无明确规定，这就导致实践中未成年犯罪人减免罚金时操作不流畅的情形。如未成年犯罪人若要减免罚金，应当符合何种条件？未成年犯罪人罚金减免的决定机关应当为哪个机关？未成年犯罪人减免罚金时，决定机关应当参考哪些因素进行减免？未成年犯罪人在减免罚金后，其个人财产仍然不足以缴纳罚金时，应当如何处理该未成年犯罪人？这些问题都是未成年犯罪人罚金减免中无法避免的问题，但是司法解释却缺少明确的规定，在减免未成年犯罪人罚金时难以依法操作，不仅阻碍罚金刑的执行，还不利于及时减免未成年犯罪人的罚金，违背未成年人权益保护的理念。因此，构建未成年犯罪人罚金减免制度，应规定未成年犯罪人减免罚金的适用条件、适用程序以及补充规定的内容，增强减免未成年犯罪人罚金的可操作性，便于实践中减轻未成年犯罪人罚金刑，保障未成年人在执行刑罚过程中的权益。

二、司法现状对制度构建必要性的需求

司法实践的现状也预示着构建未成年犯罪人罚金减免制度非常必要,一方面,从已公布的统计数据来看,未成年人犯罪领域比较集中,适用罚金刑的可能性较大;另一方面,未成年犯罪人被判罚金刑后,空判的概率较大。

(一)未成年人犯罪罪名比较集中

未成年犯罪人罚金减免制度的必要性不仅体现在立法的需要上,还体现在司法实践的需求中,具有司法上的必要性。在实践中,未成年人犯罪所涉及的罪名中,盗窃罪和抢劫罪占比较大,而盗窃和抢劫罪的罚金刑为必并制罚金刑;也就是说,未成年人只要实施了这两种犯罪,必然会被判处罚金刑。从图5-1、5-2、5-3显示的情况可以得到证实。

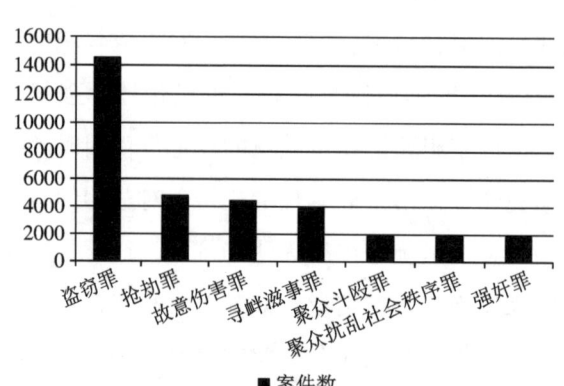

盗窃罪位居未成年人犯罪首位

2016年1月1日至2017年12月31日,全国法院新收未成人犯罪案件中,未成年人最易犯盗窃罪、抢劫罪和故意伤害罪,是未成年人犯罪预防的重要领域。

图5-1 2016—2017年全国未成年人犯罪案件类型分布图

注:数据来源于最高人民法院,因最高院仅公布**2016—2017**年数据,因此只对这两年间的数据进行分析。

如图5-1所示,根据最高人民法院所公布的数据,2016—2017年间未成年人所触犯罪名中盗窃罪占比最高,其次为抢劫罪,仅这两个罪占比就远远超过了未成年人触犯罪名的半数,也就意味着未成年人犯罪所占半数以上罪名为盗窃罪和抢劫罪,而这二者适用必并制罚金刑;也就是说未成年人只要触犯盗窃罪和抢劫罪就必须要适用罚金刑,除盗窃罪和抢劫罪外,还可能依寻衅滋事罪对犯罪人适用罚金刑。

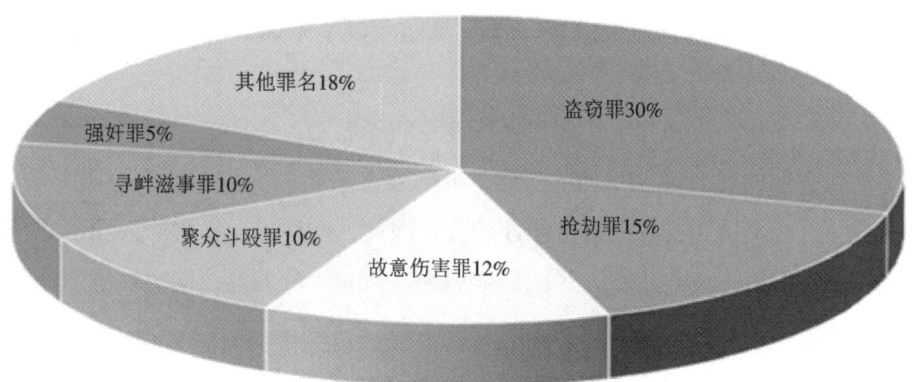

图 5-2　2014—2019 年受理审查起诉未成年人涉嫌罪名情况

注：数据来源于最高人民检察院。

如图 5-2 所示，根据最高人民检察院所公布的数据来看，2014—2019 年未成年人犯罪所涉及罪名的饼状图中，未成年人犯罪触犯盗窃罪占未成年人犯罪案件总数的 30%，触犯抢劫罪占未成年人犯罪案件总数的 15%，寻衅滋事罪占未成年人犯罪案件总数的 10%，这三者共占未成年人犯罪案件的 55%，其中盗窃罪和抢劫罪为必并制罚金刑，寻衅滋事罪为得并制罚金刑；也就是说，未成年人犯罪有过半数的可能会适用罚金刑。

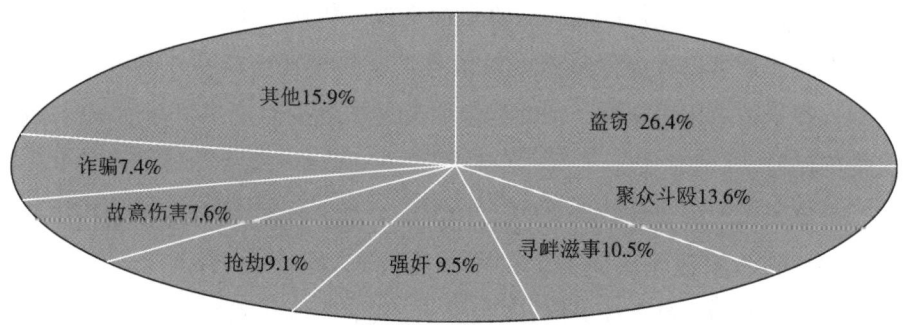

图 5-3　2020 年未成年人涉嫌罪名分布图

注：数据来源于最高人民检察院。

如图 5-3 所示，根据最高人民检察院公布的数据来看，2020 年未成年人所犯案件中，盗窃罪、抢劫罪和寻衅滋事罪占比有些许下降，但诈骗罪作为适用必并制罚金刑的罪名所占比例开始增加（2020 年时占比为 7.4%），未成年人犯罪案件中，盗窃罪、抢劫罪、诈骗罪和寻衅滋事罪共占未成年人犯罪案件比例的53.4%。从适用概率来说,未成年人犯罪可能适用罚金刑的概率较大。

如上所示,未成年人犯罪案件所涉及的罪名中,适用必并制罚金刑和得并制罚金刑的罪名自2014年至2020年持续占总数的一半以上。也就是说,未成年人犯罪适用罚金刑的可能性较大。因此,构建未成年犯罪人罚金减免制度能够缓解未成年犯罪人适用罚金刑的基数较大的问题,同时缓解司法机关办案压力,减轻未成年犯罪人的经济压力,对我国司法实践很有必要。

(二) 未成年犯罪人罚金刑空判概率较大

结合未成年犯罪人罚金刑适用率较高的司法现状,根据最高人民检察院和最高人民法院公布的资料可知,在司法实践中,未成年犯罪人大多经济实力薄弱,个人所拥有金钱不多,且这一群体中大多数人仍为在校学生,无工作收入,故对这类犯罪人执行罚金刑时若不进行减免,可能会导致罚金空判的概率较大。

我国第六次人口普查数据显示,农村(含镇)人口占比为69.71%,而2016年1月1日至2017年12月31日,全国法院新收未成年人犯罪案件中,农村地区未成年人犯罪人数占比为82.06%。表明农村地区未成年人犯罪预防的形势更加严峻,需要更加重视。相比之下,农村部分地区经济欠发达,通常以社会保障金或外出务工家长邮寄生活费作为收入来源。而对这类主体适用罚金刑,常常会因个人财产较少而出现罚金刑执行难度大的问题。

最高人民法院研究数据表明,2016年1月1日至2017年12月31日,全国法院新收未成年人犯罪案件中,被告人以初中生为主,占比为68.08%,是犯罪预防的主体人群。这部分犯罪主体往往不具有独立财产,没有稳定的收入来源,大多数为在校学生,对这类主体适用罚金刑很难由未成年犯罪人本人缴纳罚金而实现刑罚,罚金往往由家长代缴。

此外,最高人民检察院发布的《未成年人检察工作白皮书(2014—2019)》显示,2014至2019年检察机关共受理审查起诉未成年犯罪嫌疑人383414人,其中无业人员149188人,农民83856人,学生32313人,工人2663人,其他115394人。因此,未成年犯罪嫌疑人中,无业人员、在校学生这类无收入群体人数已经占了未成年犯罪嫌疑人的近半数,再者在其他三类主体中还存在经济能力不足以缴纳罚金的人员。

显然,未成年犯罪人以无固定收入或者经济收入较少的群体为主。而当前的刑罚体系内并无针对未成年犯罪人的专门的罚金减免制度,未成年犯罪人承担罚金刑后,往往会因没有缴纳罚金能力而使刑事判决难以顺利执行,使未成年犯罪人承担较大的经济压力和心理压力的同时,还容易导致刑事判决出现空判、罚金刑执结率低,损害刑事判决的权威性。因此,构建未成年犯罪人罚金减免制度,对未成年人权益保护以及减少未成年犯罪人罚金刑空判过多的现象有积极意义。

三、罚金执行现状对制度构建必要性的需求

因为未成年犯罪人缺少可供罚金刑执行的金钱,没有稳定的工作提供收入,在对其执行罚金刑时,通常会出现缴纳主体偏移,由未成年人的家人或亲友代缴,这样尽管能够为罚金刑执行难提供解决路径,但这与罪责自负原则是相背离的。此外,在罚金刑执行过程中,还容易造成"有钱可以免除处罚"的不良社会影响,甚至可能使未成年犯罪人再次萌生犯罪念头。构建未成年犯罪人罚金减免制度能够为这些问题提供合理的解决途径,非常有必要。梳理执行现状,主要存在下列问题。

(一) 未成年犯罪人罚金缴纳主体偏移

《最高人民法院关于审理未成年人刑事案件具体应用法律若干问题的解释》规定,对被判处罚金刑的未成年罪犯,其监护人或者其他人自愿代为垫付罚金的,法院应当允许。笔者认为,一方面,这一规定能够解决未成年犯罪人适用罚金过程中存在的执行难问题,在未成年犯罪人无法缴纳罚金时由其家长或亲友代为缴纳,能够提高未成年犯罪人罚金刑执结率,有利于维护法院判决的权威。另一方面,这一规定是我国对未成年犯罪人执行罚金刑出现主体偏移的主要原因。在对未成年犯罪人执行罚金刑时,因为大多数未成年犯罪人经济尚未独立,故通常很难从其本人处收缴到财产,但目前我国未成年犯罪人适用罚金刑时,和成年罪犯一视同仁,并没有考虑未成年犯罪人的特殊经济情况。因此,被判处罚金刑的未成年人无

法缴纳罚金时,往往其监护人或者其他人会代为垫付,而这一规定会使执行罚金刑过程中的未成年犯罪人实质上未受到刑罚的制裁,出现罚金缴纳主体偏移至未成年人的近亲属或监护人,违背罪责自负原则。

笔者认为,要解决执行过程中出现的罚金缴纳主体偏移问题,应当构建未成年犯罪人罚金减免制度,主要原因如下:其一,构建未成年犯罪人罚金减免制度能够减轻或免除未成年犯罪人所受罚金,减轻未成年犯罪人所背负的经济压力。其二,若未成年犯罪人在减轻罚金数额后仍然无执行可能性且不符合免除条件的,可将罚金刑易科和罚金刑缓刑作为补充方式,转变刑罚执行种类,通过训诫、公共服务等方法,保证实施犯罪行为的未成年人能够确定地承担刑罚的惩罚,从源头上解决罚金缴纳主体偏移的问题。因此,构建未成年犯罪人罚金减免制度对防止罚金刑执行主体的偏移很有必要。

(二) 易造成"金作赎刑"的不良影响

如上所述,实践中较为常见的未成年犯罪人罚金缴纳主体,通常为该未成年犯罪人的家长或其他亲友,这种做法使未成年犯罪人实际上只受到了道德和良心的谴责。从刑罚执行效果上看,这种效果是作用于实际缴纳的家长或其他亲友身上的,再由这部分缴纳主体通过家庭教育间接作用于该未成年犯罪人身上。家庭教育不同于刑罚的教育,生活在不同家庭环境的未成年犯罪人,家庭教育的效果可能是不同的。这种效果会导致刑罚的执行效果进一步被削弱,实际作用于未成年犯罪人时很难起到应有的教育和改造的效果。而对未成年犯罪人教育效果的削弱以及罚金代缴制度中缴纳主体的偏移,易导致"金作赎刑"的消极印象,有碍未成年人心理健康成长。

因此,要避免这种现象产生,应当构建未成年犯罪人罚金减免制度,罚金减免制度尽管包含"减"和"免",但其是实实在在地直接作用于未成年犯罪人,使其切身感受到犯罪后应当承担的代价。

(三) 未成年犯罪人再次实施犯罪的可能性较大

在未成年犯罪人罚金刑的执行过程中会出现罚金刑执行主体偏移以及对未成年犯罪人和社会造成"金作赎刑"的不良影响,除此之外,若无对未成年犯罪人罚金刑减免的具体制度，则还可能导致未成年犯罪人再次实施犯罪。原因在于，一方面，未成年犯罪人在罚金刑执行过程中，缺乏完善的减免罚金的条件，未成年犯罪人在难以缴纳罚金时通常会通过其他方式获取钱财，其中容易滋生其他犯罪行为。另一方面，未成年犯罪人在背负罚金刑时，内心会有较大压力，且由于其社交范围较小、认知不够全面，找不到合适的宣泄方式，易产生极端思想，从而参与违法犯罪活动，[1]若无具体措施应对，则不利于未成年人的法治教育和犯罪预防，容易导致未成年犯罪人产生反社会心理。因此，构建未成年犯罪人罚金减免制度，对符合减轻条件的未成年犯罪人通过法定程序减轻罚金数额，对于情况特殊、无法缴纳的未成年犯罪人免除处罚或作出易科或者缓刑处理，符合未成年人权益保护的理念。

综上，在立法、司法以及执行过程中，未成年犯罪人罚金刑减免有重要意义，构建未成年犯罪人罚金减免制度能够为实践中出现的未成年犯罪人罚金刑的相关问题提供解决办法，同时符合刑罚执行的目的，兼具对未成年犯罪人的惩罚和教育功能，也能从人道主义和对未成年人特殊关怀的角度保障其合法权益，防止其再次实施犯罪。因此，构建未成年犯罪人罚金减免制度很有必要。

第三节　未成年犯罪人罚金减免制度构建的可行性

构建未成年犯罪人罚金减免制度，不仅在立法、司法和执行上具有其必要性，从现代刑事政策的基本精神、现代刑罚的目的以及未成年犯罪人刑罚的原则角度来看也具有可行性。

一、符合现代刑事政策的基本理念

我国宽严相济的刑事政策，要求"当宽则宽，当严则严，宽严相济，

---

[1] 齐钦，邢进生，李新增. 涉罪未成年人心理矫治探析［J］. 中国检察官，2021（17）：59-61.

罚当其罪"。具体来说，就是指在刑事立法、司法和执行过程中贯彻宽严相济的理念，① 在刑事立法、司法和执行全过程，根据犯罪人的主观危害性、认罪态度进行区分，处以严厉或轻缓的刑罚，符合罪刑法定原则和罪责自负原则。宽严相济的刑事政策的基本精神在构建未成年犯罪人罚金减免制度方面具有指导意义，具体体现在刑法谦抑的理念、人权保障的理念以及刑法经济的理念。

（一）符合刑法谦抑的理念

刑法的谦抑性理念，是宽严相济的刑事政策的理念之一。刑法的谦抑性是刑法的特有属性，是指在出现特定行为违反刑法和其他法律规范的情形时，应先考虑适用其他法律规范的规定，若无其他规定，才能够适用刑法规定；也就是说，刑法是第二顺位适用的法律，只在必要情况下予以适用，并非对所有违法行为都要适用刑法。② 陈兴良教授认为谦抑性是指立法者应当力求以最小的支出——少用甚至不用刑罚（而用其他刑罚替代措施），获得最大的社会效益——有效地预防和控制犯罪。③ 从实质来说，刑法的谦抑性限制了刑法的不当扩张，避免了刑法的过度使用，提高了刑法的包容力，是刑法现代化发展的趋势。

刑法谦抑性的理念具有的独特内涵，对罚金刑领域同样具有适用效力，对构建未成年犯罪人罚金减免制度发挥了重要的指引作用。第一，刑法谦抑性主张非必要适用刑法的情形，若能够适用较轻的规定则应避免适用较重的规定。这一内涵体现在刑罚适用上表现为对犯罪人适用刑罚时，若能够适用较轻的刑罚则应当适用较轻的刑罚，若能够适用减免刑罚的情形则应当减免刑罚。构建未成年犯罪人罚金减免制度，对符合条件的未成年犯罪人应当予以减轻，对应当免除罚金处罚的予以免除，使刑罚适用具有相当性，防止刑罚权的滥用，有效实现未成年人人权保障。第二，刑法谦抑性的理念主张，在刑罚执行过程中，对符合条件的犯罪人应当适用非

---

① 徐剑.减刑刑事政策实证研究——基于减幅与其影响因素的关系的分析[M]//江溯.刑事法评论（第44卷）：刑法的多元化.北京：北京大学出版社，2021，44（1）：542-557.
② 徐宁.论罚金刑缓刑制度构建[D].长沙：湖南师范大学，2019：35.
③ 陈兴良.刑法的价值构造.北京：中国人民大学出版社，1998：75.

监禁刑,推进刑罚的轻缓化。构建未成年犯罪人罚金减免制度,若未成年人难以缴纳罚金时,先减轻或免除其罚金刑,若减轻后仍无力缴纳且不符合免除规定的,可以转变刑罚执行方式,如罚金刑易科和罚金刑缓刑,既能够有效实现刑罚的惩罚功能,保障刑事判决的有效执行,又能有效开展未成年犯罪人的思想教育,防止未成年犯罪人再次实施犯罪行为。

(二) 符合人权保障的理念

惩罚犯罪和保障人权这二者是刑法的目的,保障人权的目的要坚持以人为本的思想,坚持保障人权也是我国刑罚执行应当坚持的原则。贝卡里亚曾说:刑罚的目的既不是要摧残折磨一个感知者,也不是要消除业已犯下的罪行,刑罚的目的仅仅在于,要阻止罪犯再次侵害公民,并规诫其他人不要重蹈覆辙。[①] 现代刑罚要更加注重人权保障的理念,通过保障受害人、犯罪人和其他社会民众的权利,实现刑罚对人权的保障,而非传统的注重单向惩罚犯罪人的理念。因此,在刑罚体系的构建上应当注重轻缓化的刑罚处遇,强调改造、教育和预防的作用。

构建未成年犯罪人罚金减免制度,能够充分包容未成年犯罪人承担罚金刑时的特殊性,通过对未成年犯罪人经济收入水准、社会危害性以及可改造程度的不同,灵活运用罚金刑的处罚方式,既能够保证未成年犯罪人承担刑罚处罚,又能保障其生理和心理的成长发育,避免因负担罚金债务而产生的心理压力,使其能够更全面地接受教育改造,保障未成年犯罪人有尊严地健康成长。

(三) 符合刑法经济性的理念

刑法经济性理念,强调刑法的适用,应当考虑刑法适用的效率和司法资源的节约,充分利用司法成本和司法资源,提高司法效率。"经济性"一词,本属于经济学概念,其含义为组织经营活动过程中获得一定数量和品质的产品和服务及其他成果时所耗费的资源最少。由此及彼,刑法经济性即指在刑事司法、执行活动中,注重节约司法资源与收获较高效益的司

---

① 切萨雷·贝卡里亚. 论犯罪与刑罚 [M]. 黄风,译. 北京:中国法制出版社,2002:22.

法、执行结果。① 在刑罚执行过程中,要做到尽量节约司法资源,提高司法资源利用率,通过运用适当的刑罚手段,取得刑罚预期能够收获的最好效果。

就未成年犯罪人适用罚金刑来看,未成年人犯罪,罚金刑在执行过程中面临着难以执行的难题,为了执行到位,往往允许其监护人或者亲友代缴,违背了刑罚的惩罚与教育功能,即使不以代缴方式解决,也会延长执行周期,拖累司法机关付出,从经济性的角度来说颇不合理。因此,构建未成年犯罪人罚金减免制度以及采用配套措施,对经济情况较差、缴纳困难且危害性不大的犯罪人,减轻或者免除罚金,可以实现司法资源投入和刑罚实施后收益的最大化。

(四) 符合保护未成年人的国家认同

未成年人权益保护已经成为国内立法、司法和执法的基本遵循,在法治中国建设过程中,营造有利于未成年人成长的良好法律环境和社会氛围已经成为理论界和实践领域的共识。构建未成年犯罪人罚金减免制度,在刑罚领域为帮助未成年人健康发展提供了可供遵循的道路,通过减免罚金和转换执行方式,减轻了未成年犯罪人在罚金刑处遇中的经济压力,契合国家在法治建设中保护未成年人合法权益的理念。

我国当前已经形成了以《民法典》《未成年人保护法》《反家庭暴力法》《刑法》等一系列法律规范为核心的未成年人权益保护体系,涉及未成年人权益保护的多个方面,逐渐形成在立法、司法和执法各个环节相互衔接的未成年人权益保护机制,从实体到程序、从内容到形式均进行了规定。首先,在立法保护方面,国家结合未成年人保护的时代趋势,通过立法的方式保障未成年人的各项权利不受侵犯,目前已经形成了多部未成年人权益保护的法律,在未成年人权益保护上发挥着重要作用。其次,在未成年人的司法保护方面,形成了以未成年人检察监督制度为主的未成年人司法制度,转变司法理念,不再以强调惩罚未成年犯罪人为主要方向,而是进一步发展为坚持惩罚和教育、矫正和预防相结合的未成年人司法制

---

① 崔海梅. 行刑经济性视角下的监管工作难《刑法修正案(八)》的应对 [J]. 犯罪与改造研究, 2013 (4): 59-62.

度，不仅保障了未成年被害人，同时还保障了未成年犯罪人、未成年证人和未成年涉案人员的权利不受侵犯。① 最后，在执法方面，坚持儿童利益最大化、未成年人权益优先保护，对违法犯罪的未成年人实行教育、感化、挽救的方针，坚持教育为主、惩罚为辅的原则。② 要广泛引导和鼓励社会组织、社会工作者参与涉及未成年人矫正案件，对未成年人及时开展心理干预、法律援助、社会调查、教育矫治等工作。以上内容均反映了实践中对未成年人权益保护的迫切需要。

构建未成年犯罪人罚金减免制度，是针对未成年犯罪人缴纳罚金较为困难的情形，基于人道主义的变通，充分考虑到了未成年犯罪人的经济情况和收入水准，以教育为主发挥刑罚的惩罚和教育的双重功能，先减轻或免除犯罪人的罚金数额，若在减轻罚金后仍无法缴纳且不符合免除罚金条件的，可以以其他多种方式减轻未成年人经济上的压力，转换为在实践活动中接受教育和改造，更加注重保障未成年人权利，符合未成年人保护的国家认同。

二、契合我国刑罚的目的

罚金刑是我国刑罚体系中的一部分，其目的与我国刑罚的目的具有一致性。笔者认为，应厘清我国刑罚的目的，为论述构建未成年人罚金减免制度是否符合我国刑罚的目的提供支持。

（一）契合刑罚的根本目的

刑罚的根本目的为何？学者针对这一问题有不同表述。我国著名刑法学家马克昌教授认为，刑罚的根本目的在于，保护广大公民的合法权益和社会秩序，保障具有中国特色的社会主义建设的顺利进行。③ 马克昌教授论述了我国刑罚所要实现的根本目标和价值追求，通过实现刑罚目的保障

---

① 俞亮，张驰. 用心呵护未成年人民事权益［N］. 检察日报，2021-09-16（007）.
② 冯诗涵，李昂霖. 我国未成年犯罪人司法保护实践探索及完善［J］. 湖南警察学院学报，2020，32（4）：89-95.
③ 冯诗涵，李昂霖. 我国未成年犯罪人司法保护实践探索及完善［J］. 湖南警察学院学报，2020，32（4）：89-95.

法治社会建设顺利进行。刑罚所追求的最终目标即刑罚的根本目的，属于刑法目的论两层次说中的内容之一。构建未成年犯罪人罚金减免制度是对未成年犯罪人适用罚金时出现缴纳困难或者其他导致无法缴纳的因素时，通过减免罚金或者转换执行的方式，对未成年犯罪人实施处罚时保障其合法权益，为未成年犯罪人自觉悔悟、健康成长提供制度保障，符合刑罚的根本目的。

（二）契合刑罚的直接目的

刑罚的直接目的为一般预防和特殊预防。特殊预防是对犯罪人本人实施刑罚所欲达到的目的；一般预防是通过对犯罪人实施刑罚以警示一般社会民众，防止其犯罪。

从内容上来讲，特殊预防是为了改造犯罪人，使其真诚悔悟，不再实施犯罪行为。刑罚特殊预防目的的实现，不仅需要对犯罪人施以惩罚，还应进行教育和感化，将犯罪人转变为对社会有益的人。① 在刑罚惩治过程中，既要注重惩罚的严厉性，也不能忽视教育的作用。与特殊预防不同，一般预防是通过对犯罪人施以刑罚处罚，展示刑罚对犯罪人权利的剥夺，以警告、威慑社会上有犯罪可能性的人，提前防止其实施犯罪，强化其法律观念，教育和鼓舞广大人民群众积极同犯罪作斗争，安抚被害人，避免出现仇杀私斗的现象。②

从实现刑罚特殊预防角度，构建未成年犯罪人罚金减免制度，能够保证对未成年犯罪人实施刑罚时发挥惩罚的作用，使未成年犯罪人认识到犯罪行为的危害性，同时发挥刑罚的教育作用，通过减轻或免除等宽宥方式感化未成年犯罪人，预防其再次犯罪，实现罚金刑特殊预防的目的。从一般预防角度，构建未成年犯罪人罚金减免制度，并非一律减轻或免除未成年犯的罚金刑，而是国家基于关怀未成年人的成长和发展，结合未成年犯罪人经济收入水准对未成年犯罪人罚金刑执行作出的平衡。因此，未成年

---

① 王剑波. 论罚金刑减免制度的正当性根据——兼论其在宽严相济刑事政策下的运用 [J]. 湖北社会科学，2010（12）：161-164.
② 马克昌. 刑罚通论 [M]. 武汉：武汉大学出版社，1999：576.

犯罪人罚金减免制度并非未成年犯罪人的脱罪制度，而是使民众认识到刑罚惩罚性和教育性相结合的特点，从而不去实施犯罪行为，符合刑罚一般预防的目的。

三、体现刑罚对未成年人特殊保护的原则

犯罪人的刑罚方式、刑罚适用、刑罚减免等方面都要体现刑罚的基本原则，而针对未成年人犯罪，既要坚持上述刑罚的基本原则，还应当体现未成年人刑罚的特殊保护原则。从内容上来说，刑罚对未成年人的特殊保护更加强调公正性原则、个别化原则、人道主义原则和教育性原则，以下分而述之。

（一）公正性原则

未成年犯罪人刑罚的公正性原则，指在对犯罪人适用刑罚时，应当区分未成年人与成年人，充分体现未成年罪犯的特殊性。

在我国刑法中，本身就规定了罚金的减轻和免除，平等适用于所有犯罪人，但是并没有专门适用于未成年犯罪人的罚金减免制度。未成年人由于自身特性，难以像成年人一样缴纳罚金。因此，为了实现罚金刑适用的实质平等，应当构建专门针对未成年犯罪人的罚金减免制度，在刑罚设置、刑罚裁量和刑罚执行时保证未成年犯罪人的特殊利益和成长预期，坚持惩罚和教育相结合的思想，保证刑罚目的的实现。

（二）个别化原则

未成年人刑罚的个别化原则是指在对未成年犯罪人判处刑罚时对其与成年犯罪人适用刑罚作出区分，充分衡量未成年人犯罪的具体、个别情形，对其社会危害性进行综合评判后，对其判处刑罚。

多数国家在司法实践中坚持未成年犯罪人适用刑罚的个别化，美国、日本等国家先后制定了少年法，以解决未成年人犯罪的刑事处遇、保障未成年犯罪人权利的问题，其中就包括对未成年犯的处罚和权利保障问题。依据美国少年法的规定，未成年人犯罪一般不判处刑罚，而是将该未成年犯罪人交由特定监管人员予以教育，委托或转交给有良好家庭美德和传统

的家庭教育，或交由特殊的未成年犯罪人教育机构进行教育，或责令未成年犯罪人家长教育；对于社会危害性较强的犯罪人，将其交由矫正机构进行教育矫治或治疗。① 依据日本少年法的规定，日本对于未成年犯罪人的刑事处分，一般适用特别规定。首先，死刑与无期徒刑的适用上更轻缓，若犯罪时不满18周岁，可以无期徒刑替代死刑；应当判处无期徒刑的可以10年以上15年以下的有期徒刑或监禁代替。其次，对犯罪的未成年人适用不定期刑，以其健康成长为目的，未成年人被判处刑罚时，应当以教育刑为基本。② 再次，对被判处徒刑或者监禁的未成年犯罪人，应当在与成年犯罪人分离的场所执行，防止处遇效果的削减。③ 最后，对未成年犯罪人的假释释放期长于成年犯罪人。上述少年法内容，或为非刑罚处遇措施，或为缓和和区别成年犯罪人的刑罚措施，突出未成年犯罪人刑罚的特殊性，符合刑罚个别化原则，对我国颇具启示。

笔者认为，构建未成年犯罪人罚金减免制度，是符合个别化原则的。未成年犯罪人罚金减免制度，依照未成年犯罪人的特性，与成年犯罪人的罚金刑作出了区分，从罚金的减轻、免除和转刑方式上，都体现未成年犯罪人权益保护，符合未成年人犯罪刑罚的个别化原则，也顺应了未成年人犯罪刑罚个别化的世界趋势。

（三）人道主义原则

未成年人刑罚的人道主义原则，是指在对未成年犯罪人设置、适用刑罚时要坚持以人为本的思想，对未成年罪犯的制刑、行刑要符合其人身危险性。

世界大多数国家在其立法司法中体现出未成年人刑罚的人道主义，对未成年犯罪人倾斜保护，人道主义已经成为未成年人刑罚制刑、行刑的时代趋势。我国虽然暂无系统的未成年人刑罚体系，但我国关于未成年人刑罚制度，也充分体现了处理未成年人犯罪的人道主义原则，在未成年犯罪

---

① 赵俊. 少年刑法比较总论 [D]. 武汉：武汉大学，2010：63.
② 平场安治. 少年法（新版）[M]. 有斐阁，1987：444.
③ 尹琳. 日本少年法研究 [M]. 北京：中国人民公安大学出版社，2005：24.

人的刑罚处遇上，提倡非监禁化和社会化。① 学界关于未成年人刑罚如何非监禁化也一直处于激烈争论中。大部分学者认为，我国刑罚种类多以徒刑为主，与刑罚轻缓化理念相悖，应增加非监禁刑的类型，对未成年犯罪人，可以增加劳动赔偿，对参与劳动的未成年犯罪人给予报酬并以此对被害人进行经济补偿，在补偿被害人的同时，还能促使未成年罪犯悔过自新。此外，还可以通过禁止令、社区服务、集中学习的方式，教育和改造未成年犯罪人，帮助其顺利回归社会。上述内容，能够说明我国存在未成年人刑罚人道主义的基础，但在具体制度构建和刑罚执行上，仍需要不断完善。

构建未成年犯罪人罚金减刑制度的出发点便是人道主义，充分考虑到未成年犯罪人自身可能没有足以缴纳罚金的金钱，为了避免因罚金刑所带来的经济压力对其成长造成巨大的影响，通过适用未成年犯罪人的罚金减免条件，对符合减轻或免除罚金条件的未成年犯罪人，减免其罚金，帮助其健康成长，符合人道主义原则。此外，未成年犯罪人罚金减免制度中设置了罚金刑的转刑规定，对减轻罚金后仍无法缴纳的未成年犯罪人，通过其他方式实现惩罚与教育机能的结合，帮助未成年犯罪人顺利回归社会，体现了刑罚对未成年犯罪人的人道主义保护。因此，构建未成年犯罪人罚金减刑制度符合未成年犯罪人刑罚的人道主义原则。

（四）教育性原则

教育性原则是指通过刑罚的惩罚性应使未成年犯罪人认识到自己实施的犯罪行为的违法性，并真诚悔悟，改过自新，不再实施犯罪，同时教育其他社会民众不实施犯罪。适用刑罚可以促使受刑人和社会广大民众了解法律、认识法律并自觉遵守法律。对未成年犯罪人适用刑罚，不仅可发挥刑罚的惩罚功能，更重视刑罚对该未成年犯罪人的教育功能。在执行刑罚时，开展对未成年犯罪人法治和道德方面的教育，有助于消解其犯罪可能性，使其幡然悔悟，自愿放弃再次实施犯罪行为，顺利回归社会。

构建未成年犯罪人罚金减免制度，最重要的就是发挥刑罚的教育功

---

① 张润，陈媛. 我国未成年人犯罪刑事司法政策：法理与实践［J］. 青少年学刊，2015（4）：47-52.

能,通过执行罚金刑的减免措施使未成年犯罪人感受到国家和社会的关怀,从而真诚悔悟,改正犯罪行为。

四、我国主刑的减刑制度提供了制度指引

罚金刑是否能够参考主刑的减刑制度适用减免措施,是未成年犯罪人罚金刑减免制度参考减刑制度得以构建的基础性问题。除此之外,我国主刑的减刑制度中哪些内容可供参照,如何参照减刑制度构建未成年犯罪人罚金减免制度,这两个问题也应当予以回应。

(一) 未成年犯罪人罚金刑减免制度参照主刑减刑制度的合理性

未成年犯罪人罚金减免制度是否能够参照减刑制度的内容?这一问题在学界仍存在争议。笔者认为,有必要对这些理论争议进行梳理。

1. 罚金减免制度的论争

理论界关于罚金刑是否能够参照主刑减刑制度存在争议,部分持反对意见的学者认为:其一,减刑仅适用于自由刑,适用于罚金刑并无法律依据,违背罪刑法定原则。[1] 其二,当前已有减刑制度,不需要专门再针对罚金刑设立减刑制度。[2] 其三,罚金刑本身的性质决定罚金刑不能适用减刑制度,因为减刑制度适用的物件应当限于存在连续不断的行刑过程的刑罚种类中。[3] 其四,考察犯罪人是否有悔改表现,代价较大,可能会过度消耗司法资源,违反刑罚经济性原则。[4]

而支持罚金刑参照主刑适用减刑制度的学者认为:其一,罚金刑参照适用减刑制度,符合减刑的实质条件。其二,适当减免罚金有利于鼓励犯罪人的改造。[5] 其三,要对罚金刑的缴纳方式进行区别,若为分期缴纳,则可以参照适用减刑制度。

2. 罚金减免制度参照主刑减刑制度的合理性

结合上述理论争议,笔者认为,我国未成年犯罪人罚金减免制度,参

---

[1] 王洪青. 附加刑研究——经济刑法视角下的刑罚适用与改革路径 [M]. 上海:上海社会科学院出版社,2009:159.

[2] 但未丽. 刑罚执行制度专题整理 [M]. 北京:中国人民公安大学出版社,2007:127.

[3] 马克昌. 刑罚通论 [M]. 武汉:武汉大学出版社,1999:615.

[4] 刘晟. 罚金刑若干问题研究 [D]. 上海:华东政法大学,2011:9.

[5] 苏惠渔. 犯罪与刑罚理论专题研究 [M]. 北京:法律出版社,2000:366.

照适用主刑的减刑制度是具有合理性的,主要有三点原因。第一,从刑罚的目的来看,特殊预防是为了防止犯罪人再次实施犯罪。而考虑到犯罪人悔罪态度良好,对犯罪人可适用减轻其刑期的减刑制度,其考虑因素为犯罪人的主观恶性:若犯罪人的主观恶性较小,无再犯危险,则表明特殊预防的刑罚目的业已实现,可以对其刑罚裁量减刑。未成年犯罪人的罚金减免制度,是通过参考未成年犯罪人的主观恶性和未成年犯罪人的经济收入情况,裁量对其罚金刑减免的制度,实际上也是为了实现刑罚特殊预防的目的。因此,未成年犯罪人罚金减免制度参考适用主刑的减刑制度,符合刑罚特殊预防的目的,二者具有目的上的一致性。第二,从刑罚的功能上来看。如上文所述,刑罚的功能是指通过实施刑罚实现对犯罪人的教育和改造。主刑的减刑制度是给予对社会危害性不大、真诚悔罪的犯罪人重新做人的机会,通过减免刑期使犯罪人感受到国家的关怀,接受教育和改造,顺利回归社会。而未成年犯罪人罚金减免制度,便是为了使未成年犯罪人更好地改造以回归社会,通过考虑未成年犯罪人的社会危害性和经济状况,减轻未成年犯罪人的罚金刑压力,使其能够继续正常生活,同时可以对未成年犯罪人在课余采取社区服务等措施保障其能够在接受社区服务过程中接受教育,这是符合刑罚的功能的。因此,未成年犯罪人罚金减免制度可参照适用主刑减刑制度,二者具有功能上的一致性。第三,符合运动刑罚观。团藤重光教授根据法哲学领域"万物流转"的理念提出这一观点,是指在刑罚执行过程中,要运用发展、变化的动态眼光来观察刑罚,在刑罚执行过程中,重视受刑人的人格矫正。[①] 我国虽有罚金减免制度,但是却没有专门适用于未成年犯罪人的罚金减免制度,随着刑罚轻缓化的趋势进一步推进,未成年犯罪人适用罚金刑也应当逐步设立减免措施、构建减免制度才更为合理,同时也符合刑罚不断发展的趋势,与运动刑罚观保持一致。因此,参照减刑制度的规定构建未成年犯罪人罚金减免制度,符合未成年犯罪人适用罚金刑的实践需求。

综上,从刑罚的目的、刑罚的功能和运动刑罚观的角度来看,参照减

---

① 吴岳楷. 运动刑罚观对我国假释制度改革的启示[J]. 甘肃社会科学, 2019 (2): 123 - 130.

刑制度构建未成年犯罪人减刑制度在理论依据上具有一致性，虽然我国暂无专门适用于未成年犯罪人的罚金减刑制度，但可以参照主刑减刑制度，逐步开展未成年犯罚金减免制度构建。

（二）主刑减刑制度提供的制度参考

如上所述，主刑的减刑制度与未成年犯罪人罚金减刑具有理论上的一致性，因此，可以将主刑的减刑制度作为未成年犯罪人罚金减免制度的参考样本。但是，具体应当参考哪些方面，是在实际构建制度时要解决的问题。

1. 适用条件的参考

未成年犯罪人罚金减免制度根据需要参照减刑制度的适用条件，包括减免的形式条件、实质条件和限度条件。

减免的形式条件是指减免对犯罪人所适用的刑罚的类型。我国主刑的减刑制度适用的刑罚类型为管制、拘役、有期徒刑和无期徒刑，参照主刑减刑制度，我国未成年犯罪人罚金减免制度的形式条件，是未成年犯罪人罚金减免制度构建的基础。根据罚金刑的执行方式，可将罚金刑的执行分为单处罚金制、并处罚金制、选处罚金制以及复合罚金制，而在司法实践中，主要适用单处罚金和附加适用罚金。因此，在单处和附加适用罚金刑上可以参照适用减刑制度。

减免的实质条件是指减免罚金刑时应当参考的各种实质要素。减刑制度中减免刑罚的实质条件是指犯罪人确有悔改表现或立功表现，实际上就是指犯罪人在受刑后人身危险性降低，对其没有必要再处以原判刑罚从而对其减轻刑罚负担。虽然未成年犯罪人减免罚金与主刑减刑的实质条件有一定区别，但均是出于犯罪人在受刑后社会危害性降低有悔改表现，因此减轻其所受刑罚。故对未成年犯罪人判处罚金刑后，若其能够认识到自己的错误，诚心悔悟，则可以给予其减轻机会，减轻或免除其受到的罚金刑。

减轻未成年犯罪人的罚金，是否可以一次性全部减免？若不能，则减轻罚金的最低限度为多少？是否有减轻的次数限制？这些问题是减轻未成年犯罪人罚金刑的减轻限度需要解决的问题。我国主刑的减刑制度中减刑限度的内容为：减刑后实际执行的刑期，判处管制、拘役、有期徒刑的，不能少于原判刑期的1/2；判处无期徒刑的，不能少于13年。从性质上来说，减刑制度是刑罚执行阶段对刑罚进行"量"的调整，从"量"的角度来讲，减刑并无次数限制，可以进行数次，但减刑后实际执行刑期应有一定限度。因此，参照主刑减刑的限度条件，对未成年犯罪人罚金刑的减免同样可以不限减轻罚金的次数，但是应当保证减轻罚金后，实际执行的罚金数额仍有一定限度。

2. **适用程序的参考**

减免程序是实践中减免未成年犯罪人罚金刑的重要内容，因为没有程序的规定，空谈减免罚金并无实效。参考我国主刑的减刑程序，构建未成年犯罪人罚金减免制度的程序主要包括罚金减免的启动程序、考察程序、审核程序以及撤销程序。在具体适用程序的构建上，要考虑到未成年人身心尚处在生长发育阶段，改过自新回归社会的可能性大，对其教育和改造难度相对小于成年犯罪人。因此，在程序设计上，可以对未成年犯罪人减免罚金的程序适当放宽，坚持教育和惩罚并重。

综上所述，目前我国尚无未成年犯罪人罚金减免制度，在构建时可以参照我国主刑减刑制度的内容，二者在实现刑罚目的、刑罚功能方面具有一致性，能够在制度内容上相互匹配。在参照适用时，主要分为适用条件和适用程序，通过结合少年刑罚制度构建的基本理念，从实体和程序两个方面构建未成年犯罪人罚金减免制度，具有一定的科学性。

五、域外未成年犯罪人罚金刑立法例提供了参考

构建未成年犯罪人刑法已经被世界很多国家所采纳，构建适用未成年犯罪人的刑法体系，符合未成年犯罪人刑法的个别化原则，同时可为解决未成年人犯罪问题提供制度参考。未成年犯罪人罚金制度属于未成年犯罪人刑法的重要内容之一，在制刑和行刑上对未成年犯罪人的刑事处遇发挥着重要作用。世界上不少国家经过长期实践，将未成年犯罪人罚金理论确

立为具体制度规定在法律条文之中。这些内容为我国未成年犯罪人罚金减免制度提供参考价值。

(一) 域外各国未成年犯罪人罚金刑立法例

各国的未成年犯罪人刑罚研究成果，体现在其本国的法律规定中，各国立法例从不同角度规定了未成年犯罪人适用罚金刑的内容，对我国未成年犯罪人罚金减免有参考作用。

1. 大陆法系国家对未成年犯罪人罚金刑立法例

欧陆各国虽然具有地缘和法律文化的近似性，在法律制度方面有相似的内容。但是，细究各国罚金刑的规定，也有部分不同内容，笔者就部分国家的罚金刑立法例作出分析。

其一，冰岛关于罚金刑的立法例。首先，《冰岛刑法典》规定在确定罚金数额时，应当考虑犯罪人的收入、财产、薪金、抚养义务、影响其支付能力的其他因素和犯罪所得或者企图通过犯罪获得的经济利益或者存款的数额。① 可见，在罚金数额的裁量上，需要考虑诸多因素，包括犯罪人的收入、支付能力和其他影响支付的因素等。对未成年犯罪人来说，罚金刑的裁量更应考虑其是否有收入、收入情况以及支付能力等因素。其次，《冰岛刑法典》规定了罚金刑的转刑方式，即"如果不支付罚金的，应当易科为监禁"。此外，在该法典第9章的罚金执行中，规定了罚金刑不仅可以易科为监禁刑，还可以易科为社区服务，即"当罚金被证实无法征收并且警察局长决定对该行为人执行易科刑罚的情况下，如果不违背公共利益，可以易科为40小时以上的无偿社区服务"。这表明，罚金刑易科为社区服务在立法上已经有先例存在，可以为我国未成年犯罪人缴纳罚金出现困难时，提供解决途径。

其二，芬兰关于罚金刑的立法例。《芬兰刑法典》尚无未成年犯罪人刑罚适用的专章规定，但刑法典作为一般法内容具有适用力，可予以参考。芬兰是根据罚金日数和日罚金额相乘确定罚金数额的，其中罚金日数最高不得超过120日，而日罚金额为受刑人平均月收入的1/60，因此，芬

---

① 冰岛刑法典 [M]. 陈志军, 译. 北京: 中国人民公安大学出版社, 2009: 144.

兰同样对罚金数额的上限作出了明确规定。此外,芬兰规定了罚金的替代措施,即受刑人无法缴纳罚金时,应当以监禁刑替代未支付的罚金,当存在不能缴付罚金的征兆和已经不能支付的情况下,应当施以替代措施。可见,《芬兰刑法典》中也有关于罚金刑转刑的规定。但是,该法中的替代措施主要是指将罚金替换为监禁刑,这一规定不适用未成年犯罪人,需要注意的是,这一规定生效时间为1999年,当时对于替代措施的解释并无如今这般丰富,现今关于转刑措施中的替代措施的内容范围早已扩大,不仅限于监禁,还包括社区服务、无偿劳动和集中学习等内容。因此,转刑措施中的替代措施应当作扩大解释,能够为我国未成年犯罪人罚金执结率低、缴纳困难的双向矛盾提供解决思路。

其三,德国关于罚金刑的立法例。德国是欧陆国家最初设立罚金替代措施的国家,因此许多欧陆国家均以德国立法例为基础设置罚金刑易科制度。首先,《德国刑法典》规定当犯重罪或轻罪时罚金刑最低金额为3个帝国马克,越轨行为则为1个帝国马克;在犯重罪或轻罪时罚金刑的最高额为1万帝国马克,越轨行为则为固定的150个帝国马克。① 可见,《德国刑法典》规定了罚金刑适用的上下限额,符合刑罚的确定性原则。其次,当受刑人不愿缴纳或无法缴纳罚金时,可以用短期自由刑代替罚金刑,同时刑罚执行机关也可以对不能缴纳罚金的人自由裁量,通过自由劳动抵消无法缴纳的罚金。据此可知,当受刑人确实无法缴纳罚金时,对其施以替代措施是更为合理的选择,有助于实现特殊预防的目的,也可以提高案件的执结率,有效维护判决权威。

其四,未成年犯罪人适用刑罚的有关内容规定于《俄罗斯联邦刑法典》第5编专章,包括未成年人刑事责任、刑罚种类、刑罚具体适用以及时效问题。在适用对象上,明确了未成年人可以作为罚金刑的适用对象。在罚金刑数额上,规定只有对有独立财产或工资且可供执行的未成年犯罪人判处罚金刑。罚金刑的数额为最低劳动报酬的10倍或者未成年犯罪人2

---

① 弗兰茨·冯·李斯特. 德国刑法教科书[M]. 徐久生,译. 北京:法律出版社,2000:434-435.

周至 6 个月的工资或其他收入。据此可知,《俄罗斯联邦刑法典》在未成年犯罪人罚金刑的限度问题上,不仅规定了下限数额,还规定了罚金刑的上限,对未成年犯罪人来说,这一规定能够限制法官在对未成年犯罪人适用罚金刑时的自由裁量权,控制未成年犯罪人的罚金刑承担范围。在刑罚裁量上,规定对未成年犯罪人量刑时,应当考虑其生活环境和心理发育程度、受教育条件和其他特征,包括家中长辈的影响。据此可知,在对未成年犯罪人量刑时,需要充分考虑适用对象的特殊性,可供参考的内容应当比成年犯适用罚金刑的裁量更为严格。刑罚免除方面,规定了若未成年人因轻微犯罪行为被判处刑罚,可以结合案件情节免除其刑罚并适用感化性强制措施对其进行教育,以便其改造和发展。

2. 英美法系国家对未成年犯罪人罚金刑的立法例

一般来说,英美法系国家判处罚金刑需要四个步骤,第一,法官应当衡量罚金刑的数额与犯罪行为社会危害性的匹配程度,再对犯罪人判处罚金刑,如英国法官对重罪可以任意判处任何数额的罚金刑,除非法律规定了罚金刑数额的最高限额;对轻微犯罪来讲,被告人所承担的罚金刑上限法律作出了明确的规定,具体数额可以伴随物价上涨而上升。第二,法官需要考虑犯罪人是否具有减轻或者免除罚金刑数额的事由。一般来说,部分已经确定罚金刑数额的罪名,法官不得作出减轻或免除罚金刑的规定,如违反交通法规的行为。只有当案件中存在特殊减轻罚金刑数额的事由时,法官可以裁量减轻或免除罚金刑数额。第三,法官要考虑受刑人是否具有偿付罚金的能力。即使罚金刑的执行方式中允许分期缴纳罚金,也不能因此影响其本人和家属的正常生活。第四,法官需要结合犯罪人的个人经济情况,确定缴纳罚金期限,一般分为一次性缴付完毕、按周或者按月缴纳,但最长期限不得超过 12 个月;当受刑人确实无法缴纳罚金时,可以采取其他方式实现罚金刑目的(如强制执行、允许暂缓执行以及从事社区服务以折抵罚金),如美国等部分国家通过为监狱中的犯罪人提供工作,以帮助其缴纳罚金。

除上述内容外,英美法系国家罚金刑的规定中还包括罚金刑易科制度,虽然目前仅对拒不缴纳罚金的犯罪人适用,但这一罚金刑易科制度值得我国在未成年犯罪人罚金刑执行过程中借鉴参考。①

(二) 各国未成年犯罪人罚金刑立法例分析

分析各国关于未成年犯罪人罚金刑的立法例，可以对不同国家对未成年犯罪人适用罚金刑相关规定的特点进行总结，参考和借鉴其中的优势和长处，为我国未成年犯罪人适用罚金刑的相关问题提供解决思路，也能够以之分析我国未成年犯罪人罚金刑制度的不足，并为构建未成年人犯罪罚金减免制度提供参考。

如上所述，各国关于未成年犯罪人罚金刑的规定有所不同，但大多都具有相似性。笔者总结各个国家未成年犯罪人罚金刑制度，认为其具有如下特点：第一，多数国家对罚金数额的范围作出了明确规定。这一规定对未成年犯罪人适用罚金刑来说是很有必要的，许多国家规定对罚金刑的幅度和标准明确规定，而非简单规定为从轻、减轻。如前述《芬兰刑法典》的规定；再如奥地利《少年法院法》规定对未成年犯罪人的处罚以日额计算的罚金刑的最高限减少一半，以价值、受益或损失，包括充公和价值的替代刑罚的高低来确定罚金数额的，只要其不危及被告人的成长，可以对其进行科处。② 若有明确的罚金刑幅度和标准，则对我国未成年犯罪人适用罚金刑的裁量、执行以及减免有明确性依据，有助于未成年犯罪人罚金减免制度的构建。第二，多数国家的立法例中规定了罚金刑的转刑措施。目前多数国家规定的罚金刑转刑措施，主要是指拒不缴纳、难以缴纳或者缴纳罚金会影响未成年犯罪人及其家属正常生活的情况，可以将其罚金刑替代为监禁刑。部分国家并不赞同将未成年犯罪人的罚金刑转为监禁刑，但可以替代为社区服务等措施，如《冰岛刑法典》中规定罚金刑除了可以易科为监禁刑外，还可以易科为社区服务等措施。笔者认为，这一规定具有科学性。当今世界范围内，刑罚的轻缓化以及未成年犯罪人的非监禁刑化已经成为发展趋势，罚金刑易科为监禁刑也应当随着法律思想和司法实践的发展而进行扩大解释，易科后的措施应当扩大为社区服务、集中学习、劳动赔偿等内容，更符合刑罚轻缓化和未成年犯罪人适用刑罚的理念。

---

① 赵秉志. 英美刑法学 [M]. 北京：中国人民大学出版社，2004：220－222.
② 姚建龙. 少年刑法与刑法变革 [M]. 北京：中国人民公安大学出版社，2005：249－253.

第四节　未成年犯罪人罚金减免制度的构建思路

我国目前虽无专门适用于未成年犯罪人的罚金减免制度，但是可以参照主刑减刑制度的内容和未成年人刑罚的基本理念，构建未成年犯罪人罚金减免制度。探讨构建未成年犯罪人罚金减免制度的思路，主要从未成年犯罪人罚金减免制度的适用条件、程序和补充措施三个方面进行论述。需要注意的是，未成年犯罪人罚金刑的判决阶段和执行阶段中，未成年犯罪人的罚金刑所适用的条件因未成年人犯罪行为的固定而保持不变，但在程序条件方面，因为罚金刑判决之前与罚金刑执行阶段的程序和机关不同。因此，笔者在程序部分分别论述罚金刑判决前和罚金刑执行阶段两部分，以此为我国未成年犯罪人适用罚金刑困境提供解决思路以保障未成年犯罪人的合法权益。

一、明确未成年犯罪人罚金减免制度的适用条件

未成年犯罪人罚金减免制度的构建可参照我国主刑的减刑制度，在减免条件上主要从减免的形式条件、减免的实质条件和减免的限度条件展开探讨。这既是未成年犯罪人罚金减免的前提条件，同时也是未成年犯罪人罚金减免程序启动的前提。

（一）未成年犯罪人罚金减免制度的形式条件

未成年犯罪人罚金减免制度的形式条件是指对未成年犯罪人适用何种罚金刑执行方式，并以此种执行方式作为依据适用罚金减免的条件。我国目前的罚金刑适用方式包括单处罚金刑、并处罚金刑、选处罚金刑以及复合罚金刑，在司法实践中，单处罚金刑和附加适用罚金刑是主要的适用方式，而单处罚金刑一般适用于犯罪行为危害性较小的轻罪，附加罚金刑则伴随主刑而适用，一般用于犯罪行为危害性较大的罪犯，这二者能够囊括大部分罚金刑判决。因此，未成年犯罪人罚金减免制度的形式条件应是对

被判单处罚金刑、附加适用罚金刑的未成年犯罪人，可以决定对其减免所判处的罚金刑的数额。

（二）未成年犯罪人罚金减免制度的实质条件

实质条件，即判断未成年犯罪人罚金减免有关问题的实质性条件，具体是指在对未成年犯的罚金刑减免之前，决定主体依据哪些内容判断对未成年犯能否减轻或免除其罚金刑处遇以及如果能减轻应该减轻多少数额的罚金的条件。如前文所述，我国司法解释中虽然有未成年犯罪人罚金减免的规定，但其可操作性较差，没有完整的体系，如《最高人民法院关于审理未成年人刑事案件具体应用法律若干问题的解释》第15条规定，对未成年人判处刑罚，应当从轻或减轻，并根据其缴纳情况，但最低不得少于500元。这一内容仅大致规定了对未成年犯罪人罚金刑减免时要作实质性考量，但却并没有具体化。基于此，笔者认为，可以通过借鉴我国主刑减刑制度中减刑的实质条件，即分为可以减刑的情形和应当减刑两种情形，同时体现未成年犯的特殊情况，设置未成年人罚金减免制度的实质条件，从可以减免罚金和应当减免罚金两个方面展开，可以减免罚金包括未成年犯罪人的社会危害性、犯罪后的悔罪表现以及未成年犯罪人的经济状况这三个方面，应当减免罚金则从应当减轻和应当免除这两个方面展开论述。

1. 可以减免未成年犯罪人罚金刑的条件

可以减免未成年犯罪人罚金刑的条件，也称为未成年犯罪人罚金刑得减条件，是指结合未成年犯罪人的社会危害性、犯罪后的悔罪表现以及犯罪人的经济状况，决定是否可以减轻其所承担的罚金刑的条件。具体内容如下。

其一，未成年犯罪人的社会危害性，即未成年人在实施犯罪时，影响犯罪行为社会危害性大小的情节。笔者通过社会危害性的大小，对其进行论述。

第一，故意犯罪。未成年人实施故意犯罪的社会危害性最高，当未成年人实施故意犯罪后，其罚金减免的适用可能性应当是各个犯罪情节里最低的，但并不排除其适用罚金减免的可能性。若未成年人故意犯罪后，能够真诚悔罪并积极对受害人进行补偿，承诺不再实施犯罪并且该未成年犯罪人的经济状况较差，判处罚金刑会影响其正常生活的，则仍然可以决定对其减免罚金。

第二，过失犯罪。过失犯罪与故意犯罪相比，本不以达成犯罪结果为目的，但是由于疏忽大意或过于自信导致危害结果，其中可能还会涉及防卫过当和避险过当。未成年人实施过失犯罪时，并没有积极追求犯罪结果的心理状态，主观上应是排斥危害结果发生的。故未成年人实施过失犯罪的，其社会危害性低于故意犯罪，犯罪人的改造难度小于故意犯罪，其适用减免罚金的可能性大于故意犯罪。因此，可以对实施过失犯罪的未成年人减免罚金刑。

第三，犯罪的停止形态。犯罪的停止形态包括犯罪预备、犯罪中止、犯罪未遂以及犯罪的既遂。其中犯罪既遂为犯罪的完成形态，其结果为完成故意犯罪。除此之外，犯罪终止形态还包括犯罪预备、犯罪中止和犯罪未遂。犯罪中止是指犯罪人消除犯意、自动放弃犯罪行为，并积极防止犯罪结果的发生，因此，其社会危害性最小，可以作为减免该未成年犯罪人罚金刑的重要参考因素。犯罪预备是指犯罪人准备着手实施犯罪行为，但由于意志以外的情形，未能着手即告结束，该行为有为犯罪积极准备的性质，因此其社会危害性高于犯罪中止，但并不因此而导致其丧失减免罚金的可能性，只是作为实质条件，其适用减免罚金的可能性低于犯罪中止。犯罪未遂是指犯罪人已经实施犯罪，但意志以外的原因使其未能完成犯罪，在上述犯罪的终止形态中，危害性最高。因此，相比犯罪预备和犯罪中止，其适用减免罚金的可能性最小，但仍存在因为未成年犯罪人悔罪态度良好以及经济状况较差从而减免罚金的可能。

第四，犯罪的动机和目的。从外部来看，未成年人基于年龄原因常常会受到外界因素影响而产生某种犯罪动机，从内部来看，还可能存在未成年人因心智不成熟、缺乏心理疏导而产生的犯罪动机。犯罪目的是犯罪人欲通过实施犯罪行为所要达到的结果。这二者能够昭示未成年犯罪人的人身危险性和未成年人犯罪行为的社会危害性，对于是否对该未成年犯罪人减免罚金可以作为实质参考依据。例如，若未成年人是蓄意谋划或多次实施抢劫行为或盗窃行为，则对该未成年犯罪人减免罚金的可能性会降低；若未成年人是受到胁迫或鼓动，抑或是冲动情绪之下实施了抢劫、盗窃等犯罪行为，则对其适用罚金减免的可能性较大。

其二，未成年犯罪人的悔罪表现。我国主刑的减刑制度中可以减刑的条件为认真遵守监规，接受教育改造，确有悔改表现的，或者有立功表现的犯罪人。其内容包括：确有悔改表现的内容为认罪悔罪；遵守法律法规及监规，接受教育改造、积极参加思想、文化、职业技术教育等；确有立功表现的内容为阻止他人实施犯罪活动的；检举、揭发监狱内外犯罪活动，或提供重要的破案线索，经查证属实的；协助司法机关抓捕其他嫌疑人的；在生产、科研中技术革新，成绩突出的；在抗御自然灾害或排除重大事故中，表现积极的；对国家和社会有其他较大贡献的。[①] 因此，笔者参照减刑制度中悔罪表现的内容，结合我国减轻刑罚处罚的自首和坦白制度，提出设置我国未成年犯罪人罚金减免制度的实质条件。

第一，自首。自首是指犯罪人实施犯罪后，主动投案并且如实供述自己的犯罪行为。未成年人若在犯罪后能及时自首，虽然已经实施了犯罪行为，但其主观恶性已经大大降低，表明其愿意接受侦查机关和司法机关的控制，悔改可能性较大。对这类未成年犯罪人，可以结合其实际经济水平减免罚金刑。

第二，立功。立功行为基于犯罪人积极悔罪态度，是犯罪人以积极的行为降低自己人身危险性的方式。因此，主刑减刑制度中的犯罪人立功的内容可以作为未成年犯罪人罚金减免的实质条件，若未成年犯罪人存在立功情形，可以减轻其罚金刑数额。

第三，坦白。有坦白情节的未成年人犯罪人，虽然其不具有自动投案的减轻处罚情节，但是仍具有如实供述情形，相比之下，其人身危险性高于自首的未成年犯罪人，但是作为法定刑罚减轻情节仍可以酌情减免其罚金刑。

第四，悔改表现。一方面，未成年犯罪人若因其犯罪行为被单处罚金的，则可以不用将是否认真遵守监规作为实质条件，而只需要考虑其是否遵守法律法规、是否能够认真参加学习生活以及是否能够自觉履行罚金义

[①] 《最高人民法院关于办理减刑假释案件具体应用法律的规定》第3条、第4条的规定。

务；另一方面，对于被判处自由刑同时附加适用罚金刑的未成年犯，除上述三个考虑因素外，还可以将是否认真遵守监规作为实质条件，酌情适用罚金减免制度。

其三，未成年犯罪人的经济状况。未成年犯罪人适用罚金刑不同于成年犯罪人，考虑到未成年犯罪人普遍无支付罚金的能力，故应当将未成年犯罪人的经济状况作为减免未成年犯罪人罚金的参考要素之一。对于经济条件能够支付罚金的未成年犯罪人，可以结合犯罪行为的社会危害性和悔罪表现对其减免罚金刑；而对于难以支付罚金或者支付罚金会严重影响未成年犯罪人正常生活的情况应当减轻或免除罚金刑处遇。

2. 应当减免未成年犯罪人罚金刑的情形

应当减免未成年犯罪人罚金刑的情形，即对于符合应当减轻或免除未成年犯罪人罚金刑的情形，应当依法决定减轻或免除。未成年犯罪人经济上的特殊性导致其难以缴纳罚金，一般应当减轻处罚。在有的情形下，即使对这类未成年犯罪人减轻罚金数额，也不能使罚金刑顺利执行，此时应将未成年犯罪人的经济水平这一要素作为免除罚金刑的条件。基于此，笔者将应当减免未成年犯罪人罚金刑的情形分为应当减轻和应当免除罚金刑两种情形。

其一，应当减轻未成年犯罪人罚金刑的情形。主刑的减刑制度中对应当减轻刑罚的情形规定为具有法定的重大立功表现之一。而重大立功的内容为阻止他人实施重大犯罪活动的；检举监狱内外重大犯罪活动，经查证属实的；协助司法机关抓捕其他重大犯罪嫌疑人的；有发明创造或者重大技术革新的；在日常生产、生活中舍己救人的；在抗御自然灾害或者排除重大事故中，有突出表现的；对国家和社会有其他重大贡献的。① 因此，笔者认为，对于附加判处罚金刑的未成年犯罪人，若其能在主刑执行期间符合上述内容，则应当决定减轻该未成年犯罪人的罚金刑。

其二，应当免除未成年犯罪人罚金刑的情形。此处的免除罚金刑是出于未成年犯罪人的经济状况作出的合理考虑。应当注意的是，实践中为何

---

① 此为《最高人民法院关于办理减刑假释案件具体应用法律的规定》第 5 条的规定。

会出现未成年犯罪人罚金刑执行困难的情形？笔者认为，未成年犯罪人若本身不具有任何可供执行的财产，若对未成年犯罪人强制执行罚金刑，未成年犯罪人的生活会受到较大影响，即使对其减轻罚金后，仍然无法执行罚金刑，同时还可能会使未成年犯罪人背负巨大的经济压力，此时不应当再对该未成年犯罪人执行罚金刑，否则可能违背未成年犯罪人适用罚金刑的目的，还可能促成未成年犯罪人被边缘化，滋生反社会心理。面对这一实践困境，笔者认为，应当对符合上述两种条件的未成年犯罪人免除罚金刑处罚。当然，但这不意味着未成年犯罪人就此不再承担任何责任，而需要通过设置保障措施，以罚金刑易科或罚金刑缓刑的方式实现刑罚的惩罚目的。

（三）未成年犯罪人罚金减免制度的限度条件

未成年犯罪人罚金刑减免的限度条件，是要解决未成年犯罪人减免罚金的幅度问题。我国主刑减刑制度的限度条件中，减刑的总体幅度的内容可以为设置未成年犯罪人罚金刑减免的限度条件提供参考。因此，笔者通过借鉴主刑减刑制度中限度条件的内容，为未成年犯罪人罚金减免制度限度条件的设置提供参考。

其一，免除罚金刑因为直接免除了未成年犯罪人执行罚金的义务，不涉及执行金钱的内容，因此不适用减轻幅度，减轻幅度仅适用于减轻罚金的情形。

其二，前文已述主刑的减刑制度的总体幅度的内容，即减刑虽无次数限制，但是减刑不论减轻过多少次，最终实际执行的刑期有一定的限度要求。笔者认为，减免未成年犯罪人罚金刑也可以参照这一内容，即不论减轻多少次，最终存在一个最低限额。除此之外，目前在我国未成年犯罪人适用罚金刑的规定中，没有上限的规定，为了明确罚金刑的幅度、限制自由裁量权，应当进行规定。

一是减轻罚金刑的最低限额。无论未成年犯罪人罚金刑如何减轻，最终应当执行一个最低限额，发挥刑罚惩罚的作用。根据《关于审理未成年人刑事案件具体应用法律若干问题的解释》，未成年犯罪人罚金刑减轻的最低限额为500元。笔者认为，未成年犯罪人罚金减免的最低限额仍然可以依据这一规定，将我国未成年犯罪人罚金减免的最低限额规定为500元。①

二是适用罚金刑的最高限额。罚金的执行有具体数额的规定，属于可以以数位量化的刑罚类型。因此，尽可能明确的罚金刑幅度，更具有稳定性。对此，域外多数国家通过立法对未成年犯罪人适用罚金刑进行了少年化修正，如依据奥地利刑罚的规定，对于未成年人犯罪的处罚，以日额计算的罚金刑的最高限降低一半。以价值、受益或损失，包括充公和价值的替代刑罚来确定罚金刑，只有当它不危及被告人的成长时，可以科处。②因此，首先可以确定罚金执行日数，同时依据未成年人的日均收入，确定该未成年犯罪人的罚金刑总额。对于无固定收入的未成年犯罪人，应当依据当地实际经济水平，结合其犯罪行为的危害程度，确定罚金最高限额。应注意的是，这一最高限额不得高于相同罪名成年犯罪人被判处罚金刑的数额。

我国未成年犯罪人罚金减免的形式条件、实质条件和限度条件是减免未成年犯罪人罚金的前提条件和基础，应当在构建未成年犯罪人罚金减免制度时作为重点内容，为未成年犯罪人罚金减免的程序提供实体依据。

二、构建未成年犯罪人罚金减免制度的程序

如前所述，构建未成年犯罪人罚金减免制度的程序，应当区分罚金刑判决前和罚金刑执行两个阶段，详述两个阶段中程序的构建条件。部分学者认为，我国主刑减刑制度的程序包括减刑主体、减刑审理期限以及减刑的监督。笔者认为，这三个方面只能作为减刑程序的内部条件，并不能包括整个减刑制度程序的内容。若仅用减免罚金的决定主体、减免罚金的审理期限以及减免罚金的监督难以建立完整的未成年犯罪人罚金减免制度程

---

① 根据《最高人民法院关于审理未成年人刑事案件具体应用法律若干问题的解释》第15条的规定：对未成年罪犯判处罚金刑时，应当依法从轻或者减轻判处，并根据犯罪情节，综合考虑其缴纳罚金的能力，确定罚金数额。但罚金的最低数额不得少于500元人民币。
② 姚建龙. 少年刑法与刑法变革 [M]. 北京：中国人民公安大学出版社，2005：252－253.

序,因此,应当按照减免程序的具体环节构建未成年犯罪人罚金减免制度的程序条件。从程序的具体环节来说,未成年犯罪人罚金减免制度的程序应当包括启动程序、考察程序、审理程序和监督程序。

(一) 罚金刑判决前的程序条件

罚金刑判决前的程序条件,是指法院在审理未成年人的犯罪案件时,对该未成年犯罪人欲判处罚金刑前,可以对该未成年人的犯罪行为进行考察,对其罚金刑进行减免的程序。

1. 罚金刑判决前减免的启动程序

未成年犯罪人在审判阶段将被判处罚金刑,但其自身又符合罚金刑减免的条件时,应当如何启动对该未成年犯罪人所受罚金刑的减免程序?主刑的减刑制度的启动程序,应当由刑罚执行机关向中级以上人民法院提出减刑建议书,由法院合议庭审理决定。由此可见,减刑的启动程序的内容具体包括减刑的启动主体、减刑的启动方式以及是否受理的决定主体。对未成年犯罪人罚金减免的启动程序,也可以按照减免程序的启动主体、减免程序的启动方式和是否受理减免程序的决定主体三个方面进行论述。

其一,罚金刑判决前的启动主体。罚金刑判决前的启动主体是指在案件审理和判决阶段,若存在未成年犯罪人符合罚金减免条件的情况,向案件审理机关提起减免罚金刑请求的主体。虽然法律尚未明确规定罚金刑判决前的启动主体,但是依据最有利于未成年人原则兼顾审判效率,笔者认为,应当由该未成年犯罪人本人、近亲属以及该未成年犯罪人所在的街道办事处、村委会提起减免罚金刑的请求,若上述人员提交证明未成年犯罪人存在罚金减免条件的证据较为困难的,也可以申请审理案件的法院调取相关证据。

其二,罚金刑判决前的启动方式。在启动方式方面,笔者认为应当基于保障未成年人的合法权益的目的,一方面,若未成年犯罪人本人、近亲属以及居委会、村委会有能力获得可供证明符合减免条件的材料,则上述人员可以自行将材料提交给正在审理该案件的人民法院;另一方面,若未成年犯罪人、近亲属以及居委会、村委会知悉存在减免罚金刑的条件,但无法自行获取相关材料的，可以向正在审理该未成年人刑事案件的法院提起，请求该法院自行调查取证。

其三，决定受理主体。在罚金刑判决做出之前，案件仍属于受理刑事案件的人民法院，其也是对案件内容最为了解的机关。因此，在这一阶段，是否受理未成年犯罪人本人、近亲属以及居委会、村委会提出的请求的决定机关应为正在审理该未成年人刑事案件的人民法院。

除了上述启动主体和启动方式外，在理论和实务界也有主张由提起公诉的检察机关作为主体，因为检察机关是法定的监督机关，而且在刑事案件认罪认罚和提出量刑建议方面，检察机关具有其他机关和人员无法比拟的优势。笔者认为，这种观点也是完全合理的，应该予以考虑。

2. 罚金刑判决前减免的考察程序

罚金刑判决前减免的考察程序，是指法院在决定受理未成年犯罪人的监护人、近亲属以及居委会、村委会的申请书后，对该未成年犯罪人考察的程序分为考察主体和考察程序。

其一，考察主体。结合上述内容，在罚金刑判决作出前，正在审理案件的人民法院对刑事案件的案情以及未成年犯罪人的人身危险性最为熟悉和了解，且减免的启动主体向该法院提出申请减免的请求，因此，在这一阶段，对该未成年人刑事案件进行审理的法院作为考察主体最能保证司法效率，可以作为考察主体。

其二，考察程序。在罚金刑判决作出前，无法对未成年犯罪人的刑罚执行情况进行考察，对其考察的内容仅包括未成年犯罪人的平时表现、未成年犯罪人的经济状况和其犯罪行为的社会危害性等内容，而法院在审理案件的过程中即可查明这些内容，若法院通过审理无法查明未成年犯罪人的经济状况以及平时表现，则可以由该案件的侦查机关对上述情况进行查明，并书面交由法院。

3. 罚金刑判决前减免的审理程序

审理程序是确定是否对未成年犯罪人减免罚金的流程，主要内容包括两个方面，即审理组织和审理期限。

其一，审理组织。关于未成年人的案件，大多数国家设立了少年法院，作为处理涉及未成年人各类案件的审理组织。如美国伊利诺伊州首创了少年法院，意大利设立了少年法院，日本则设立了家庭裁判所等。① 这些机构设立的目的旨在突出少年司法的特殊性，解决少年司法制度中的一系列问题，更好地实现未成年人权益保护。我国虽然没有构建完整的关于未成年人的司法制度，但是已经开始试点建设少年法院，如我国北京、上海、河南、福建、广东等地，虽然在实施一段时间后，是否继续推进受到争议，有所停滞，但目前国内支持继续建设少年法院的观点占大多数。

笔者认为，未成年犯罪人罚金刑减免制度不宜由少年法院审理。少年法院本身是为保障未成年人权益、解决少年司法制度的问题而构建的，虽然目前学界支持少年法院的观点占大多数，但是未成年犯罪人罚金减免制度具有依附性的特点，其运行依附于未成年人犯罪案件的审理，而当前我国未成年人犯罪案件大部分是由人民法院审理而非少年法院审理。为了保证司法效率，防止出现未成年犯罪人案件的审理在两个法院之间相互推诿的现象，对于未成年犯罪人减免罚金刑的审理尚不宜由少年法院审理，仍然应当归属于判决作出前最了解案件情况的刑事案件审理法院审理。

其二，审理期限。在判决作出前，受理法院负责审理该案件，其中就包括对是否减免罚金刑这一问题的审理，因此，对减免罚金请求的审理期限应当依照法院所受理的刑事案件的审理期限。

(二) 罚金刑执行中的程序条件

1. 罚金刑执行中减免的启动程序

未成年犯罪人的罚金减免制度的启动程序，是指未成年犯罪人罚金减免程序如何得以开始的程序，涉及启动主体、启动方式、是否受理决定主体三要素。

(1) 启动主体

能够提起罚金减免程序的主体虽无法律明确规定，但主刑的减刑制度是由刑罚执行机关提起的，主要是因为刑罚执行机关最为了解受刑人在刑

---

① 黄荣康，邬耀广，张中剑，等. 少年法研究 [M]. 北京：人民法院出版社，2005：377.

罚执行中的悔罪表现，因此，依据这一法理，未成年犯罪人的罚金减免的启动程序，应当由最为了解未成年犯罪人执行刑罚期间表现的主体提出。此外，根据未成年人权益保护的理念，未成年犯罪人的法定监护人、近亲属也有权申请罚金减免程序的启动。故笔者认为，应当由未成年犯罪人本人或其法定监护人、近亲属或作为执行机关的监狱和其他刑罚执行机关作为减免罚金的启动主体。

（2）启动方式

一方面，未成年犯罪人本人或其法定监护人以及近亲属可以主动提起减免罚金的请求。在参照主刑减刑制度中减刑受理法院的规定，若是未成年犯罪人的法定监护人、近亲属提出减免未成年犯罪人罚金，应当向中级以上人民法院提出减免罚金申请书，由中级以上人民法院作出决定。另一方面，若未成年犯罪人减免罚金的程序是由刑罚执行机关提出，则由该执行部门向决定部门提出减免罚金建议书，决定部门作出是否受理的结果，对决定不服的未成年犯罪人及其法定监护人、近亲属，可以向上一级法院申请复议。

（3）是否受理决定主体

从外部来讲，当刑罚执行部门向决定部门提出减免罚金建议书或者未成年犯罪人本人或其法定监护人、近亲属向人民法院提出减免罚金申请书后，是否受理的结果应当由中级以上人民法院决定。若作出不予受理决定，未成年犯罪人或其法定监护人、近亲属不服的，可以向中级以上法院申请复议，由中级以上法院作出是否受理的决定，这样既能发挥法院内部监督、内部纠错的功能，还能够起到法院上下级之间的监督作用。

2. 罚金刑执行中减免的考察程序

未成年犯罪人罚金减免的考察程序，是指法院在决定受理未成年犯罪人的监护人、近亲属的申请书或执行部门的建议书后，应当考察该未成年犯罪人，而决定是否应当启动对该未成年受刑人减免罚金刑的程序，具体分为考察主体、考察程序。

（1）考察主体

结合上述决定是否受理减免请求或建议的主体，可知决定未成年犯罪人是否减免罚金的主体为中级以上人民法院或原作出罚金刑判决的法院，因此，考察主体自然应当是作出减免决定的机关，即中级以上人民法院或原作出罚金刑判决的法院。

（2）考察程序

考察程序是决定是否减免未成年犯罪人罚金刑的必经程序。出于保障司法效率、节约司法资源的目的，应当将法院的书面考察作为前置程序，即法院将所提交的书面材料作为审理依据，通过审查书面材料决定是否对未成年犯罪人减免罚金刑。另外，若依据书面内容无法作出决定或未成年犯罪人及其法定监护人、近亲属对书面内容提出异议的，则可以由书面审理转为庭上考察，由该受理法院开庭对未成年犯罪人的悔罪表现、刑罚执行情况进行考察。

3. 罚金刑执行中减免的审理程序

在罚金刑执行过程中，若人民法院已经对案件作出判决，罚金刑数额已经固定，但在执行时，却发现了案件审理期间尚未发现的情况，又或者出现了新的情况，满足减免未成年犯罪人罚金刑的条件时，可以提请人民法院对是否减免罚金刑进行审理。

（1）审理组织

我国主刑的减刑制度规定了申请减刑应当向中级以上人民法院提出，根据这一规定，笔者认为，我国未成年犯罪人罚金刑的减免申请，可以分为两步：第一步，如果罚金刑判决由基层人民法院作出，则减免罚金刑的申请可以先由基层法院审理，这一做法属于法院内部的纠错。若申请人不服基层法院的审理决定的，可以交由中级人民法院审理。第二步，若罚金刑的判决主体是中级人民法院，则减免罚金刑的申请由作出判决的法院审理，申请人对该结果不服时，则可以向高级人民法院申请复议。

（2）审理期限

我国并未对未成年犯罪人减刑的期限作出规定，但是我国主刑的减刑制度规定人民法院应在收到减刑建议书后一个月内审核裁定，案情复杂或者情况特殊的，可以延长一个月，减刑裁定的副本应当抄送人民检察院。

而罚金刑的减免与主刑的减刑具有一致性,在审理期限上也应具有相似性。此外,出于保障未成年人权益的目的,在未成年犯罪人罚金减免的审理期限上,应当在主刑减刑的审理期限上作出适当宽限,体现我国对未成年人案件的重视和对未成年人权益保护的贯彻。

三、未成年犯罪人罚金减免制度的监督

为了保障减免程序的公平合法,应当实施未成年犯罪人罚金减免制度的监督措施,以实现未成年人合法权益的保护。我国当前的监督方式主要包括立法监督、检察监督,笔者通过对两种监督方式的借鉴,对我国未成年犯罪人罚金减免制度监督进行论述。

(一) 立法监督

立法监督是指在法律规定的权限范围之内,某些主体可以依照法定程序,审查立法的过程及其结果。因此,立法活动过程情况与该活动过程的结果都需要被监督。也就是说,需要对立法行为和立法过程进行监督,具体就是对规范性文件进行合法性以及合宪性监督。[①] 在我国,人大及其常委会属于立法机关,承担我国立法监督的主要职责,因此,人大及其常委会可以作为我国未成年人有关规范性文件的立法监督主体。在审查时,必须坚持审查是为了保障未成年人合法权益,对于未成年犯罪人罚金刑相关的规范性文件贯彻审查、反馈、公开的良性备案机制,由被动审查转变为主动审查,突出未成年人权益保护的重要性,及时对可能损害未成年人合法权益的内容进行记录,反馈并进行修正;对于通过审查的规范性文件,除涉密及不宜公开的外,应当及时公开,保障未成年人及时知悉如何维护自身合法权益。

(二) 检察监督

人民检察院是我国的法律监督机关,负责我国侦查、审查起诉和法律监督工作。目前,我国未成年犯罪人适用罚金刑的规定中并无对其开展法

---

① 田硕. 完善我国立法监督制度的思考 [J]. 辽宁公安司法管理干部学院学报,2017 (3): 39 – 42.

律监督的内容，但是根据最高人民检察院发布的《未成年人刑事执行检察、民事行政检察业务统一集中办理试点初见成效》中，检察机关应当进一步加强涉未成年人案件的刑事案件、民事案件执行过程的检察监督。[①]这表明涉及未成年人的案件，要逐步实现检察监督制度的覆盖，充分保障未成年人案件的权益。因此，未成年犯罪人适用罚金刑的法律监督的主体应当由未成年人刑事检察部门负责。

监督具体程序可以参考减刑制度中法律监督的程序规定。我国减刑制度检察监督程序为：检察院认为减刑裁定确有错误的，应当在一定期限内，向法院提出书面纠正意见；而法院应当在收到纠正意见后一定期限内重新进行审理，作出裁定。未成年犯罪人罚金刑减免程序中的法律监督程序，在参考减刑制度的基础上，可以对检察监督程序的期限作出宽限，以便检察部门对未成年犯罪人是否符合减免条件以及法院的减免决定的合理性进行充分调查。

四、未成年犯罪人罚金减免制度的补充措施

未成年犯罪人被判处罚金刑后，若在减少其罚金后仍无可供缴纳罚金的财产或强制执行罚金后会导致该未成年犯罪人生活严重困难等不良情形。此时，对该未成年犯罪人来说，再强制执行便不具有可能性，不宜再对其执行罚金刑。但是，若对这类未成年犯罪人免除罚金刑，则有违罪刑法定原则。要解决减轻罚金刑无法实现和对未成年犯罪人特殊预防目的二者相冲突的困境，笔者认为，前文所专门阐述的罚金刑易科和罚金刑缓刑制度是可供借鉴的两种补充方式。

（一）未成年犯罪人罚金刑易科

罚金刑易科制度在域外已经发展得较为成熟，而我国法律中虽然尚未

---

① 根据最高人民检察院发布的《未成年人刑事执行检察、民事行政检察业务统一集中办理试点初见成效》的内容，史卫忠介绍，最高检下一步将加强未成年人刑事执行检察、民事行政检察业务统一集中办理工作的高质效和规范化，推进各项工作充分协调发展。建立健全未成年人刑事执行、民事行政检察、公益诉讼检察典型案例库，深挖典型案件在规范引导办案方面的"样本价值"。积极调动各地对集中统一办理各项业务研究的积极性，为未成年人保护法律法规健全完善贡献更多检察经验和检察智慧。

规定罚金刑易科制度，但根据未成年犯罪人适用罚金刑的特征进行判断，我国未成年犯罪人适用罚金刑易科作为未成年犯罪人罚金减免制度的补充措施有其合理性。在对未成年犯罪人罚金刑易科制度的构建上，可以参考域外立法的规定并结合我国未成年人保护的理念。

1. 未成年犯罪人罚金刑易科的合理性

对免除罚金刑的未成年人适用罚金刑易科的合理性，是罚金刑易科构建的首要问题。笔者认为，我国未成年犯罪人罚金免除适用易科的合理性主要有三点，即根除罚金代缴制度痼疾、实现对未成年犯的特殊预防以及更有利于对未成年人的教育和帮助。

（1）根除我国罚金代缴制度的痼疾

我国罚金代缴制度的法律渊源为《关于审理未成年人刑事案件具体应用法律若干问题的解释》，对于未成年犯的罚金刑，其监护人和近亲属可以垫付。① 很多学者认为，这是关于我国未成年犯罪人罚金代缴制度的规定，对这一制度，大多数学者持否定态度，认为其违背了罪责自负原则，冲击了犯罪代价自我承担的理念，有罚金"连坐"的嫌疑。如孟强认为："未成年人犯罪若被判处罚金刑，则其所负罚金缴纳义务往往由其家人代缴。"② 又如日本学者福田平在《犯罪与财产刑》一文中指出，由于作为罚金刑执行标的物的金钱存在于人身之外，代缴罚金将使刑罚丧失专属性的危险。③ 笔者赞成这一说法，在罪责自负原则的指导下，无论犯罪人是否为未成年人，都应当对自己实施的犯罪行为负责，既是为保证特殊预防目的的顺利实现，也是实施犯罪行为风险自担的体现。若因为犯罪人是未成年人，其罚金的缴纳义务就可由其监护人或近亲属履行，那么对未成年犯罪人设置罚金刑的作用则难以体现。因此，笔者认为，为解决实践中未

---

① 《最高人民法院关于审理未成年人刑事案件具体应用法律若干问题的解释》第15条第3款规定：对被判处罚金刑的未成年罪犯，其监护人或者其他人自愿代为垫付罚金的，人民法院应当允许。

② 孟强. 将未成年犯罚金刑易科为社区服务的可行性 [J]. 江苏警官学院学报，2004（5）：45-48.

③ 马克昌. 刑法理论探索 [M]. 北京：法律出版社，1995：357.

成年犯罪人罚金缴纳主体偏移、刑罚特殊预防目的实现困难的现象，应当适用未成年犯罪人罚金刑易科的方式，对减轻罚金刑后仍然无法缴纳罚金的未成年人或者缴纳罚金后对未成年犯罪人生活造成严重影响的，通过罚金刑易科的方式，解决实践中未成年犯罪人罚金缴纳主体偏移的问题，使未成年犯罪人认识到犯罪应当付出代价，保障罪责自负原则在刑罚执行中的贯彻，实现刑罚特殊预防的目的。

（2）实现对未成年犯的特殊预防

对不具有缴纳罚金可能性的未成年犯免除罚金，不意味着使其不受任何惩罚即告脱罪，而是通过罚金刑易科转换为更符合未成年人特征的方式。前文已述，特殊预防是刑罚的目的之一，是要通过执行刑罚使未成年犯的人身危险性降低，防止再次实施犯罪，顺利回归社会。而一味强调罚金刑不可易科，对未成年犯罪人判处罚金刑就必须从始至终贯彻罚金刑，这是一种僵化刑罚的思想，在运动刑罚观理念下，若以更简便、更灵活的方式便能够实现刑罚的目的，则完全可以通过罚金刑易科，以训诫、公共服务等方式，对其惩罚和教育，使其通过改造能够放弃实施犯罪的想法而弃恶从善，这与刑罚特殊预防的目的具有一致性。

（3）有利于教育和帮助未成年人

联合国在有关未成年犯罪人处遇的刑事司法准则中，确立了"保护主义优先"的基本原则。[1] 对未成年人应注重教育和帮助，将惩罚作为处理未成年人犯罪的最后手段，根据实证研究结果显示，未成年人基于其生理因素，即大脑皮质层管理人类的情绪、对于情绪控制和基于情绪实施的行为具有主导作用，其犯罪时大脑皮质层尚未发育健全，对于情绪的管控和行为的控制能力较弱。因此，不能一味追求刑罚惩罚而忽视教育和帮助。对未成年犯罪人适用罚金刑，未成年犯罪人容易产生心理负担和经济负担，并因长期执行罚金刑而产生对抗心理。若通过罚金刑易科的方式，对减轻罚金后仍无法缴纳罚金的未成年犯罪人免除其缴纳义务，以灵活变通的执行方式实现刑罚目的，更彰显了对未成年犯罪人的帮助及教育。

---

[1] 上海市长宁区人民检察院课题组. 未成年人罪错行为分类干预体系研究 [J]. 青少年犯罪问题, 2019 (3): 13-21.

综上，对减轻罚金刑后仍然无法缴纳罚金和强制执行罚金刑会对其正常生活造成重大影响的未成年犯罪人，可以免除其罚金刑，易科为其他具有执行可能性的方式更为合理。

2. 未成年犯罪人罚金刑易科的种类

在肯定了未成年犯罪人罚金刑易科后，进一步要解决的问题便是未成年犯罪人罚金刑易科的种类。目前域外关于罚金刑易科后的种类有多种方式，如将罚金刑易科为自由刑、强制劳动、自由劳动、训诫、公共服务等方式。但是上述罚金刑易科适用对象不限于未成年犯罪人，且未区分成年犯罪人和未成年犯罪人。这个问题在前述中也作了专门分析，而未成年犯罪人在被减轻罚金刑后仍无法执行，是否应将其罚金刑易科为自由刑或强制劳动，这是关乎罚金刑执行过程中未成年人权益保护的重要问题。此外，未成年犯罪人罚金刑的易科种类是未成年犯罪人罚金刑易科的重要内容。

（1）域外未成年犯罪人罚金刑易科方式

未成年犯罪人罚金刑易科有不同种类，首先，将罚金刑易科为监禁的方式。《挪威刑法典》规定判处罚金，若罚金不能支付时执行监禁。《德国刑法典》规定若犯罪人无法缴纳罚金，则以自由刑代替。还有将罚金刑易科为劳役的情形，如日本规定，对于不能缴清罚金的人，应在1日以上2年以下的时间内，扣留于劳役场服劳役。此外，瑞士规定，主管机关可以对易科罚金刑但无法缴纳罚金的人判处公益劳动。除上述易科方式外，罚金刑还可以易科为训诫、公共服务等方式。

如上所述，罚金刑易科的方式多种多样，选择适用于未成年犯罪人罚金刑的易科方式，是对不具有缴纳可能性的未成年犯罪人，提供解决其罚金刑执行难的途径。笔者认为，在易科方式的选择上应当坚持对未成年人特殊保护和相当性原则，不宜将未成年犯罪人罚金刑易科为自由刑或强制劳动等方式。原因在于，罚金刑相较于自由刑来说，属于较轻的刑罚类型，而强制劳动要强制性地限制或约束犯罪人的人身自由，这两种方式都是将无人身限制性的刑罚转换为有人身限制刑罚的执行方式，若是因为未成年犯罪人无法缴纳罚金便对其限制人身自由，这与罪刑法定原则以及相当性原则相悖，也不能体现罚金刑设立的目的和在刑罚执行过程中保护未成年人权益的理念。因此，尽管就一般罚金刑易科制度而言，我们认为将罚金刑易科为短期自由刑是合理的方式，但是，对未成年犯罪人而言，还是不宜将罚金刑易科为自由刑或强制劳动。

综上，笔者认为，针对未成年犯罪人采取的罚金刑易科方式仍然应当在遵循相当性原则的基础上，实现刑罚的特殊预防目的。目前已经有许多学者提出了未成年人犯罪更宜适用非刑罚处罚，虽然尚有争议，但是这说明若能够通过其他方式对未成年人犯罪起到与实施刑罚相似的效果，那么适用较轻者更为合理。同理，未成年犯罪人罚金刑易科，若能通过较轻缓的方式实现刑罚的目的，则不必适用易科自由刑或强制劳动等方式。当今各国立法和理论界为未成年犯罪人罚金刑易科的方式提供了参考，笔者认为，未成年犯罪人罚金刑易科宜采取罚金刑易科训诫、罚金刑易科公共服务、罚金刑易科劳动赔偿三种方式。

（2）我国未成年犯罪人罚金刑易科宜采取的方式

如前文所述，未成年犯罪人罚金刑易科的具体方式宜为罚金刑易科训诫、罚金刑易科公共服务、罚金刑易科劳动赔偿三种，作为执行方式的类型，是对减轻罚金后仍不具有缴纳可能性的未成年犯罪人，在保障其正常生活的情况下，实现的是同罚金刑所追求的一致的目的，并非放弃惩罚而使未成年犯罪人脱罪，仅是更换一种更具执行可能性的方式，实现惩罚与教育的目的。罚金刑易科训诫、罚金刑易科公共服务、罚金刑易科劳动赔偿三种罚金刑易科方式，为未成年犯罪人罚金刑易科提供了参考。

第一，未成年犯罪人罚金刑易科训诫。在我国台湾地区，训诫是未成年人保护处分措施的一种，属于对未成年虞犯和涉罪未成年人的惩处措施，是惩罚程度最轻的方式。训诫是指对未成年犯罪人通过言语的教导和劝诫，指明该未成年犯罪人行为的危害性，保证其认识到自己行为的错误，真诚悔过并不再犯罪的方式。[①] 笔者认为，对被判处罚金的未成年犯罪人，若其在减轻罚金后仍无法缴纳罚金或缴纳罚金会使其生活遭受重大

---

① 刘作揖. 少年事件处理法 [M]. 台北：三民书局，2012：173.

困难的,可以将其犯罪行为的社会危害性、犯罪人的人身危险性以及事后的悔罪态度作为参考,将其罚金刑易科为训诫,通过言语教育和指导的方式指引和劝导其走上正确的道路,避免出现再次犯罪的情况。若对未成年犯罪人采取训诫的方式,可以同时设置考察程序,对其训诫后的效果进行考察。若首次训诫后效果不佳,还可以采取二次训诫或三次训诫,直到该未成年犯罪人的人身危险性有明确下降,方可终结其罚金刑。

第二,未成年犯罪人罚金刑易科公共服务。公共服务,也称社区服务,英国《刑事司法条例》最早确定了公共服务制度,即通过公共服务代替犯罪人的监禁刑,以此补偿其犯罪行为对社会造成的危害。目前国内也有不少人提出对被判处罚金刑且无法缴纳的未成年犯易科为公共服务,以解决未成年犯罪人罚金刑执行难的问题;同时在未成年犯罪人改造的过程中引入社会力量,进行鼓励和引导,对未成年犯的教育和感化更为有利。

未成年犯罪人罚金刑易科为公共服务时应当注意:首先,对未成年犯罪人执行公共服务,其程度应当与其所犯罪行相当,避免公共服务内容超出行为本身的社会危害性。其次,要将未成年犯罪人放置在符合其年龄阶段的公共环境中从事公共服务,未成年犯罪人从事公共服务,从执行的便利性上来说,交由社区矫正机构是较为科学的,但社区矫正的社区环境是否适宜该未成年犯罪人,应当在考察之后再决定对其执行的所在地。最后,应当定期对未成年犯罪人的心理状况进行考察,未成年犯罪人在公共服务的过程中危险性是否降低,关系到刑罚目的的实现。若未成年犯罪人人身危险性已经明显降低,真心悔过且无再犯危险时,表明刑罚的目的已经实现,为了保证其正常学业和生活,可以考虑提前终止其公共服务。

第三,未成年犯罪人罚金刑易科劳动赔偿。劳动赔偿制度是指"未成年犯直接为被害人提供无偿劳动或者令其参加一些有偿劳动获得报酬再全部支付给被害人,在补偿被害人的同时,还能促使未成年罪犯悔过自新"[①]。在劳动赔偿过程中,未成年犯罪人能够亲身参与劳动,并通过劳动

---

① 向准. 我国未成年犯罪人非监禁刑适用探究[J]. 南华大学学报(社会科学版),2016,17(3):67-73.

对犯罪行为进行改造，具有心理和行为上的引导作用，并能够从金钱上对被害人做到适当补偿。从性质上来说，劳动赔偿区别于强制劳动，虽然对未成年犯罪人都具有人身强制性，但是劳动赔偿是试图通过未成年犯罪人的劳动受益，为被害人提供补偿或缴纳一定数额的罚金，类似于通过劳动获得劳动报酬，并通过使用劳动报酬弥补对被害人、社会造成的伤害；而强制劳动是强令未成年犯罪人劳动，而抽象地抵消其所受到的罚金刑，无法对被害人进行补偿，同时不能使被害人感受到劳动能够获得报酬，难以激励未成年犯罪人积极地参与劳动。因此，劳动赔偿相比强制劳动更有优势，在未成年犯罪人罚金刑易科的方式选择上，有参考的价值。但是，劳动赔偿适用的未成年犯罪人年龄应当限制在具有劳动能力的范围，对于年龄较小的未成年犯罪人，不宜适用劳动赔偿。

虽然不同于强制劳动，但是劳动赔偿仍然具有对未成年犯罪人人身强制的要素。因此，需要对未成年犯罪人罚金刑易科劳动赔偿进行限制：首先，设置劳动赔偿的前置措施。劳动赔偿具有人身强制性因素，罚金刑属于财产性刑罚，不具有人身强制性，而劳动赔偿作为罚金刑易科后的执行方式，若经过转换具有人身强制性，则无异于变相加重了犯罪人的刑罚，对未成年犯罪人来说更不可取。因此，应当设置未成年犯罪人罚金刑易科劳动赔偿的前置措施。笔者认为，可以通过未成年犯罪人签署保证书的形式，自我保证在考察期间遵守执行机关的要求，若有违反情形，可以由执行机关报决定机关交付执行。其次，对劳动表现较好、积极主动赔偿被害人并缴纳罚金的未成年犯罪人可以给予奖励，包括物质上的奖励和精神上的奖励，以激励其认真接受劳动，真诚反省，感受社会的关爱并顺利回归社会。最后，为符合年龄条件但辍学且无生存技能的未成年犯罪人提供学习技能的机会。对未成年犯罪人实施刑罚并非为了消除业已存在的犯罪结果，而是为了消除未成年犯罪人的再犯可能性，帮助和引导其顺利回归社会生活。对于能够凭借自己的劳动能力获得报酬但无生存技能的未成年犯罪人，可以提供其在劳动中学习生存技能的条件，以便其在执行完毕后正常生活，融入社会环境。

综上，罚金刑易科的三种方式，各有其优势，目的是变通罚金刑的执行方式，减轻无法缴纳罚金的未成年犯罪人所背负的压力，转而为未成年人提供更多引导和教育的机会，符合未成年犯罪人刑罚执行人道主义的观念，可以作为未成年犯罪人罚金刑易科的参考。

（二）未成年犯罪人罚金刑缓刑

为解决犯罪人缴纳罚金困难，或者犯罪人在执行刑罚期间表现良好的，可以对其罚金刑宣告缓刑，作为缓解其经济压力的补充措施。罚金刑缓刑制度符合刑罚体系轻缓化的趋势，对于未成年犯罪人适用罚金刑的情况，若其所受罚金在减轻后仍然无法缴纳，可以根据其表现允许对其罚金刑进行缓刑处理。当前我国刑罚体系中尚无未成年犯罪人罚金刑缓刑的规定，但是域外和我国理论界对罚金刑缓刑的研究已经较为成熟。因此，笔者在这一基础上讨论将罚金刑缓刑作为我国未成年犯罪人罚金减免制度的补充措施的合理性以及具体方式。

1. 未成年犯罪人罚金刑缓刑的合理性

许多国家的刑法中都规定了罚金刑缓刑制度，但关于罚金刑缓刑在我国是否适用仍然存在争议。笔者认为，罚金刑缓刑目前可以作为我国未成年犯罪人罚金减免制度的补充措施之一，在减轻未成年犯罪人的罚金刑后，其仍然无法缴纳罚金的情况下，对其通过罚金刑缓刑解决缴纳困难的问题是较为合理的方式。

其一，实现未成年犯罪人刑罚的个别化。缓刑是为了弥补短期自由刑的弊端而产生的，而对未成年犯罪人适用罚金刑缓刑有一个更为重要的目的，即实现刑罚的个别化。众所周知，缓刑制度是对犯罪行为较轻、主观恶性较小的犯罪人的宽宥，即若能够通过缓刑这种附条件不执行的方式进行谴责就能够起到实际效果，则不必要再对犯罪人适用更为沉重的刑罚处罚，从刑罚的经济性和刑罚特别预防的目的出发，对其适用缓刑更为合理。缓刑适用的对象主要为偶犯、初犯，若通过刑罚的震慑能够使其不再实施犯罪，则表明刑罚的效果已经达到了。此外，若在经过一段缓期执行后，犯罪人不再出现犯罪行为，也表明其不再具有人身危险性，这些内容都体现了缓刑制度在判断时注重犯罪人的人身危险性问题，是刑罚个别化的内容。而对未成年犯罪人来说，对其判处罚金刑后若难以缴纳，但该未成年犯罪人悔罪态度良好，能够改过自新，则刑罚目的已经宣告实现，可以通过对其本人人身危险性的判断考察其处罚，若符合缓刑条件的，完全可以令其具备偿还能力后再进行还款。这一内容，与缓刑制度注重刑罚个别化判断的理念具有一致性，因此，对未成年犯罪人实行罚金刑缓刑是合理的。

其二，有利于未成年犯罪人的改造和教育。对于财产本就不多的未成年犯罪人来说，若通过罚金刑将其金钱全部收缴，或者使其在没有任何缴纳能力时背负较大的经济压力，可能会导致其难以真心接受改造和教育，甚至可能因为经济压力再次实施犯罪行为。因此，对其所受的罚金刑作缓刑处理，使其在有足够的缴纳能力后再行缴纳，这样能够缓解未成年犯罪人的经济压力，保证其身心正常成长，有利于未成年犯罪人的改造和教育。

其三，贯彻刑罚人道主义的精神。对于无独立财产的未成年犯罪人来说，强行令其缴纳罚金，不仅难以起到教育和改造的作用，还可能使其基本生活难以保证。缓刑的方式可使其在具有缴纳能力后再进行缴纳，一方面，既能够使其认识到刑罚的惩罚性；另一方面，还能保证其正常的生活，这体现了刑罚充分考虑未成年人财力有限的特点，符合刑罚人道主义的精神。

综上，未成年犯罪人适用罚金刑缓刑制度能为我国未成年犯罪人适用罚金刑方面的问题提供解决路径，且符合我国处理未成年人犯罪案件的理念。

2. 未成年犯罪人罚金刑缓刑的设置

未成年犯罪人罚金刑缓刑制度的设置，应当与我国缓刑制度保持一致，同时符合未成年犯罪人教育改造的理念，具体来讲，笔者将从适用方式、前提条件和量刑依据三个方面进行论述。

（1）适用方式

目前世界范围内，对罚金刑缓刑的立法例主要有两种模式，第一种模式以意大利、日本和西班牙等国家为主，主张对罚金刑缓刑应当规定适用的条件，即罚金数额达到某个具体的数额后，方可对该犯罪人适用罚金刑缓刑，如日本规定，对初犯适用的罚金刑缓刑，数额为50万日元以下。① 第二种模式为罚金刑缓刑的适用应当与主刑缓刑的适用条件保持一致，只要犯罪人符合主刑缓刑的适用条件，即可对罚金当然适用缓刑而不必考量罚金数额。

通过对上述两种模式进行考量，笔者认为，对我国未成年犯罪人适用罚金刑缓刑的适用方式应当符合以下两点内容：第一，虽然未成年人财力有限，但是若一味忽略罚金刑缓刑的适用条件，而盲目对适用罚金刑的未成年犯罪人实行缓刑，使罚金刑缓刑的门槛过低，反而容易导致罚金刑的惩罚性丧失，不利于发挥罚金刑应有的价值和作用。因此，对被判处罚金刑的未成年犯罪人，若强制其缴纳罚金，或经过减轻罚金刑后其仍然无法缴纳罚金，或者缴纳罚金后该未成年犯罪人的生活会受到严重影响的，可以对其适用罚金刑缓刑。第二，在对减轻罚金刑后的未成年犯罪人适用罚金刑缓刑时应当谨慎，同时应当注重刑罚的特殊预防，在具体的数额上不应作限制，这样不仅可以通过缓刑的方式感化犯罪人，促其改过自新、接受教育，更能够体现国家对未成年犯罪人的特殊关怀和人道主义处遇。

（2）前提条件

第一，未成年犯罪人触犯轻罪并被判处罚金刑，包括并处罚金或单处罚金。第二，未成年犯罪人符合缓刑的条件，人身危险性和犯罪情节较轻。第三，未成年犯罪人在减轻罚金刑后仍然无力缴纳罚金，或者缴纳罚金会对未成年犯罪人的生活造成严重影响的。第四，未成年犯罪人不属于累犯。在主刑中累犯就不属于缓刑的适用范畴，因此，当未成年人属于累犯时，对其一般不能适用罚金刑缓刑，延缓其罚金缴纳期限。以上四个条件体现了对缺乏缴纳罚金能力的未成年犯罪人的特殊照顾，体现了罚金刑缓刑作为未成年犯罪人罚金减免制度的补充措施符合未成年人权益保护的

---

① 马春晓. 罚金刑缓刑制度探究 [J]. 淮北煤炭师范学院学报（哲学社会科学版），2010，31（1）：77-80.

理念，同时是在我国主刑缓刑制度的框架内设置，符合缓刑制度的价值追求。

（3）裁量依据

一方面，刑法规定犯罪人的罚金刑数额应当依据犯罪情节决定，这表明刑法支持以犯罪情节作为罚金刑的量刑依据，犯罪情节能够体现犯罪人实施犯罪时的人身危险性和犯罪行为的社会危害性，作为衡量罚金刑的依据是合理的，因此，将犯罪情节作为罚金刑缓刑的裁量依据有合理性。另一方面，未成年犯罪人罚金刑缓刑应发挥优先保护未成年人的作用和对未成年人倾斜保护的功能，未成年犯罪人罚金刑缓刑作为未成年犯罪人罚金减免制度的补充措施，本身就是对减轻罚金后仍然无法缴纳罚金的未成年犯罪人的一种变通措施，要充分考虑未成年犯罪人缺乏可供缴纳罚金的金钱，因此，应当将未成年犯罪人的个人经济情况作为裁量依据。综上，未成年犯罪人罚金刑缓刑的裁量依据为未成年犯罪人的犯罪情节以及个人经济情况。

上述罚金刑缓刑措施能够有效解决未成年犯罪人缴纳罚金困难的问题，对于未成年犯罪人来说，能给予其正常生活和悔过的机会，对于减轻后仍然无法缴纳罚金的未成年人提供了缴纳机会，同时为未成年犯罪人罚金刑执结率提供保障。

未成年犯罪人是否能够适用罚金刑，针对未成年犯罪人能否构建罚金减刑制度等问题，当前在我国仍然存在争议。在实践中，不乏未成年人犯罪被判处罚金刑的情形，而未成年人权益保护不仅是我国立法、司法和执法中应当作为重点的课题，更是世界范围内瞩目已久的问题。在未成年人被判处罚金刑后，如何保证惩罚和教育并重、预防和引导并行是解决未成年犯罪人罚金刑适用中的重要问题。笔者从制度构建角度入手，首先分析未成年犯罪人能否适用罚金刑，在肯定对未成年犯罪人适用罚金刑的基础上，通过必要性和可行性分析，阐述了实践和理论两个方面构建未成年犯罪人罚金减免制度的需要。此后，对于确实无法执行罚金刑的未成年犯罪人，主张转换思路，适用罚金刑易科或缓刑的方式，解决实践中罚金刑执行难、执结率低以及罚金刑教育性不足的问题，具有一定意义。

构建未成年犯罪人罚金减免制度,应当时刻关注未成年人权益保护的最新动向,而且不能忽略对未成年犯罪人的惩罚,积极发挥刑罚的引导和教育功能。从制度构建上来看,未成年犯罪人罚金减免制度,符合当今未成年人保护的世界趋势,遵循了罪责自负原则的观念。在未来,未成年人犯罪的非刑罚化处理也可能成为主流,未成年犯罪人罚金减免或许能够为此提供一些参考,也能够为罚金减刑制度提供一些建议。因此,在我国构建未成年犯罪人罚金减免制度是符合法治理论和社会发展趋势的,具有一定价值。

参考文献

[1] 陈兴良. 本体刑法学 [M]. 北京：中国人民大学出版社，2017.

[2] 陈兴良. 规范刑法学 [M]. 4 版. 北京：中国人民大学出版社，2017.

[3] 高铭暄，马克昌. 刑法学 [M]. 7 版. 北京：北京大学出版社，2016.

[4] 何秉松. 犯罪理论体系研究 [M]. 北京：世界知识出版社，2018.

[5] 李立众. 刑法一本通——中华人民共和国刑法总成 [M]. 16 版. 北京：法律出版社，2022.

[6] 刘鹤挺. 刑法学专论 [M]. 西安：陕西人民出版社，2019.

[7] 马克昌. 刑罚通论 [M]. 武汉：武汉大学出版社，2002.

[8] 皮勇，王刚，刘胜超. 量刑原论 [M]. 武汉：武汉大学出版社，2014.

[9] 屈耀伦. 我国缓刑制度的理论与实务 [M]. 北京：中国政法大学出版社，2012.

[10] 任彦君. 数罪并罚论 [M]. 北京：中国检察出版社，2010.

[11] 邵维国. 罚金刑论 [M]. 长春：吉林人民出版社，2004.

[12] 孙力. 罚金刑研究 [M]. 北京：中国人民公安大学出版社，1995.

[13] 王启江. 罚金刑执行研究 [M]. 北京：法律出版社，2012.

[14] 王琼. 罚金刑实证研究 [M]. 北京：法律出版社，2009.

[15] 王耀忠. 非监禁刑研究 [M]. 北京：法律出版社，2016.

[16] 翁国梁. 中国刑法总论[M]. 南京：正中书局，1970.

[17] 吴宗宪，陈志海，叶旦声，等. 非监禁刑研究[M]. 北京：中国人民公安大学出版社，2003.

[18] 姚建龙. 少年刑法与刑法变革[M]. 北京：中国人民公安大学出版社，2005.

[19] 叶睿. 罚金刑的立法统计与适用反思[M] 成都：四川人民出版社，2021.

[20] 尹琳. 日本少年法研究[M]. 北京：中国人民公安大学出版社，2005.

[21] 张明楷. 刑法学[M]. 5版. 北京：法律出版社，2016.

[22] 赵秉志. 英美刑法学[M]. 北京：中国人民大学出版社，2004.

[23] 赵廷光. 量刑标尺论[M]. 武汉：武汉大学出版社，2015.

[24] 周光权. 刑法总论[M]. 2版. 北京：中国人民大学出版社，2011.

[25] 左坚卫. 缓刑制度比较研究[M]. 北京：中国人民公安大学出版社，2004.

[26] 汉斯·海因里希·耶赛克，托马斯·魏根特. 德国刑法教科书[M]. 徐久生，译. 北京：中国法制出版社，2001.

[27] 卡斯东·斯特法尼. 法国刑法总论精义[M]. 罗结珍，译. 北京：中国政法大学出版社，1998.

[28] 牧野英一. 日本刑法通义[M]. 陈承泽，译. 北京：中国政法大学出版社，2003.

[29] 切萨雷·贝卡里亚. 论犯罪与刑罚[M] 黄风，译. 北京：中国法制出版社，2002.

[30] 中山研一. 刑法的基本思想[M]. 姜伟，毕英达，译. 北京：国际文化出版公司，1988.

[31] 胡俊. 罚金刑执行问题研究[D]. 成都：西南财经大学，2022.

[32] 李思婷. 罚金刑司法裁量实证研究[D]. 重庆：西南政法大学，2017.

[33] 罗艺涵. 我国罚金刑易科制度的构建[D]. 上海：华东政法大

学，2022.

[34] 乔云. 论罚金刑的执行 [D]. 上海：上海师范大学，2017.

[35] 王磊. 财产刑执行与减刑、假释关联机制研究 [D]. 杭州：浙江工商大学，2022.

[36] 王启江. 论我国罚金刑的执行 [D]. 济南：山东大学，2010.

[37] 徐宁. 论罚金刑缓刑制度构建 [D]. 长沙：湖南师范大学，2019.

[38] 张昳薇. 未成年人犯罪罚金刑适用研究 [D]. 南宁：广西民族大学，2021.

[39] 赵俊. 少年刑法比较总论 [D]. 武汉：武汉大学，2010.

[40] 曾冰. 对未成年人适用罚金刑的检讨 [J]. 南华大学学报（社会科学版），2008（2）.

[41] 崔海梅. 行刑经济性视角下的监管工作难《刑法修正案（八）》的应对 [J]. 犯罪与改造研究，2013（4）.

[42] 冯诗涵，李昂霖. 我国未成年犯罪人司法保护实践探索及完善 [J]. 湖南警察学院学报，2020，32（4）.

[43] 付洁. 对未成年人犯罪适用罚金刑的思考——以西宁市为例 [J]. 安徽职业技术学院学报，2015，14（4）.

[44] 李庆. 对未成年人犯罪不宜适用罚金刑问题的探讨 [J]. 商丘职业技术学院学报，2008（1）.

[45] 林金鹏. 论罚金刑易科在我国之适用 [J]. 山东警察学院学报，2014（5）.

[46] 刘斌. 论未成年人犯罪刑罚适用的若干问题 [J]. 青少年犯罪问题，2008（3）.

[47] 刘建烨，李濯清. 浅析罚金刑易科 [J]. 公民与法（法学版），2012（4）.

[48] 马柳颖. 关于未成年人适用罚金刑的思考 [J]. 湘潭大学学报（哲学社会科学版），2009，33（2）.

[49] 马永强. 罚金易科自由刑制度的思与辨——兼论罚金执行问题的中国语境 [J]. 中山大学法律评论，2016（3）.

[50] 齐钦, 邢进生, 李新增. 涉罪未成年人心理矫治探析 [J]. 中国检察官, 2021 (17).

[51] 王剑波. 论罚金刑减免制度的正当性根据——兼论其在宽严相济刑事政策下的运用 [J]. 湖北社会科学, 2010 (12).

[52] 席小华. 服务型保护: 未成年人司法保护的理念与实现路径 [J]. 社会治理, 2021 (9).

[53] 熊谋林. 我国罚金刑司法再认识——基于跨国比较的追踪研究 (1945—2011) [J]. 清华法学, 2013, 7 (5).

[54] 张润, 陈媛. 我国未成年人犯罪刑事司法政策: 法理与实践 [J]. 青少年学刊, 2015 (4).